KB269577

변화의 시작,
부탄의 팹랩

변화의 시작, 부탄의 팹랩

JICA 사무소장으로
3년간 부탄에 주재했던
저자의 활동 기록

야하다 코우지 저 | 김윤호·이명무 번역

공감

졸저『변화의 시작, 부탄의 팹랩』을 한국 독자에게 소개하게 되어 기쁘게 생각한다. fablabs.io의 등록 팹랩 수는 일본은 21곳인 데 비해, 한국은 42곳에 이른다(2023년 9월 1일 시점). 팹랩 아시아 네트워크(FAN)의 제5회 대회는 2019년 5월에 개최되었다. 팹랩에 대한 두터운 마니아층이 존재하지 않으면 글로벌 FAN 회의를 유치하기 어렵다. 그래서 일본에서는 아직 글로벌 FAB 회의를 개최한 적이 없다.

한국국제협력단(KOICA)은 팹랩의 글로벌 네트워크 급증의 원동력이 된 '오픈소스'와 '오픈데이터'를 국제 공공재로 규정해 지원 방침을 명확히 하고, 실제로 키르기스스탄과 우즈베키스탄에서 팹랩 개설 지원을 추진해 왔다. 졸저 간행으로부터 3년이 경과한 현재까지도, 일본의 국제 협력과 팹랩 네트워크와의 광범위한 제휴의 추진 등으로 분주한 가운데 분투하고 있는 필자에게 KOICA의 대처는 부러운 생각마저 든다.

2019년 4월, 부탄 부임을 마치고 귀국한 뒤 필자에게도 큰 변화가 있었다. 본서에 등장하는 왕립 부탄대학 과학기술 단과대학(CST)과의 프로젝트의 추진이 결정되어, 필자는 기술 협력 전문가로서 2021년 5월에 부탄에 재부임했다. 팬데믹의 영향으로 1년 가까이 수도에서 단독 체류를 해야 했고, 2022년 5월이 되어서야 겨우 풍조린에 들어갈 수 있었다. CST의 팹랩은 같은 해 8월에 문을 열었으며, 이후 지속적으로 활동 실적을 쌓아 왔다. 그사이 부탄의 팹랩은 6곳으로 늘었다. 팹랩 CST는 그중에서도 가장 독특하고 활기찬 디지털 공방으로 주목받고 있다.

한편 나의 절친 체왕이 2017년에 설립한 팹랩 부탄은 2022년 8월 왕립자원봉사사업 '데쑹(Desuung)'으로 운영이 이관되었다. 그 배경까지는 자세히 설명하기 어렵지만, 이를 계기로 2명은 부탄의 팹랩 현장에서 물러나고 말았다. 팹랩 부탄은 '체고 팹랩'으로 이름을 바꾸고, 2023년 9월에 수도의 다른 장소에서 재오픈되었다.

팬데믹의 영향으로 1년 연기된 2023년 7월에야 세계팹랩담당자회의(FAB23)이 개최되었다. 체왕의 부재로 인하여 필자가 내빈으로서 초대받은 점은 꿈같이 멋진 이야기였다. 팹랩 CST 그리고 국제협력기구(JICA)의 일원으로서 FAB23에 참가해 병설 이벤트의 기획과 개최에 분주히 뛰어다녔다.

FAB23에서는 2022년 이후에 오픈한 랩이 각광을 받아 팹랩 부탄이나 체왕의 공적을 되돌아보는 장면이 다소 적었다. 부탄의 팹랩 초기부터 지켜본 필자로서는 일말의 외로움마저 느꼈다. 이 도서를 통해 팹랩을 사랑하는 한국 독자들에게 초창기 쿠탄에서 일어난 일들을 알려주고 싶었다.

2023년 9월

야마다 코우지

각 장에 소개된 연도별 일정

2015년 이전:

제1장 부탄 총리 부임 전

2016년:

제2장 움직일 것 같지만, 움직이지 않는 사람들

2017년:

제3장 팹랩 부탄 구상으로부터 거리를 두다

제4장 상황 반전, 팹랩 탄생!

2018년:

제5장 정해지지 않은 새로운 프로젝트

제6장 2018년 여름의 쾌거

제7장 팹랩에 연결

2019년:

제8장 굿바이 부탄

CONTENTS

프롤로그

~ 이임 직후(2019년 4월)

왕축 국왕, 팹랩 부탄 드디어 방문

2019년 4월 11일 오후, 팀푸 시 남부 창잠독(Changzamtog) 지역에 위치한 스타트업 센터는 평소와는 달리 식사가 목에 걸리는 듯한 긴장감에 휩싸였다. 이유는 "아무래도 오늘 오후 국왕께서 센터를 방문하실 것 같다"는 소문이 떠돌았기 때문이다. 이에 입주 기업의 직원들과 센터 직원들은 모두 최상품의 민족의상으로 갈아입고 다정한 표정을 지으며 대기하고 있었다.

2018년 6월, 부탄경제부는 신사업을 하고 싶은 기업가를 지원하고자 비즈니스 인큐베이션 시설인 스타트업 센터를 개설했다. 스타트업 센터는 입주비와 통신비가 저렴하고, 세미나 룸, 식당, 워킹 스페이스 등 입주자들이 부담 없이 교류할 수 있는 공간이 마련되어 있다. 이 시설 안에 있는 팹랩 부탄은 2018년 9월, 1층의 방 2개에서 출발한 부탄 최초의 팹랩이다. '거의 모든 것을 스스로 만든다'를 목표로 한 3D 프린터, 레이저 가공기 등 다양한 디지털 공작기계를 갖춘 팹랩은 시민 공방의 모습을 갖추고 있었다. 출범 후 1년이 지난 2018년 여름, 일련의 화려한 이벤트를 성공적으로 마무리한 후, 저렴한 집세와 통신비 그리고 도심에 더 가까운 지리적 이점을 기대하여 스태프들이 총출동해 3일간의 이동 작업을 거쳐 스타트업 센터로 이전했다. 다양한 디지털 공작기계를 갖춘 시설이 센터의 1층으로 넘어오면서 다른 입주자들도 이를 이용하기 쉬워졌고, 참신한 비즈니스 아이디어가 탄생할 것만 같았다.

2018년 11월 초순 어느 날, 팹랩 부탄의 경영 대표이며 어머니 같은 존재인 마담 카르마(카르마 라키, Karma Laki)로부터 연락이 왔다. 만약을 대비해 국왕이 팹랩을 방문할 경우 야마다 씨도 함께해 주었으면 한다고 말했다. 이후 며칠간 대비를 위해 매일 정장 차림으로 출근하며 대기하는 일상을 유지했다. 나이로 인해 다리에 냉증이 있어, 남성의 전통복인 '고(Gho)'를 여름에도 입기 어려웠다. 그렇기 때문에 나는 정장을 입기로 결심했다. 그러나 긴장감도 기다리는 동안에 느슨해졌고, 그렇게 어느 순간부터 정장 차림으로 대기하는 일과를 잊고 있었다.

2019년 3월 나는 JICA(국제협력기구) 파견 귀국을 알리는 발령을 받았고, 부탄을 떠나기 직전에 왕축 국왕 폐하를 만날 기회가 생겼다. 그러나 역대 JICA 사무소장이 매번 영예를 누리는 연례행사는 아니기 때문에 성사 여부는 불확실했다. 나는 이 기회를 최대한 활용하기 위해 3년간 모은 논문, 에세이, JICA에서 발표한 자료 등을 한 권의 책으로 정리하여 국왕 폐하와 로테이 체링(Lotay Tshering) 총리를 비롯한 부탄 정부의 고관들에게 전달할 예정이었다.

다행히도 3월 20일 이른 아침, 국왕 폐하의 집무실에서 연락을 받은 나는 후임 와타나베 코조 소장과 함께 국왕 폐하를 만날 수 있었다.

정장을 차려입고 긴장된 표정으로 국왕 폐하께 인사를 하러 가는데 국왕 폐하가 공저 앞에 마중 나와 있었다. 우리는 1시간 30분이나 되는 시간 동안 담소를 나누었다. 이 과정에서『목소리를 높여(Speaking Up!)』[1]라는 제목의 책을 국왕 폐하에게 전달했다. 전달한 책의 제1장에는 디지털 제작(디지털 패브리케이션) 기술이 농업 및 농촌 개발에 어떻게 적용될 수 있는지에 대한 내용이 담겨 있었다.

"당신의 팹랩 부탄 설립에 대한 노력에 대해서는 많이 들었습니다."

인구 72만 명의 소국에서도 한 명의 외국인이 3년간 "팹랩, 팹랩"이라고 떠드는 것이 국왕의 귀에 들어간 모양이었다. 이에 대해 나는 왕에게 "꼭 한 번 팹랩 부탄을 방문해 주십시오. 팹랩의 스태프에게 격려가 됩니다. 이런 시설이 지방에도 들어서면 청년들의 취업 기회도 더 넓어질 것입니다. JICA도 이제 프로젝트로 팹랩을 지원합니다"라고 말했다. 국왕이 이미 부하 직원들 중 한 명이 방군한 것을 알고 있었고, 자신도 꼭 가 보고 싶다고 말했다. 이 약속은 앞에서 살펴본 바와 같이 내가 부탄을 이임한 후에 실현될 것이었다.

스타트업 센터로 이야기를 되돌리면, 국왕 방문에 대비해 센터 내부에 VIP를 위한 장식과 사진이 갑자기 설치되기 시작했다. 이와 관련해서 센터 경제성 직원들에게 대응 방안이 미리 전달되었다. 마지막으로 내가 팹랩 부탄을 방문한 날인 3월 23일에 마담 카르마는 "(국왕 방문은) 아직 정해지지 않았지만, 아마 곧 방문할 것 같습니다"라고 귀띔해

---

1 Yamada, K. 2019. Speaking Up! - A Development Practitioner's Memoir of His 1,065 Days in Bhutan. Kuensel Publishing.

주었다.

4월 11일 오후 왕립부탄경찰(RBP)이 스타트업 센터 근처에서 교통 통제를 시작했다. 이에 근처 연수기관에서 외근을 마친 청년해외협력대 나카시마 쿠미코 대원(영상기술)은 근무지로 돌아가려다 경찰관으로부터 통행이 막혔다. 이후 교육부 차관, 왕립 부탄대학 총장, 내각 관방장관 등 정부 고위 관료들과 교육행정 관계자들이 먼저 방문했고, 그 후에 국왕 폐하의 방문이 이루어졌다. 국왕의 팹랩 부탄 방문은 3시간 이상 지속되었다. 마담 카르마와 팹랩의 기술 리더, 체왕 룬드프(Tsewang Rondup)가 응대하여, 팹랩이 만들어 온 다양한 시제품과 그것을 만드는 것을 가능하게 한 디지털 공작기계를 한 대 한 대 세세하게 설명했다. 또한 내가 3월 8일에 기증한 부탄 최초의 '박물관급'(필자 의견) 3D 프린터도 국왕 방문에 참여했다. 국왕은 츄메(Chume) 직업훈련 학교와 공동으로 제작한 수도 기술훈련을 위한 가상현실(VR) 고글을 직접 착용하고 체험했다. 국왕은 본 것에 대해 흥미를 보이며, 여러 질문을 했다.

그림 1 ┃ 왕축(Wangchuck) 국왕, VR(가상현실) 체험(출처: Fablab Bhutan)

"이런 랩(Lab)이 전국에 있으면 좋겠네요."

국왕은 그렇게 말씀하셨다. 이 방문이 성사되면서 부탄 왕실은 더 많은 종류의 공작기계를 갖춘 슈퍼 팹랩 개설을 지원하기로 결정했다. 국왕이 본 것은 정권의 주요 각료에게도 나려간다. 다음 날에는 로테이 체링(Lotary Tshering) 총리가 카르마 원디 권방장관을 대동해 팹랩 부탄을 방문했고, 5월 1일에는 도르지 체링(Do-jee Tshering) 공공사업장관도 방문했다. 여기에는 나의 후임인 JICA의 오타나베 소장도 동행했다.

부탄 정부, 전국에 팝랩 설치를 결정

나의 부탄 이임 직전인 2019년 3월로 되돌아가서, 팝랩 설치 이야기를 이어 간다.

독립 행정기관이지만 JICA의 소장은 외국인 호스트로서 부탄 정부나 정부 기관, 민간단체 등이 실시하는 행사에 참석해 달라는 요청을 자주 받는다. 일본대사관이 없는 부탄에서도 그렇다. 이러한 이유로 JICA의 소장 교체는 일대의 이벤트이며, 새로운 소장들이 참석하는 리셉션에는 많은 정부 관계자나 국제기구 수장들도 함께하곤 한다.

2019년 3월 22일 금요일에 나의 이임 기념행사로서 리셉션이 개최되었다. 감사의 말과 함께 후임 소장의 인사가 이뤄지는 이 자리에 로테이 체링 총리(Lotay Tshering)와 탄디 도르지(Tandy Dorji) 외무장관도 참석할 예정이었다. 다만 조금 늦는다는 연락을 받았고, 생각지 못하게 제이 비르 라이 교육부장관과 이시 펜조르(Isi Penjor) 농업부장관이 참석해 주었다. 하지만 두 분은 갑작스럽게 각의에 들어간다며 행사 도중에 자리를 떠났다.

중대한 결정이 내려졌다는 소식을 들었다. 무슨 일이 일어난 것인지에 대해 의아해 하고 있었는데, 다음 날인 23일 팹랩 부탄 방문 중에 시설의 설립에 노력한 주역 체왕(Dasho Chewang)이 기쁜 듯이 다음과 같이 말했다.

"향후 5년간 전국 15곳에 팹랩을 설치하는 계획이 국무회의에서 결정되었다고 합니다!"

부탄은 5년마다 국가개발계획을 새로 수정한다. 새로운 제12차 5개년 계획은 나의 이임 시점에서는 국회에서 결의되지도 않았으며, 당연히 확정되지도 않았다. 이 계획은 2018년 7월부터 2023년 6월까지의 기간을 다루는 부탄 정부의 최신 개발 계획으로 정책 수립은 이미 2016년에 시작되었다. 그러나 2019년 가을에 하원 선거에서 정권 교체가 일어나면서 5개년 계획 심의는 새로운 정부로 넘겨졌고, 오늘에 이르러서도 심의가 진행되고 있다.

지난 정권인 국민민주당(PDP)의 체링 토브게이 총리는 공학 석사 출신으로 팹랩에 대한 이해도가 높았지만, 신 5개년 계획 초안에서는 '팹랩'을 언급할 수 없었다. 반면 로테이 체링 당수의 부탄공동당(DNT)은 집권은 고사하고, 의석 획득 자체도 처음이었다. 유명한 외과의사였던 체링 총리를 포함하여 각료들 중에는 의사 출신이 여러 명이라 디지털 제작에 대한 이해도는 미지수였다.

2018년 11월 중순 체링 총리 취임 당일, 짧은 면회 시간인 15분 동안 나는 효과적으로 어필하고자 전국지 《쿠엔셀(Kuensel)》에 기고한 팹랩 글 3편을 복사해 지참하고 총리에게 '꼭 일독해 주세요'라고 전달했다.[2] 그 후 새로운 각료들과 만날 때마다 팹랩을 언급하며 이야기를 이끌었다.

지난 정권 때인 2017년 4월에 일본에서 온 부탄 청년들 중 일부가 생활에 어려움을 겪고 있다고 보도되었다. 취학취업지원사업(Learn and Earn Program)의 일환으로 들어온 청년들이었다. 이에 대한 대응책을 고심하던 노동인재부장관 우겐 도르지(Ugyen Dorji)는 2019년 1월 2일 국회 개회식 후 티타임에서 "Learn and Earn 제도를 어떻게 개선될 수 있을까요?" 하는 질문을 받았다. 이에 대해 나는 도시의 청년실업 문제와 농촌의 과소화라는 두 가지 양상을 지적하며, 정부와 개발 기관의 노력 부족을 비판하고 "팹랩과 같은 시설이 지방에 있다면 젊은이들은 지방에 머물면서도 멋진 일을 할 수 있을 것"이라고 말했다. 그에 따라 나온 것이 15곳에 팹랩을 설치하는 청사진이다. 나는 그에 따른 비용을 제시하는 등 노동인력부와 협력하고 있다. 팹랩 설치의 대상이 되는 직업훈련 학교는 동 부처 소관이며, 노동인력부는 민간 직업훈련 시설로 팹랩 부탄을 설립하고 있다. 체왕이 그린 청사진에 따르면 직업훈련 학교와 왕립 부탄대학 산하의 단과대학 그리고 교육부 산하의 직업훈련 프리미어 스쿨 지정교 등 총 15곳이 새로운 팹랩 설치 대상이다. 이 중 직업훈련 학교와 직업훈련 프리미어 스쿨 지정학교의 시설 정비는 아시아개발은행(ADB)의 자금 공여로, 단과대학 중 남부 풍조린에 있는 과학기술칼

---

[2] Yamada, K. 2018. "Disasters and Digital Fabrication: Implications of 2015 Earthquakes in Nepal." Kuensel, 2018년 11월 21일.
Yamada, K. and Subba, K. 2017. "Self-Sufficiency and Life-Skill Development hrough Digital Fabrication in Rural Area." Kuensel, 2017년 4월 4일
Yamada, K. 2016. "Let's Make Bhutan a 'Fab Country'." Kuensel, 2016년 11월 5일.

리지(CST)의 시설 정비와 인재 육성은 JICA의 기술협력 프로젝트에서 2020년부터 지원할 예정이다.

체왕이 이 청사진을 그린 것은 지난 정부 말기이다. 즉 노동인력부 직원들에게는 새 정부를 설득하는 일이 무엇보다 큰 과제였다. 자신도 이해하지 못한 기술을 고위 관료나 각료에게 설명하는 일은 쉽지 않다. 체왕은 종종 노동인력부나 교육부에 불려 가면서 고위 관료나 각료들에게 설명을 했는데, 그때마다 체왕은 나의 《쿠엔셀》지의 기고 사본을 휴대했다.

이와 관련해서 JICA 사무소의 직원들도 공헌한 바가 있다. 2019년 3월 초 JICA의 기술협력사업인 '전국종합개발계획 2030 계획수립조사 프로젝트'의 성과 보급 세미나에 참석하기 위해 신정권 각료인 도르지 체링(Dori Tshering) 공공사업장관이 출국했다. 그는 가장 먼저 일본을 방문해 분주한 일정을 틈타 도쿄 간다에 있는 팹랩 간다 니시키초를 시찰했다. 그의 방일 일정에 팹랩 간다 니시키초 시찰이 포함된 배경에는 와카바야시 야스타 직원의 조언이 있었다. 야스타 직원은 그에게 디지털 공작기계를 갖춘 팹랩과 같은 공방은 국내 각지에 존재하는 것이 좋다고 말했다.

새 정부의 이러한 압박으로 '전국에 팹랩 15개소 설치'를 내각회의(국무회의)에서 결정하게 되었다. 나에게 3월 26일은 기쁨에 가득 찬 날이 되었다. '소장 임기 중 최소 1개의 팹랩을 부탄에 만들겠다'는 목표를 2016년 4월에 부임할 때 설정한 나는 2017년 7월에 드디어 달성할

수 있었으며, JICA의 프로젝트에 의한 부탄 제2의 팹랩 설치에도 기여
할 수 있게 되었다. 부탄 정부도 더 많은 팹랩을 만들겠다는 정책을 내
놓았으니 내 할 일은 다한 셈이다. 성공한 3년이었다.

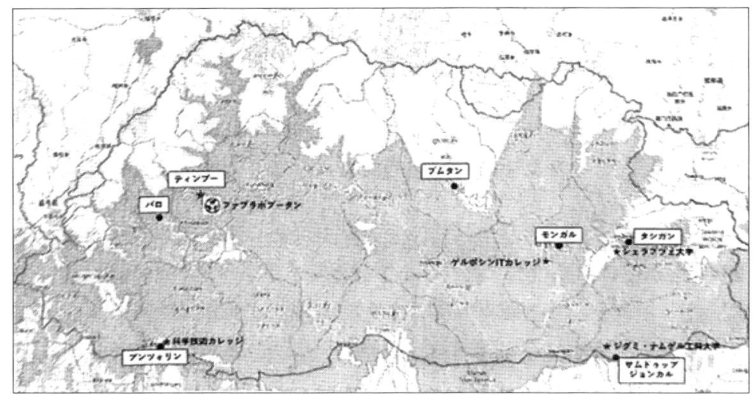

그림 2 ❘ 부탄 지도(출처: OpenStreet Map Contributors)

팹랩은 다품종 적량 생산에 적합하다

본서의 주제인 팹랩에 대해 자세히 설명하면 팹랩은 '퍼블리케이션 레퍼토리(Fabrication Laboratory)'의 약어로, 3D 프린터, 레이저 가공기 등 다양한 디지털 공작기계를 갖춘 제작 공방이다. 팹랩은 시민들이 자유롭게 이용할 수 있는 공간으로, 일본과 유럽, 미국을 비롯한 선진국뿐만 아니라 개발도상국에도 많이 설치되어 있다.

팹랩에 설치되어 있는 기계 중 주요한 것으로는 레이저 가공기, 소형 CNC 밀링 머신, 대형 CNC 우드라우터(ShopBot) 그리고 3D 프린터가 있다. 레이저 가공기는 소재를 접촉하지 않고도 가공할 수 있어 기존 공작기계에서는 어려웠던 부드러운 소재나 얇은 소재, 곡면으로의 가공이 가능하다. 또한 수지, 유리, 목재 등의 절단이나 조각, 석판이나 금속에의 마킹, 피혁 제품이나 종이·천 등의 절단이나 조각 등에 사용된다.

디지털 제작 초보자들이 가장 많이 이용하는 공작기계는 소량 제작용 밀링 머신이나 스마트폰 커스텀 제작을 위한 것으로, 이 기계들은 대부분 디지털 수치 제어 방식을 사용한다. 밀링 머신은 컴퓨터 수치 제어를 이용한 절삭 가공기로 아크릴, 목재, 경금속 등의 절단이나 조각에 적합하며, 대형 밀링 머신은 가구 크기의 목재 가공에 이용된다. 또한 소형 탁상기계를 이용하면, 전자기판의 커스텀 제작에 사용할 수 있는 동판을 회로상으로 잘라 낼 수 있다.

또한 3D 프린터는 디지털 제작의 보급을 상징하는 기계로, 3차원 (3D) 데이터로 입체를 조형하는 기술이다. 입체 조형에는 여러 접근 방식이 있지만 대표적인 것은 열용해 적층 조형법으로, 수지를 열로 녹여 분사하고 적층함으로써 조형한다. 3D 프린터는 기계 자체의 가격이 몇 백만 엔으로 비싸기 때문에 일반 사용자들이 이용하기에 어려움이 있었다. 그러나 기술의 발전과 기본 특허 보호기간 종료 등에 따라 가격이 크게 하락하여, 현재는 몇 만 엔으로도 구매 가능한 저가격 기종이 있다. 또한 팹랩에서는 2차원(2D)의 데이터로 라벨이나 씰 등을 잘라 내는 비닐 커터나 수를 놓을 수 있는 디지털 재봉틀 등도 이용할 수 있다.

팹랩에서는 인터넷 접속과 화상회의 시스템을 이용하여 전 세계 팹랩 이용자들과 조언을 주고받거나 맞춤형으로 활용할 수 있는 오픈 소스 데이터를 다운로드받을 수 있다. 또한 제작 과정에서 어려움을 겪을 때 도움을 받을 수 있다. 이렇게 함께 만들어진 결과물은 글로벌하게 공유할 수 있다.

일본에서 팹랩이라는 개념을 도입하고 확산시키는 데 기여한 게이오 대학의 다나카 히로야 교수는 디지털 페브리케이션을 "디지털 데이터와 다양한 물질 간에 자유롭게 '상호 변환'할 수 있는 기술의 총칭"

으로 정의하고 있다.[3] 팹랩은 이러한 상호 변환을 가능하게 하는 거점시설 중 하나로, 전 세계 각지에서 데이터를 교환할 수 있어 필요한 제품을 신속하게 생산할 수 있다. 특히 내륙이나 도서국에 있는 팹랩들은 험준한 산악지대처럼 먼 거리와 복잡한 지형으로 인해 생산에 어려움을 겪곤 하는데 멀리 떨어진 지점 간에도 데이터 교환을 통해 생산에 필요한 지식과 기술을 공유할 수 있다.

이런 시설이 험준한 산과 계곡이 겹겹이 이어져 있는 부탄 같은 산악국에 여럿 있다면 그 혜택은 엄청날 것이다. 팹랩과 같은 '제작 편의점'이 근처에 있으면 어떤 일을 할 수 있을까? 구체적인 사례들로 그려 보고 싶다. 예를 들어, 내 방의 배치에 맞는 책장을 갖고 싶다고 하자. 일본에서는 니트리나 이케아에 가면 마음에 드는 책장을 구할 수 있을지도 모른다. 하지만 자기 방의 칸막이에 맞는 폭과 깊이, 장서의 크기에 맞는 책장은 구할 수 없을 것이다.

많은 개발도상국의 경우 치수를 적은 거친 필기의 일러스트를 거리의 가구점에 들여오면, 가구점은 맞춤형으로 만들어 줄 것이다. 하지만 발주는 한판 승부다. 가구점이 만든 완제품이 마음에 들지 않더라도 협상을 통해 값을 지불하고 들여오게 될 것이다. 재료비 조달을 위해 선불을 요구하는 일도 잦다.

그러나 팹랩 시설이 본인의 거주지 근처에 있다면 스스로 디자인해 몇 번이나 데스크톱상에서 시작할 수 있다. 아무것도 없는 상태(제로)

---

3 다나카 히로야(2014), 『SF를 실현하다』, 고단샤 현대신서, p.55.

에서 3D CAD 디자인 소프트웨어를 조작해 데이터를 작성하기도 하지만, 이미 네트워크상의 공유 스페이스에 공개되어 있는 3D 데이터를 무료로 다운로드받고, 그 크기 등을 조정하는 것도 가능하다. 또한 나사를 일절 사용하지 않고 조립할 수 있도록 설계할 수도 있고, 선반에 문을 달 수도 있다. 마음에 드는 조각을 벽면에 디자인하는 것도 좋다. 3D 이미지를 평면으로 전개해 재료가 얼마나 필요한지도 미리 계산할 수 있다.

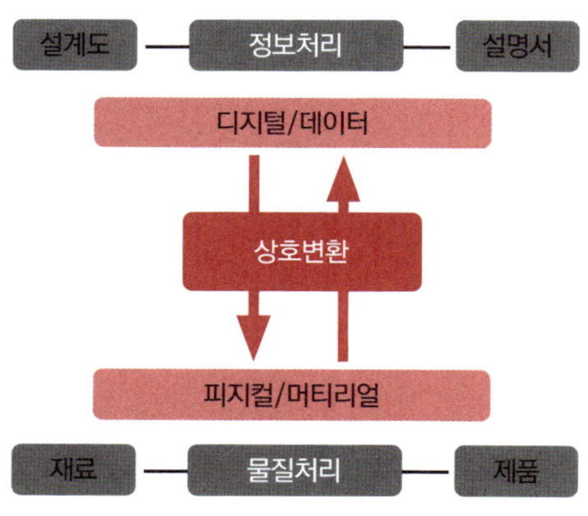

그림 3 ❙ 데이터와 물질의 상호 변환(출처: 다나카(2014). p.56)

마음에 드는 외관이 될 때까지 데스크톱상에서 디자인을 반복해 그리고 나서 재료 조달한다. 이것을 밀링 머신이나 레이저 가공기에 세팅해, 기계에 절삭 가공을 명령한다. 공작기계가 작업을 해 주기 때문에 노동 비용은 들지 않는다.

이것이 내가 부탄을 떠날 무렵 겪은 일이기도 하다. 나는 부탄에 남겨 둘 책들과 일본에서 구매한 제작 관련 도서, 육아에 유용한 영어 그림책 등을 많이 보유하고 있었다. 그래서 나는 이러한 책들을 보관할 책장도 함께 두고 가려고 했다. 그리고 2018년 12월, 연말이 다가온 시점에서 현지인 사무실 직원인 크리슈나에게 시내의 좋은 가구점을 소개해 달라고 했다. 그러자 크리슈나는 "소장님, 팹랩에서 가구를 만들면 되잖아요"라고 제안했다.

2018년 12월, 부탄 청년해외협력대 30주년 기념식장에서 다년간 협력대원들의 활동을 지원해 준 파로(Paro) 농기계화센터의 체템 왕첸(Chetem Wangchen)에게 'JICA 부탄사무소장상'과 함께 기념 방패가 수여되었다. 이 기념 방패는 크리슈나가 협상하고, 팹랩 부탄에서 제작되었다. 팹랩은 창의적이고 독특한 상품을 소량 생산하는 것이 가능하다. 그래서 나는 팹랩 부탄에 상담하러 갔다.

ShopBot의 담당 스태프 중 한 명인 큰 체구의 쿤장 텐진(Kunzang Tenzin) 군이 "책장의 디자인은 그렇게 어렵지 않아요. 3D CAD 디자인 소프트웨어로 만들 수 있어요"라고 말했다 그 말에 작업을 해 보았지만 이임 전의 다른 일들로 인해 중도 포기하게 되었다. 결국 이미 만들어진 디자인 데이터를 가지고 팹랩 부탄에 찾아가서 도움을 청했다.

쿤장 텐진 군은 디자인 데이터를 보자마자 이해하고 내 데이터를 바탕으로 설계에 착수했다. 다음 날에는 평면 전개된 스케치(약도)를 보내 왔다. 세부적인 정밀 수정에 대해 주문을 하고, 한층 더 선반의 좌우 외측의 벽면에 부탄 같은 느낌이 나오도록 의뢰해 두었는데, 약 2주 만에 도장도 끝난 훌륭한 책장으로 완성되었다.

팹랩의 이용자에게 요구되는 것은 이용자가 직접 만드는(DIY, Do It Yourself) 것뿐 아니라 다른 이용자와 함께 만드는(DIWO, Do It With Others) 것이라고 한다. 내 책장은 DIWO도 DIY도 아니었기 때문에 예로 들기에는 꺼림칙하다. 그러나 팹랩이 근처에 있는 장점을 나타내기에는 충분하다고 생각한다. 자신의 처지와 수요에 맞는, 세상에 단 하나뿐인 것을 만드는 팹랩은 다품종 적량 생산에 적합하다.

나는 2016년 4월, JICA의 현지 사무소장으로 부탄에 부임했다. 임기 중에 적어도 하나는 팹랩을 이 내륙국 부탄으로 만드는 것을 목표로 정한 후, 부탄에서의 메이킹 활동의 보급에 종사한 약 3년간이었다. 다행히 그 목표는 임기 중반에 달성할 수 있었다. 이후 나는 팹랩 부탄을 중심으로, 다음 단계인 "부탄을 제작의 나라로 바꾼다"라는 꿈을 향해서 관계자를 연결하는 사명에 매진해 왔다. 이 책은 팹랩과 보낸 나의 부탄에서의 3년간의 활동 기록이다.

제1장

부탄 부임 전야 (2016년 3월)

팹랩과 JICA

JICA가 팹랩에 관여하게 된 데는 미국 MIT 미디어랩 소장(당시)인 이토 조이[伊藤穰一]의 역할이 있었다. 2013년 5월, 이토 조이는 JICA 연구소 고문인 아라카와 히로시에게 일본 팹랩의 일인자인 게이오 대학 쇼난 후지사와 캠퍼스(SFC)의 다나카 히로야 교수를 소개했고, 같은 해 8월 요코하마에서 개최되는 FAB 9 대회와 관련하여, 다나카 교수는 6월, 아라카와 고문의 소개로 JICA 기획부의 타와 마사히로[田和正裕] 참사역과 면담해 FAB 9 개최에 대한 JICA의 협력을 요청했다.

이에 따라 JICA는 FAB 9 개최를 후원하며 부설 이벤트로 개최되는 국제심포지엄에 패널리스트를 파견하고, 개발도상국 참가자의 여행 경비를 부담하는 등의 결정을 내렸다. 이 국제심포지엄에는 JICA의 아라카와 고문과 가나 타코라디(Ghana Takoradi) 기술학교 교장, 동티모르 국립대학 공학부 능력 향상 프로젝트의 카운터 파트였던 동 대학교원 2명 등이 초빙되었다. 이 국제심포지엄은 게이오 대학 SFC 소셜퍼브리케이션 랩과 미국 MIT의 비트아톰센터(CBA, Center for Bits and Atoms),

요코하마 창조도시센터와 공동 개최되었으며, JICA, 총무성, 경제산업성, 요코하마 시 등이 후원하고, 도시바, 후지쯔, 소니컴퓨터 사이언스 연구소 등이 협찬했다. 이벤트는 전 세계 팹랩 대표와 메이킹 마니아들이 모인, 40개국에서 총 800명 이상이 참가한 대규모 행사였다. 아라카와 고문은 JICA의 사업 소개뿐 아니라 자신이 왜 팹랩에 주목했는지와 프로젝트의 형성 등에 관심을 가지고 사업에서 활용해 나갈 방침을 밝혔다. 특히 환경미래도시의 주류화를 위한 연계 가능성 등을 언급했다.

같은 해 10월 24일, 다와(田和) 참사역은 도쿄 고지마치[麴町]의 JICA 본부에서 개최된 직원 스터디 그룹에 다나카 선생님을 초청하여 개발도상국에서의 팹랩 활용에 대해 발표했다. 당시 나는 JICA 연구소에서 근무하고 있었지만, 다음 달부터 다와 참사역의 기획부로 이동하게 되어 있었다. 내부 명령을 받아 바로 다나카 선생님과 연락을 취했는데, 그는 스터디 모임을 예정하고 있으니 인수인계를 겸해 참석하라고 했다. 다나카 선생님은 대학교육 지원 프로젝트, 청년해외협력대원 파견, 과학기술협력 프로그램 등을 통해 JICA가 개발도상국에서 팹랩 설치를 지원할 수 있다는 제안을 했다. 이를 통해 나는 팹랩에 대해 진지하게 생각하게 되었다.

일본의 팹랩 창시자인 다나카 히로야 게이오 대학교 교수의 발표에서 가장 인상 깊었던 내용은 2000년 규슈 오키나와 서밋 이후 급물살을 타고 있는 정보통신기술 분야에서 국제 협력과 디지털 격차 대책의 일환으로 진행된 '어린이 1명에게 랩톱 한 대를(OLPC, One Laptop Per Child)' 운동의 문제점에 대한 것이었다. 초저가 노트북 '100달러 랩톱'을 개발해 양산하고 이를 공적으로 조달해 빈곤 지역 학생들에게 배포하여 교육 기회를 제공하자는 취지의 프로그램에 대해 '처음 배포하는 건 좋지만 고장이 난 경우에는 어떻게 해야 할까?'라는 의문이 들었다. 일상에서 사용해도 손상될 가능성이 있고, 아이에 따라 액정 디스플레이의 가동 범위를 넘어서 마음껏 사용하거나 생각지도 않은 방법으로 사용하다가 랩톱이 망가지는 일도 발생할 수 있기 때문이었다.

다나카 교수는 OLPC가 현지에서 부품을 생산하고 교체할 수 있는 설계 사양이 없다는 것을 지적하며, 최종 제품을 제공하는 것보다는 현지에서 생산이나 수리를 할 수 있는 환경을 조성해야 한다는 주장을 펼쳤다. 이에 대해 JICA 직원들 사이에서는 생산과 수리를 민주화하거나 분권화하는 것이 무엇을 의미하는지에 대해 의견이 분분했지만, 개발협력의 장점이 이러한 것이 아닐까 하는 점에서는 모두 고개를 끄덕였다. 이에 대해 선생님께 질문한 스터디 그룹 출석자 중 한 명이 청년해외협력대원이 글러브를 인원수만큼 갖출 수 없는 상황에서 팹랩을 활용하면 현지에서 간이 글러브를 만들 수 있지 않겠느냐는 의견을 제시했다. 이에 대해 다나카 선생은 "할 수 있다"고 단언했다.

팹랩 보홀과 1인의 청년해외협력대원

한편 JICA 본부 내에서의 움직임과 병행하여 필리핀에서는 청년해외협력대원이 보홀 주에 팹랩을 설립하기 위해 노력하고 있었다. 이를 위해 파견된 도쿠시마 유타카[德島泰]는 산업 디자인 대원으로서 무역 산업성 보홀 주 사무소에서 일하게 되었다.

보홀 주는 보홀 섬과 70여 개의 군도로 이루어져 있으며, 선박 의존도가 높다는 문제점이 있다. 대형 항구가 없는 보홀에서의 유통은 고속선으로 2시간 거리에 있는 인근 세부 시 항구를 경유해야만 했다. 보홀에서 제조업을 영위하려면 생산 활동에 필요한 다양한 소재나 소모품을 항상 조달해야 하는데, 수송 비용과 보관 비용이 높기 때문에 거의 모든 물품의 가격도 비싸질 수밖에 없었다. 이로 인해 보홀의 생산품은 원가가 제품 가격을 밀어 올리는 수준으로, 세부의 생산품보다 비용이 높아 경쟁력이 약화되고 있었다.

보홀을 방문한 협력대원 도쿠시마 씨는 주 내의 중소·영세기업의 경쟁력 강화나 신산업 육성, 신상품 개발에 대한 조언 등을 기대했지만,

물류상 병목현상과 중소·영세기업의 노동자 교육 수준이 낮아 협력 방침의 전환을 피할 수 없게 되었다. 이에 그는 교육 수준이 높은 소규모 인원을 대상으로 혁신 교육을 제공하고, 이를 바탕으로 혁신을 창출함으로써 산업 진흥을 추진하는 것이 주 내의 중소·영세기업을 위한 길이라고 생각했다.

도쿠시마 씨는 보홀에서 혁신 교육과 지식 교류를 촉진하기 위해 혁신 환경을 만들어야 한다는 결론에 이르렀다. 그리하여 도쿠시마 씨는 부임 후 6개월이 지난 뒤 디지털 패브리케이션 랩, 즉 팹랩을 생각해 냈다.

도쿠시마 씨와 무역산업성의 스태프는 필리핀 정부의 관계 부처, 보홀 섬 주립 대학, JICA 필리핀 사무소 등과 접촉했으나 당시 필리핀에서 디지털 제작은 완전히 새로운 개념이었기 때문에 이해시키기가 쉽지 않았다. 심지어 도쿠시마 씨의 팀 멤버도 디지털 제작 경험이 없어 초기 프레젠테이션을 할 때 설득력이 부족했다. 그러나 전 세계적으로 널리 알려진 팹랩의 네트워크와 메이킹 마니아의 지원 덕분에 도쿠시마 씨와 팀은 방대한 양의 프레젠테이션을 통해 정부 기관의 지지를 얻는 데 성공했다. 도쿠시마 씨는 "요컨대 팹랩은 부담 없이 뭐든지 물어볼 수 있는 심리적인 근접성, '조직적 근접성'이 높은 패키지"라고 말했다. JICA 사무소도 청년해외협력대의 현지 활동 지원비에서 일부를 조달하며 도쿠시마 씨의 활동을 지원했다.

팹랩 보홀은 2014년 5월 보홀 섬 주립대학 구내에 문을 열었다. 도쿠시마 씨는 개소식에 맞추어 아시아 8개국의 디지털 크리에이터

200여 명을 보홀로 초청했고, 제1회 팹랩아시아네트워크회의(FAN1)라는 이름의 국제회의를 주최했다. 개방혁 혁신(Open Innovation)의 힘으로 문제를 해결하는 '공동 창조 플랫폼'을 만들기 위해 이를 지원하는 아시아 지역의 제작 마니아와의 네트워크화를 시도한 것이다. FAN1에는 당시 아키노 대통령도 출석해, 오픈한 지 얼마 안 된 팹랩 보홀을 시찰했다. 팹랩이라는 지역의 제작 거점에서 제작 마니아들끼리 연결되어 서로 가르쳐 주는 과정에서 확산되는 혁신의 가능성을 직감한 대통령은 이후 전국 11개소에 같은 유형의 랩을 만든다는 방침을 분명히 했다.

2014년 9월, 도쿠시마 씨는 청년해외협력대로의 임기를 마치고 귀국했다. 도쿠시마 씨의 보홀에서의 경험은 국제 협력의 방향을 변혁시켰다. 당시 JICA 연구소 소장인 탐보 이치로[畝伊知朗]는 파리의 경제협력개발기구(OECD) 본부에서 과학기술 전문관으로 재직하던 시절부터 팹랩 보홀의 설립에 주목하고 있었다. 소장 취임 후 매년 세계은행이 발간하는 '세계개발보고서(WDR)' 2016년판의 주제가 '디지털화의 혜택'임을 본 탐보 이치로 소장은 팹랩에 대한 도쿠시마 씨의 경험을 WDR에 포함시키려 했다. WDR은 전 세계에서 쓰인 논문 리뷰를 공표 전에 실시한다. 탐보 이치로 소장은 도쿠시마 씨의 경험을 세계 개발 실무자가 인용하는 WDR에서 다루면 세계 각지에서 스케일 업(Scale Up)되어 도쿠시마 씨와 같은 사례가 곳곳에서 실천되리라 생각했다. 이에 탐보 이치로 소장은 귀국한 지 얼마 안 된 도쿠시마 씨를 연구소가 있는 이치가야로 불러 보홀에서의 경험을 글로 정리하라고 제안했다. 당시 다나카 히로야 연구실의 연구원으로 지내는 게 정해져 있던 도쿠시마 씨는 이를 승낙했고, 먼저 일본어로 정리한 뒤에 영어로 번역하기로 했다. 이때 나는 탐보 이치로 소장에게 초대를 받은 점심식사 자리에서 도쿠시마 씨와 처음 만났으며 그의 논문 영역 작업을 돕게 되었다. 도쿠시마 씨의 WDR 보고서는 2015년 7월에 일콘어판이 그리고 1개월 후에 영어판이 완성되었다.[4] 영문판은 세계은행에 제출되어 2016년 1월 발표된 WDR에서 인용되었다.

---

4 도쿠시마 유타카(2015) 「'Contextualized Innovation' 환경 구축을 통한 경제개발: 필리핀 보홀 주의 Fablab을 이용한 이노베이션 환경 구축 '빈곤 삭감 프로젝트'에 의한 사례연구」, JICA 연구소, 2015년 7월. https://www.jica.go.jp/jica-ri/ja/publication/other/post_19.html

SDGs와 팹랩

　2015년에 나는 JICA 기획부에서 다와 참사역으로부터 이어받은 '팹랩의 JICA 사업에서의 활용 촉진'이라는 사명을 짊어지고 있었다. 다와 참사역이 사내스터디 모임을 열어 주고 있었음에도 도쿠시마 씨의 팹랩 보홀의 프로젝트는 좀처럼 싹을 틔우지 못하고 있었다. 이 시기의 나는 '지속 가능한 개발 목표(SDGs)'의 계획수립 프로세스에 일본이 중점을 두는 개발 과제를 적절히 반영시키는 일에도 관여하고 있었기 때문에 '팹랩의 주류화'도 틈틈이 참여하고 있었다. 도쿠시마 씨의 논문 영역 작업은 팹랩을 다시 마주하는 좋은 계기가 되었다.

　한편 9월에는 뉴욕의 유엔 총회에서 '지속 가능한 개발을 위한 2030 어젠다'와 SDGs가 채택되었다. SDGs 계획수립 프로세스와 병행하여 선진국의 싱크 탱크나 경제지는 금세기 중반에 어떤 일이 일어날지를 예측하는 보고서를 잇달아 발표하고 있었다. 영국의 경제지《이코노미스트》지는 앞으로 수십 년 안에 대량생산이 등장한 이래 최대의 혁명이 제조업계에 일어날 것이라고 예측했다. 앞으로 제조업은 3D 프린팅(적층 조형기술) 기술이 보급되면서 "극히 외진 곳에 있는 소규모의 제조업자도 글로벌 시장에 서비스를 제공할 수 있으며, 일반인은 기성품을 사지 않고 스스로 디자인한 독자적인 지품을 '프린트'할 수 있을 것"이라고 했다.[5]

2045년까지의 미래를 예측한 영국 창위부 '글로벌 전략 트렌드(Global Strategic Trends)'도 3D 프린팅이 제조업에 미치는 영향력을 다음과 같이 밝혔다.

"3D 프린팅은 주문형 생산을 가능하게 한다. 대량의 제품 재고를 장기간 보유하는 데 비해, 발주 후 곧바로 필요한 수만큼 부품을 제조할 수 있기 때문이다. 생산지의 분산화가 진행됨으로써 지역에서 소비에 적합한 사양의 프린팅을 실시할 수 있다. 이에 따라 고가 수입품에 대한 의존도가 낮아지고, 전통적인 제조업에 비해 산업 인프라도 필요 없을 수 있다. 3D 프린터의 개인 이용도 급속히 확산되는 추세다. 전에 없는 규모의 대량 맞춤형(Customization)이 가능해져 소비자와 기업가가 독자적인 제품을 생산하는 제조업의 '민주화'가 진행된다. 2045년까지 3D 프린터는 한 집에 한 세트가 당연해질 것이며 식료, 의료뿐만이 아니라 기계나 전자 기기를 내재(embedded)한 복잡한 디바이스에 이르기까지, 폭넓은 작품을 낳는 것이 가능해질 것이다."[6]

SDGs의 거점인 유엔 역시 매년 6월에 발표하는 '지속 가능한 개

---

5 영국 이코노미스트 편집부(2012) 『2050년 세계: 영국 '이코노미스트'지는 예측한다』. 문예춘추, 2012년 8월, p.303.

6 Ministry of Defence. 2014. Global Strategic Trends - Out to 2045, Fifth Edition. United Kingdom. June 2014. p.68.

발 보고서'의 2015년판에서 팹랩이 경제성장과 고용 촉진에 기여할 가능성에 대해 일찍이 언급한 바 있다.

"최근 혁신에 관한 논의 맥락에서 대두된 새로운 견해로서 지역 기반의 디지털 공작기계의 역할을 평가하려 한다. 이러한 시설은 규모가 다른 대량생산 지향의 기존 산업 기술로는 접근하기 어려운, 맞춤형 제품의 개발과 생산을 가능하게 한다. 이러한 도구를 통해 기술에 대한 접근이 민주화되어 지역사회가 자신에게 가장 알맞은 기술 도구를 구축하는 프로세스에 스스로 참가할 수 있게 된다."[7]

SDGs가 목표 달성 연한인 2030년을 넘어 금세기의 중반을 내다볼 경우 이들 문헌이 공통적으로 선보이는 미래 예측에는 주의를 기울일 필요가 있다. SDGs가 제정되고 이에 대한 논의가 JICA 사내에서 활발히 진행되었다. 결국 2015년 10월 이후 SDGs가 JICA의 다음 과제가 되면서 나는 SDGs 주류화의 맥락 속에서 팹랩의 보급을 생각하지 않을 수 없었다.

SDGs에는 17개의 목표 아래 169개 항목이 되는 세부 목표(타깃)가 있다. 그 하나하나에 개별적인 개발협력 프로젝트로 대응하려면 엄청난 프로젝트를 진행해야 한다. 하나의 프로젝트에서 여러 타깃의 목표 달성에 기여할 수 있는 협력 방법이 요구되지 않을까?

이에 비해 팹랩은 지역이 중심이 되어 혁신창출 에코 시스템을 구축해 나감으로써 지역 고유의 과제, 그것도 발굴 방법에 따라서는 상당

---

7 UN-DESA. 2015. Global Sustainable Development Report 2015 Edition. Advance Unedited Version. June 2015. p. 137.

수의 개발 과제에 대해 지역 맥락에 맞는 맞춤형 대응책을 제공할 수도 있다.

2015년 9월부터 JICA 연구소에서 진행한 '오픈 이노베이션과 개발' 연구회는 내가 막연하게 생각하던 것을 문장으로 정리할 기회를 주었다. 이것도 탐보 이치로 소장의 이니셔티브로, 연구회에는 다나카 히로야[田中浩也] 선생과 도쿠시마 유타카[德島泰] 외에도 다마 대학의 아이즈 이즈미[会津泉] 교수, 게이오 대학의 다나카 타츠오[田中辰雄] 교수, 와타나베 토모아키[渡辺智暁] 교수, 큐슈 대학의 지쯔즈미 토시야[実積寿也] 교수, 총무성의 이즈미 히로야[昃宏哉] 씨 등이 위원에 이름을 올렸다. JICA에서도 젊은 직원 여러 명이 태스크 멤버로 참가해 함께 논의를 거듭했다. 매회 저녁 6시에 시작해 8시가 넘어서까지 논의가 오갔다.

젊은이는 아니지만 나도 태스크 멤버로서 목소리를 냈다. 거기서 나는 처음으로 팹랩이 SDGs에 어떻게 공헌할 수 있는지, 그 고찰의 결과를 문장으로 정리했다. 내가 집필한 보고서의 담당 장(Chapter)에서 나는 팹랩 보홀을 예로 들었다. 각각의 연구소는 설치에 이르는 배경이나 경위, 입지 조건, 이용자의 구성에 따라 성격이 달라진다. 이 때문에 팹랩이 SDGs의 어느 타깃의 대응을 지역 차원에서 촉진하는지를 일반화하기는 어렵다. 그러나 보홀의 사례는 운용하기에 따라 8조 25항(타깃)에 공헌할 수 있다고 결론지었다.

"지역 중소·영세 기업인 육성, 지역 산업 육성, 과학기술 혁신 인재 양성 등 지역에 팹랩이 설치됨으로써 직접적으로 기여할 수 있는 타깃이 많습니다. 한편 팹랩에 의해 창출되는 지역 특유의 혁신이 어떤 타깃 달성에 향후 기여할지와 관련하여 실제로 거기에서 무엇이 만들어지는지를 더 지켜볼 필요는 있습니다. 간접적 공헌으로서 몇 가지 항목을 열거했지만, 잠재적으로는 더 광범위한 가능성을 내포한 것으로 생각됩니다.'[8]

'오픈 이노베이션과 개발' 연구회는 2016년 2월까지 검토 회의를 마친 후 원고를 집필했으며, 3월 말에는 JICA 연구소에서 성과 보급을 위한 공개 세미나가 열렸다. 여기에는 거의 모든 연구회 멤버가 참가했다. 다나카 히로야 선생은 오픈 이노베이션을 '주고받기(Give and Take) 모델'의 끝, '참여와 공유(Join and Share) 모델'의 시작이라고 칭하며, 세계 각지에서 일어나는 다양한 과제 해결에 대한 대처로, 이 새로운 모델을 추진해 가고 싶다고 말했다.

다나카 다츠오 선생은 팹랩이 비용 대비 효과를 낳는 메커니즘으로 숙련된 노동과 자본 설비가 극히 적은 환경에서도 제조가 가능하다는 점과 지역에 맞는 수요를 발굴할 수 있다는 점을 들었다. 한편 다나카 다츠오 선생은 팹랩만으로는 운영자가 수익을 올리기 어렵고, 팹랩에서 실시하는 인재 육성이나 교육의 성과는 외부로 유출되기 쉽기 때문에, 역설적으로는 공공재로서 자리매김함으로써 공적인 개발협력의 필요성이 높아지는 것은 아닐까 하고 지적했다.[9]

---

8 JICA 연구소편(2016) 「'오픈 이노베이션과 개발' 연구회 실시 결과보고서」, JICA 연구소, 2016년 12월, p. 26.

9 JICA 연구소, 「오픈 이노베이션이 가져올 개발 가능성을 놓고 지식인들이 논의」, 2016년 4월. https://www.jica.go.jp/jica-ri/ja/news/topics/post_270.html

이때 이미 나는 4월부터 JICA 사무소장으로 부탄에 부임하는 것이 정해져 있었다. 지금까지 팹랩의 JICA 사업으로의 활용 촉진을 두고 많은 고민을 해 온 나에게 있어서 부임처에서 이것을 해 보이는 것은 신임 소장으로서 '할 일 리스트(To Do List)' 중에서도 꽤 난이도가 높다고 할 수 있었다. 부임처에는 팹랩이 없었다. 그래서 최대 3년일 나의 부탄 주재 기간 중 팹랩을 만든다는, 전 단계 작업부터 시작해야겠다고 생각했다. '임기 중에 적어도 1개는!' 그것이 내가 최초로 정한 목표다. 나는 성과 보급 세미나에 참석하는 연구회 위원에게도 부임 인사를 드렸다. 그러자 다나카 히로야 선생님이 귀가 솔깃한 정보를 알려 주셨다.

"현지에 팹랩을 만들고 싶어 하는 부탄인이 있어요."

JICA 사무소장으로서의 공약

　나는 부탄에서 하고 싶은 일로 '팹랩'을 선택했다. 부임 전에 인사 차 방문한 일본 부탄우호협회 사무국에서 행한 인터뷰에서도 다음과 같이 말했다.

　"현지에서 실현시키고 싶은 것은 세계 각지에서 시작되고 있는 메이킹 시민 공방 '팹랩(Fabrication Laboratory)'의 보급이다. 현재 부탄의 문제는 청년들에게 고용 기회가 적게 주어진다는 데 있다. 농업을 매력적인 산업으로 만들고 청년을 유입시키는 것도 하나의 방안이지만, 인터넷으로 연결된 디지털 공작기계를 갖춘 시민 공방이 각지에 생기면 청년이 지방에서 창업하는 길도 넓어진다. 예를 들면 부가가치가 높은 토산물의 개발이나 일상생활을 좀 더 편리하게 하는 도구의 제작 등을 생각할 수 있다. 이외에도 스스로 창업하는 등 적극적으로 젊은이를 후원할 수 있는 환경 조성이 중요하다고 생각한다."[10]

10　일본 부탄우호협회 회보, 2016년 6월.

2000년대 초 MIT 닐 거센필드 교수가 미국 보스턴의 빈곤 지역과 인도 마하라슈트라 주 농촌에 처음 설치한 것을 시작으로 팹랩은 전 세계로 확산되었으며, 2014년 7월에 600곳을 넘겼다. 도쿠시마 씨에 따르면 '1년 만에 배로 증가'하는 추세다.[11] 여기에 정의상 '팹랩'으로 간주되지 않는 테크숍(Techshop)이나 메이커 스페이스(Maker Space) 등을 합치면 디지털 제품을 만들 수 있는 팹 시설은 더 많다. 게다가 유럽과 일본뿐만 아니라 중남미나 아프리카의 개발도상국에도 상당수의 팹랩이 있다. 동남아시아나 인도에도 이미 들어서 있다. 부탄도 이 물결에 뒤처지지 않아야 한다.

2016년 4월 25일, 파로공항에 내린 나는 아직 주거도 정해지지 않고 관계 부처와 인사만 한 가운데 부탄의 전국지인 《쿠엔셀》로부터 인터뷰를 요청받았다. 나와의 면담을 급한 일 때문에 취소했던 체링 토브게이 당시 총리가 미안하다며 JICA 사무실을 전격 방문한 직후였다. 나는 긴장이 가시지 않은 가운데 기자와 인터뷰를 했다. '팹랩'이라는 단어를 꺼내지는 않았지만, 지방에서 젊은이가 창업할 수 있는 환경을 조성하는 것이 필요하며, 부탄은 최대의 현안 사항이라고 할 수 있는 청년실업 문제에 일부 담당할 수 있지 않겠느냐고 조심스럽게 피력했다.

"우선 전임자의 대처를 존중하고 싶다. 농업은 여전히 중요하며, 교량 건설 및 통신망 등에서의 연결성 강화도 중요할 것이다. 하지만 만약 내가 기존 JICA 프로그램에 나 나름대로의 대처를 덧붙일 수 있다

---

11 https://www.Fablabs.io/에 따르면 2019년 6월 현재 국가는 93곳, 지역은 1,722개소에 이르며, 계속해서 증가하고 있다. 일본 내 등록한 팹랩은 19곳에 이른다.

면, 수도와 지방 양쪽에서 고용 기회를 창출할 수 있는 새로운 방법을 모색해 보고 싶다. 1960년대 일본의 농민들은 농사만 짓지 않았다. 그들은 농사를 짓지 않을 때는 농업 수입을 보완하기 위해 인근 공장에 일하러 나갔다. 지방에서 도시로 인구가 이동하는 것을 억제하기 위해서는 농업 이외에 취업 기회를 창출해야 한다. 물론 부탄은 지리적인 불리함이 있다. 그래도 이런 불리함을 극복할 방법은 있다. 지방에서도 인터넷 연결이 가능해지면 청년들이 혁신적인 사업을 시작할 것이다. 어떻게 하면 그것이 가능한가 혹은 지방에서 창업할 수 있는 환경을 어떻게 하면 만들 수 있는가는 내 재임 중에 고민하고 싶다."[12]

---

12 "I want to write a book about Japan-Bhutan cooperation." Kuensel, 2016년 5월 5일.

제2장

움직일 것 같지만
움직이지 않는 사람들

(2016년 4월~2016년 11월)

절친 체왕과의 만남

부임 초기부터 '팹랩'을 강조했으나 이해하는 사람은 적었다. 현재 3D 프린팅과 같은 적층 조형기술이 주목받으면서 많은 지식인이 그 유효성을 논하고 있는 상황으로, 세계의 어디선가 누군가가 제작해 공유를 위해서 인터넷에 올린 데이터를 우리는 다운로드할 수 있다. 프로토 타입(기본 모델)은 실제로 모형을 만들기 전에 PC상의 조작만으로 몇 번이나 반복해 확인할 수 있다. 프로토 타입에 드는 비용은 경감되어 초기 투자의 리스크를 줄일 수 있으며, 보다 특화되어 많이 존재하는, '롱 테일(Long Tail)'의 요구에 근거해 프로토 타입을 만들고 다품종 적량 생산(Mass Customization)도 할 수 있게 된다. ABS나 PLA 같은 필라멘트를 열로 용해 및 분사한 후 여러 층을 쌓아 가며 굴건을 '프린팅'하기 때문에, 제작에 있어서 재료의 낭비도 거의 없다.

3D 프린팅과 관련한 주된 논의는 3D 프린터를 갖춘 팹 시설 전체에도 적용할 수 있다. 목재 등 현지에서 구할 수 있는 재료를 이용하면 롱 테일의 요구에 대한 대응능력은 한층 더 높아질 것이다. 이미 페

트병의 소재인 PET도 3D 프린팅용 필라멘트에 이용되고 있기 때문에, 폐기 플라스틱을 재료로 재이용하는 방법이 확립된다면 순환형 사회를 구현하는 데도 기여할 수 있을 것이다. 완제품의 수입 대신 데이터를 송수신함으로써 수송에 드는 비용도 절감할 수 있다. 이것은 단순히 외국으로부터의 수입뿐만이 아니라 국내에서 멀리 떨어진 두 지점 간의 물류에 있어서도 성립되는 논의일 것이다. 부품의 수입 대체나 조립 공정의 국내 입지로 고용 기회도 만들 수 있을 것이다. 즉 부탄 같은 내륙국이야말로 디지털 제품을 만드는 데 있어 효과적일 것이었다.

이런 이점을 아무리 설명해도, 듣는 부탄인의 표정은 와닿지 않는 듯했다. 사실 JICA의 사무소 안에서도 직원의 반응은 둔했다. '소장이 그렇게까지 말하는데, 소장이 하는 것을 지켜보자'라는 분위기였달까.

부임하고 부탄에서 누구와 어떻게 연결했을 때 일이 움직일지를 전혀 감을 잡지 못한 시점에서 우선은 다나카 히로야 선생과 메일을 주고받기로 했다. 곧바로 선생은 미국 MIT의 닐 거센필드 교수 그리고 팹 재단 관계자와 메일 교신을 할 때 CC(참조)에 넣어 주었다.

거센필드 교수는 이미 한 차례 부탄을 방문한 바 있다. 팀푸 시내 번화가인 노르진 람(Norzin Lam) 대로변의 구두판매점에서 찍힌, 외제 스포츠화가 대량으로 진열되어 있는 사진을 메일에 첨부해 전달해 주며, "이런 상황은 바람직하지 않아"라고 강조했다.

마음에 드는 디자인의 구두를 매장에서 발견해도 자신에게 맞지 않을 경우 수입품이라면 주문하고 재입고하기까지 많은 시간이 소요된다. 그러면 몇몇 소비자는 크기가 맞지 않는 신발을 울며 겨자 먹기로

사거나 크기는 맞지만 디자인이 다소 마음에 들지 않는 신발을 구입한
다. 자신에게 맞는 신발은 좀처럼 입고되지 않고, 맞지 않는 신발은 언
제까지나 재고로서 매장에 남는다. 상점 주인은 외국에서 신발을 비싸
게 사들이며 재고가 없을 때까지 새로 주문하지 않는다.

외제 비싼 스포츠화를 사지 않더라도 부탄에서 만들면 어떨까?
그런 말을 교수는 하고 싶었을 것이다. 그렇지만 과연 스포츠화를 전부
대체하는 것은 먼 훗날의 이야기가 아닐까, 그렇게 나는 생각했다.

메일링 리스트에 어느 나라 사람인지 모르는 이름이 수신처로 포
함되어 있었다. 체왕 룬두프. 부탄인의 이름에 익숙하지 않았기에 나는
그 이름을 보고 부탄인이라고 상상하지 못했다. 메일 주소의 말미가 부
탄을 나타내는 bt가 아니라 덴마크를 나타내는 dk로 되어 있었다. 체왕
은 고사하고 룬두프는 덴마크인의 성처럼 느껴졌다. 그렇지만 발신하
는 메일의 내용은 분명하게 부탄인의 시선으로 쓰여져 있었다.

다나카 히로야 선생에게 소개받고, 나도 이 메일링·리스트상에서
인사를 해 보았다. 그러자마자 체왕에게서 연락이 왔다. 다나카 히로야
선생으로부터 이야기를 들었으며 팀푸에서 만나고 싶다는 것이다. 조
만간 코펜하겐으로 떠날 예정이니 가능하면 며칠 안에 만나고 싶다고
했다. 이렇게 빨리 만남이 이루어지다니, 참 기분 좋은 출발이었다.

5월 18일, 나는 시내의 5성급 호텔 '타지 타시(Taj Tashi)'에서 체왕
을 처음 만났다. 분명히 외국인처럼 보이는 내가 로비에 나타나자마자
그는 소파에서 일어섰다. 몸집은 땅딸막하고 머리는 빡빡 깎았다. 나직
하게 작은 소리로 말하는 영어는 알아듣기 어려웠다. 부탄 영어에는 혼

히 있는 말투다. 자신은 부탄 태생이지만, 지금은 코펜하겐에서 덴마크인 아내와 아이들과 살고 있다고 자신을 소개했다. 부탄에 팹랩을 만들고 싶다고 말하는 부탄인은 이런 인물이었다.

체왕이 데려온 동료가 세 명 있었다. 한 명은 당시 국내에 단 하나밖에 없었던 사립대학 로열팀푸 칼리지의 브라질 여강사 카린카(Kalinka), 다른 한 명은 팀푸 시청에서 일하는 파르덴(Palden) 그리고 마지막 한 명은 여성 기업인으로 소개된 카르마 요우덴(Karma Youden)이었다.

체왕의 설명에 따르면 원래 덴마크에서 공업 디자이너로 일하던 그는 일을 통해 팹랩에 대해 알게 되었고 모국 부탄에서도 만들고 싶어졌다고 한다. 그는 2년 전부터 덴마크의 공적개발협력기관 DANIDA의 도움으로 현지 컨설턴트를 맡으면서 팹랩 설립을 위한 동료를 찾기 시작했다. 또 실제로 팹랩을 만드는 일에 대해 세계의 제작 커뮤니티로부터 협력을 얻고 싶다고 생각해 미국 MIT의 거센필드 교수나 팹 재단 관계자를 만나러 갔다고 한다. 일본에도 와서 게이오 대학의 다나카 히로야 선생과 일본의 팹랩을 견학했다.

당초 DANIDA로부터 자금 원조의 약속을 받아내 각서도 교환한 것 같다. 그러나 최근에는 유럽의 원조국인 부탄에서 철수가 잇따르고 있어, DANIDA는 2013년에 부탄 사무소를 폐쇄하고 본국에서의 원격 운영으로 이행했다. 약속되었던 자금 원조도 때마침 유럽에서 심각했던 시리아 난민유입 문제의 여파로 심상치 않게 되었다.

이런 상황에서 내가 등장한 것이다. 체왕으로서는 현지에서 기다리던 지원자였을 것이다. 체왕은 JICA가 설립 지원을 해 주었으면 한다고 곧바로 요청했다. 그렇지만 이 시점에서 나는 답변을 보류했다. 내 임기는 최대 3년이지만 그사이에 JICA의 사업으로 실현시키기에는 시간이 충분하지 않았던 것이다.

호텔 레스토랑에서 점심을 먹으면서 각자 자기소개를 했다. 그들은 팹랩이 부탄에 있다면 이런저런 일을 해 보고 싶다며 각각의 이상을 말했는데 정작 어디에 설치하는가 하는 점에서 자기가 속한 대학의 캠퍼스가 좋다고 주장하는 칼링카와 소근소근 종잡을 수 없는 체왕의 말투가 맞물리지 않는 것처럼 느껴졌다. 아직 입지에 관한 의견 일치도, 물건 확보 움직임도 일어나지 않았음을 짐작할 수 있었다.

게다가 체왕과 나를 제외하고는 이 자리에 있던 누구도 실제로 기계를 조작해 본 경험이 없었다. 나도 간신히 부임 전에 도쿄에서 레이저 가공기를 만진 적이 있었다. 시청에 근무하는 파르덴은 용지 확보를 원활하게 하기 위한 요원이었고, 칼링카와 체왕의 논란 차이를 갈팡질팡하며 잠자코 지켜보는 눈치였던 카르마는 팹랩 출범 후를 내다본 기업과의 연계를 위해 체왕이 합류시켰다. 그들 모두 입을 열려고 하지 않았으며 무엇보다 디지털 제작 그 자체에 그다지 흥미가 있어 보이지 않았다.

이렇게 되면 실현은 아직 멀었을지도 모른다. 8월 예정이라고 들었던 다나카 히로야 선생의 부탄 초빙 기회를 최대한 살리자며 상견례는 끝났다. 체왕은 가족이 사는 코펜하겐으로 돌아갔다. 체왕은 부탄에 팹랩을 만들고 싶은데, 가족은 덴마크에 있어서 당분간은 오가야 한다는 말을 남겼다.

'풀뿌리 무상자금 협력'으로 갑자기 팹랩?

　6월 13일, 나는 팀푸 시청의 파르덴으로부터 메일을 받았다. 일본 정부의 풀뿌리 무상자금 협력에 응모하고 싶은데 서식은 없느냐는 문의 였다. 5월 중순의 첫 만남 석상에서 확실히 나는 '풀뿌리 무상자금 협력' 에 대해 언급했다. 팹랩에 필요한 공작기계를 풀세트로 조달한다고 해 도 총비용은 500만 엔에서 800만 엔 정도이므로 풀뿌리 무상자금 협력 지원 규모에 해당된다. 게다가 이들 공작기계는 부품 사양이나 3D 데이 터가 공개되어 있는 오픈 소스가 많기 때문에, 도입한 기계에서 부품 결 함이 발생해도 팹랩 공작기계를 이용해 부품 인쇄·제작을 어느 정도는 할 수 있다.

　문제는 팹랩을 어디에 둘지도 정하지 않았고, 요청 측의 조직도 정식으로는 설립 등기도 되어 있지도 않다는 데 있었다. 설립 비용의 부 담을 요구하는 원조의 요청을 일본 정부가 수락한다고 나로서는 생각할 수 없었다. 이후에도 "사무소가 있으니까 우선은 JICA에 상담을 하자" 라고 계속 이야기해 왔다. 이것이 부탄인의 행동이다. 풀뿌리 무상자금 협력은 확실히 1건당 금액은 적고, 필요할 때 신속히 공여할 수 있다. 가려운 곳에 손을 댈 수 있는 매우 고마운 구조이다. 그러나 일본대사관이 관할하고 있어 요청 수리나 심사 과정에 JICA는 거의 관여하지 않는다. 개발협력 수용 창구에서 국가개발계획의 수립과 예산 확보와 배분을 담당하는 GNH(국민총행복량) 위원회의 일본담강관 경험자라면 모를까, 일본의 개발협력 구조와 대사관, JICA의 역할 분담 등은 일반 시민은커녕 정부 직원이라도 이해하는 사람은 적다. 풀뿌리 무상도 JICA라고 생각하는 경우가 대부분이다.

반신반의했지만 나는 부탄을 소관하는 인도 뉴델리 일본대사관의 담당 서기관에게는 사전 양해를 구하고, 지원 요청서 양식과 대사관의 연락처 창구를 파르덴에 알렸다. 다나카 히로야 선생의 부탄 방문은 10월로 연기될 것이라는 소식이 있었다. 한편 대사관의 부탄 담당 서기관으로부터는 내가 중개한 풀뿌리 무상자금 협력에 대해서 사업 담당 니시무라 쿄코[西村響子] 씨를 9월 초순에 부탄에 출장을 보낸다는 연락이 왔다. 팹랩에 대해 알릴 수 있는 다시없을 기회였다.

7월 14일, 나는 파르덴을 사무실로 불러 팹랩 설치 장소의 선정 상황에 대한 공청회를 추진했다. 장발을 뒤로 묶은 장신의 마른 체구를 지닌 파르덴은 팀푸 교외 바베사 지구에 있는 IT 파크에 벌써 용지 확보가 끝난 상태라고 했다. 나는 그에게 함께 견학을 가자고 제안했는데 그의 태도는 미적지근했다. "높은 분의 사정이 있으니 우선 결정해 주세요. 내가 갈 수 있을지 어떨지는 몰라요." 부탄의 공무원은 공무원 복무 규정의 해석에 지극히 엄격하고, 자신의 소관 업무 이외의 일에 관련되는 것을 극도로 싫어한다. 비록 그것이 사회공헌으로 연결된다 해도. 분명 그런 것일 거라고, 나도 처음에는 생각했다.

나는 곧바로 IT 파크의 CEO와 약속을 잡았다. 일본 내방객에 대한 응대 절차, 남부 중심으로 부탄 전국에서 일어난 집중호우와 토사 재해에 대한 긴급대응 등도 있어 방문은 7월 27일에 잡혔다. 파르덴에게도 방문 일시는 전했지만 그는 결국 바쁘다는 이유로 오지 않았다. 팀푸 IT 파크는 소프트웨어 개발과 콜센터 운영을 전업으로 하는 8개 외국 기업이 입주한 부탄 유일의 IT 특구다. 체링 시가이 도르지(Tshering Cigay Dorji) CEO는 전 부탄텔레콤 사원으로 도쿠시마 대학에서 유학한 적이 있었다.

아침 10시 아직 입주 기업의 출근도 뜸한 IT 파크에서 늦게 도착한 시가이 CEO와 마주했다. 나는 팹랩에 대해 설명했다. 파르덴은 나에게 "용지 확보가 끝난 상태"라고 말했지만, 시가이 CEO에 따르면 거기까지 진행되진 않은 모양이었다. 2층 건물인 IT 파크의 건물 가운데 어느 공간을 팹랩에 충당하고, 임대료나 통신료를 얼마로 할 것인가 하는 조건에 관한 교섭은 일절 진행되지 않았다.

시가이 CEO는 나를 건물의 빈 공간 몇 개로 안내하고, 각각에 대해 관심 기업의 유무나 임대료 등을 자세히 설명해 주었다. 그러나 나는 팹랩 부탄이라는 조직을 대표해 상세한 입주 조건에 대해 교섭하는 입장은 아니라고 말했다.

CEO의 환대가 어리둥절하면서도 나에게는 궁금한 점이 몇 가지 있었다. 하나는 레이저 가공기나 ShopBot을 실내에서 사용하려면 환기가 필요하고 공작기계로 작업을 하면 소음이 날 수도 있다. 다른 하나는 입지의 문제다. IT 파크는 시의 최남단 팀푸문에서 가까워서 시민들에게 열려진 디지털 공방을 지향한다면 이곳은 너무 중심 시가지에서 멀다. 시가이 CEO로부터는 별채의 동을 건설 중인 계획이나 시내로부터의 서틀버스 운행도 있다고 들었지만, 그 판단은 내가 할 수 없다. 이런 상황까지는 파르덴은 몰랐을 것이다. 다나카 선생에게 조언을 받으러 와 달라고 체왕이 말한 이유의 일단을 슬쩍 본 것 같았다. 덴마크에 살기 때문에 팹랩을 이미지화할 수 없는 현지 파트너에게 전폭적인 신뢰를 주지 못하는 것은 아닐까 하는 생각이 들었다.

8월 10일 오후, 파르덴이 풀뿌리 무상자금 협력 요청서를 가지고 사무실로 왔다. 부탄제라고 생각되는 A4 일본 용지에 인쇄하고 간이 제본된 멋진 요청서에는 팹 재단에서 정하는 표준 사양의 공작기계, 3D 프린터, 레이저 가공기, 비닐 커터, 밀링 머신, 3D 스캐너에 덧붙여 데스크톱 PC 몇 대도 포함되어 있었다. 팹랩 설립에 필요한 초기 투자로는 타당했다. 단지 장소는 '팀푸 테크파크'라고 확실히 명기되어 있었고, 지부 등의 유무를 기재하는 란에는 '팹랩 부탄', '팹랩 몽골', '팹랩 삼드럽종칼(Samdrup Jongkhar)' 등의 말이 난무하고 있었다. 구상에는 포함되어 있었다고 해도, 현시점에서 실재하지 않는 팹랩이다.

관계자로서 6월 회합 자리에는 음울했던 카르마 요우덴이 CEO, 이사에는 잘생긴 파르덴, 어드바이저 위원에는 카린카가 있었지만, 그 외에 알지도 못하는 멤버가 너무 많았다. 또한 교육자와 커리큘럼 개발 담당, 연구원 등 외부 지원 요원을 'JICA 자원봉사자'라고 적어 놓았다.

직감적으로는 상당히 부풀려진 실시 체제였다.

풀뿌리 무상자금 협력 요청서는 부탄의 시민사회조직이 제출할 경우 부탄 정부를 거치지 않고 일본대사관에 직접 송부할 수 있다. 따라서 이들은 카르마 CEO 이름으로 대사관에 제출했고, JICA는 어디까지나 참고 정보로 이를 제공받은 것에 불과하다. 그러나 요청 내용이 만일 타당하다고 해도, 실시 체제는 내가 아는 실태와는 상당히 다르다.

이를 대사관에 전해야 할지 고민하던 중, 8월 16일 오랜만에 코펜하겐의 체왕으로부터 메일이 왔다. 9월 5일, 일본대사관의 니시무라 씨가 팀푸에 들어갈 때 팹랩 부탄을 정식 '런칭'하고 싶으니 JICA에서도 참여하여 도와 달라는 내용이었다. 실시 체제를 요청서 기재 내용에 맞추려는 듯했다. 체왕은 또한 론칭 자리에서 가능하면 JICA도 프레젠테이션을 해 주었으면 한다고 간청해 왔다. 대사관 측에 팹랩의 잠재력을 알릴 수 있는 좋은 기회라고 생각해 나는 이에 대해서는 흔쾌히 승락했다. 니시무라 씨는 9월 4일 부탄에 입성했고, 우리는 다음 날 론칭 장소에서 모임을 가졌다.

9월 5일은 아침부터 회의장인 타지 타시 호텔로 향했다. 로비에서 기다리던 체왕과 인사를 나누고, 그가 준비한 회의실로 향했다. 레스토랑의 개인 룸으로 니시무라 씨를 중심에 두고 모두 착석했다. 옆에는 나와 JICA로부터 동행한 다카노 쇼[高野翔] 직원이 앉았고, 우리를 둘러싸듯이 부탄 측 관계자가 착석했다. 카르마 CEO, 멋진 남자 파르덴도 와 있었다. 덧붙여 검찰청 근무자인 남가이(Namgay), 농업성 삼림국 직원 소남(Sonam) 등 풀뿌리 무상 요청서의 '임원'란에 기재되어 있던 멤버도 동석했다.

　　당초 체왕은 이 모임을 론칭이라고 표현했으나 나는 팹랩 부탄의 이해관계자회의라고 정의했다. 출석자 규모는 축소되었고 준비는 부족했다. 론칭을 대신해 체왕이 기획한 것은 대사관에서 온 니시무라 씨에게 팹랩 부탄의 구상과 당면한 사업 계획을 이해시키기 위한 브리핑 세션의 양상이었다.

　　나도 준비하던 프레젠테이션을 했다. 그 후 니시무라 씨의 질문에 체왕과 내가 번갈아 대답하는 형태로 모임은 진행되었다. 니시무라 씨가 쏟아 내는 질문에 체왕의 대답은 번번이 빗나갔다. 니시무라 씨가 올바르게 이해하도록 하는 것이 목적이므로, 나는 틈틈이 체왕의 답변을 보다 알기 쉽게 통역해 주려고 노력했다. 그러나 최대급의 파괴력을 가지는 새로운 정보가 니시무라 씨로부터 나왔다. 그것은 풀뿌리 무상자금 협력의 속도감이었다. 부끄럽지만 나 자신도 풀뿌리 무상이라면, 사업 규모에 따라서는 요청 접수로부터 1년 이내에 실행되지 않을까 하고 기대하고 있었다. 그러나 니시무라 씨에 의하면 지금 요청을 받아들여도 아무리 빨라도 자금 공여는 2018년 5월이라고 했다. 그로부터 기자재의 발주 등을 시작하면 인수받는 것은 지금부터 2년 후인 셈이다. 이것을 보면 나의 부탄 근무 기간 중에 팹랩 창단이 실현될 가능성은 터무니없이 낮았다.

　　체왕도 팹랩 개설 목표 시점을 2017년 내로 정했으며, 이를 전제로 코펜하겐에 사는 가족에게도 부탄 장기 체류에 대한 양해를 얻어 냈다고 했다. 회의를 마치고 회의장을 나올 무렵 우리는 풀뿌리 무상 의존은 위험하다고 생각하기 시작했다. 팹랩이라는 형태를 취하지 않아도, 작아도 좋으니까, 그 첫걸음이 되는 3D 프린터를 한 대라도 어떻게든 구하고 형태만 갖춰서 빨리 스타트하는 것이 좋지 않을까? 풀뿌리 무상자금 협력으로 2년이나 걸린다면, JICA의 기술협력에서도 마찬가지 아닌가? 체왕도 이후 풀뿌리 무상자금 협력을 언급하는 일이 눈에 띄게 줄었다.

토브게이 총리의 첫 접근

체왕과 나는 이때부터 풀뿌리 무상자금 협력을 대신하는 수단으로 각각 다른 가능성을 찾기 시작했다. 사실은 내게도 다른 사정이 있었다. 니시무라 씨가 부탄을 방문하기 얼마 전, 즉 8월 하순에 일본·부탄 양국 간 정책 협의가 델리에서 열려, 부탄 정부 대표단과 JICA 현지 사무직원을 포함한 일본 측 관계자들이 일본대사관에서 만났다. 그 자리에서 부탄 정부 대표단이 왕립 부탄대학(RUB)의 공학교육 실험용 기재 정비를 위한 무상자금 협력의 요청을 갑자기 해 왔다는 것이다.

년 1회 정부 간 협의에 이르기까지, 팀푸에서는 JICA와 부탄 측 지원 창구인 GNH 위원회와 업무차원에서 사전 협의가 몇 번이나 열리고 있었다. 사전 정비 작업은 거의 끝나고, 정부 간 협의의 장에서 부탄 측과 일본 측이 각자 무슨 말을 하는지에 대해서 양측 모두 어느 정도의 예상 질문이 만들어졌다. 그 자리에서 부탄 측이 예고도 없이 새로운 요청을 꺼낸 것이다.

당연히 우리 JICA사무소 팀은 그 당돌한 요청에 대해서 그 자리에서 몇 가지 질문을 했다. 이에 부탄 정부는 RUB의 연구실 장비가 남부 인도 국경에 인접한 부탄의 두 번째 도시인 풍조린의 교외에 있다며, 조만간 RUB 산하의 단과 대학에서 '과학기술칼리지(CST)'가 예정되어 있다고 말하는 것이었다.

너무 급해서 협의 석상에서는 요청에 대한 채택 여부가 검토되지 않았지만, 내가 이후 CST를 방문하여 요청 배경과 내용에 대해서 직접 확인하기를 제안하면서 이 요청은 계속 검토가 이어졌다. 9월 5일 팹랩 부탄 모임에서 이루어진 프레젠테이션 중에도 나는 팹랩은 팀푸에 하나 있는 걸로 만족할 게 아니라 두 번째, 세 번째 팹랩을 만들어 국내에서의 상호 보완 관계와 제작의 생태계를 펼치는 것을 생각해야 한다고 말했는데, 이때 그 첫걸음으로 풍조린의 CST나 바로 농업기계화센터(AMC) 근처라면 JICA가 직접 팹랩 개설에 협조할지도 모른다고 생각했다.

양국 간에 정책적으로 협의한 경위가 있어 풍조린의 CST에는 언젠가 갈 것이다. AMC에서는 농업 기계화 강화를 목적으로 한 JICA의 기술협력 프로젝트를 실시 중이다. 아날로그 공작기계를 갖추고 기계 조작이 가능한 인재가 이미 육성되고 있는 AMC에 대한 협력은 2018년 7월에는 끝난다. AMC와는 조만간 조직의 자립 발전 시나리오를 논의할 기회도 있을 것이다.

9월 초순에 JICA 주변에서는 이런 팹랩과 관련한 움직임과는 별도로 국립병원과 지역 핵심 병원에 CT 스캔 등의 의료 기자재를 공여하는 무상자금 협력을 위해 JICA 조사단이 부탄에 와 있었다. 탄딘 왕축(Tandin Wangchuk) 당시 보건부장관이 장관 집무실에서 조사단을 만났으며, 조사단의 만찬도 장관 주최로 개최되었다. 정보수집을 목적으로 온 단원들의 면면이 가벼웠던 것에 비해 환대가 너무 후하다고 나는 쓴웃음을 지었지만, 이를 부추기듯 체링 토브게이 총리까지도 조사단을 자택으로 초청하고 싶다는 말이 사무실로 날아들었다. 난 이건 기회라고 생각했다. 첫째, 이 프로젝트 자체를 추진하는 데 있어 총리나 보건부장관의 비상한 관심사 자체가 순풍이 된다는 점이다. 그리고 또 하나, 바쁜 총리를 자택에 붙잡아 두고 이쪽이 하고 싶은 주제를 차분히 설명할 수도 있다. 단원 구성이 가벼운 만큼 총리 저택에 초대되면, 동석하는 JICA의 소장이 외교 관례상 최상위가 되어 총리 옆에 착석하게 된다.

9월 7일 밤 그 시간이 다가왔다. 총리 자택은 시 최북부 타바 지구에서 북쪽으로 벗어나 간선도로로로부터 우회전해 언덕을 조금 오른 곳에 있었다. 총리 자택에 저녁 식사에 초대받는 것은 나 역시 처음이어서 나름 긴장했다. 그렇지만 거실에서 정다운 분위기 속에서 총리가 초대 손님과 주고받은 환담의 상당수는 의료 기자재의 이야기가 아니었다. 부탄에서는 8월부터 9월 초순이 제철인 송이의 일본에서의 조리법, 총리가 야당 당수 시절인 2010년부터 2012년까지 연속 출장한 산악 오토바이 레이스 '투어 오브 더 드래곤(Tour of the Dragon)'에서의 무용담 등이었다.

좀처럼 이야기를 꺼낼 타이밍을 찾지 못하는 가운데 저녁 식사가 끝나 가고 있었다. 총리가 배웅하고 모두가 총리 저택에서 뜰의 차 대기 장소로 이동하는 가운데, 나는 만반의 준비를 하고 도쿠시마 유타카 씨가 쓴 「JICA 연구소 백그라운드 보고서(Background Report)」의 복사본을 총리에게 건네주었다. 제1장에서도 소개한 도쿠시마 씨가 필리핀에서의 협력대원 시절에 세운, 팹랩 보홀의 경험을 영어로 정리한 리포트다.[13]

"오오, 팹랩인가!"

미국 피츠버그대 유학 시절 공학 전공이었다는 총리는 제목을 보자마자 그렇게 말했다. 테슬라 모터스의 창업자 엘론 마스크의 자서전이 애독서이며, 과학기술 혁신(Innovation)을 좋아하는 총리였다. '팹랩은 곧바로 총리의 마음에 울린 것임에 틀림없다.' 나는 그렇게 확신했다.

그림 4 | 토브게이 당시 총리와 필자(출처: JICA 부탄 사무소)

---

13 Tokushima, Y. 2015. "Economic Development using an Enabling Environment for Contextualized Innovation: The CaseLabing Unovation: The Case of the 'Poverty Reduction Project by Building-up the Innovation Environment Using Fablab', Bohol Province, The Philippines." JICA-RI Background Paper for the World Development Report 2016.

“총리님, 지금 이 나라에 팹랩을 만들고 싶어 하는 부탄 젊은이가 있습니다. 때가 되면 꼭 지원해 주세요. 저도 돕고 있습니다.”

나는 총리에게 전했다. “JICA가 지원한다”라고는 말하지 않았다. 말하지 않아도 때가 되면 하고 싶었다.

제2의 후보지 풍조린으로

총리에게 건네준 도쿠시마 씨의 보고서를 나는 다음 단계에서도 사용했다. 8월 2개국 간 정책 협의 후속작으로 10월 4일 풍조린의 CST를 방문하게 된 것이다. 방문 일정에 대해서는 9월 중부터 CST의 체키 도르지(Cheki Dorji) 학장과 몇 번이나 이야기를 주고받았다. 체키 학장에 따르면 스탠퍼드대 디자인 사고의 1인자인 제니퍼 위돔(Jennifer Widom) 교수가 안식년 휴가로 일주일가량 풍조린에 머물며 CST 학생들을 위해 빅데이터 특강을 하니, 그 시기에 오지 않겠느냐는 것이다.

당시 팀푸에서 인도와 국경을 접하는 마을 풍조린까지의 거리는 약 170km로, 국도를 이용해도 4시간 30분이 걸렸다. 더군다나 40분 정도는 포장이 잘 되어 있어 주행하기 쉽지만 이후부터는 갑자기 폭이 좁은 오르막 산악도로로 변하면서 겹겹이 반복되는 커브가 연속된다. 또한 나는 전날 밤 일로 밤을 새워서 4시간도 자지 못했다.

산악도로에 들어서자 강렬한 차멀미가 몰려왔다. 동행해 준 사무실 운전사는 환절기라 몸이 아파 재채기 콧물을 흘리며 운전했다. 팀푸 출발 4시간 가까이 지나자 고갯길 학원 도시 게두(Gedu)가 나타났고 뒤이어 갑자기 시작되는 짙은 안개 다발지대도 보였다. 이 모든 구간을 벗어나니 구름 사이로 드넓은 인도 평원이 드러났다. 산악지대에서 평야로 나오면 하천은 그 흐름을 부채꼴로 넓힌다. 눈 아래에 펼쳐지는 아모츄 하천의 수면이 태양의 빛에 비추어 반짝반짝 빛났다. 그 산간지와 평원의 경계로 보이는 시가지가 풍조린이다.

그때쯤 내 차멀미도 겨우 가라앉았다. 풍조린 시가지로 들어가기 전 입국관리국 검문소를 통과하면 CST 캠퍼스가 바로 나온다. 국도 옆의 대학 정문을 지나 우리는 체키 학장을 찾아가기로 했다. 인도 하이데라바드의 NIIT에서 공부하고, 그 후 일본 중부의 문부과학성 국비 유학 제도로 요코하마 국립대학에 유학해 석사, 또한 일본 정부가 기여하는 세계은행의 장학금을 이용해 미국 하버드대학에서 박사학위를 받은 분이다.

팀푸로부터 해발이 2,000m나 내려와 인도 대평원에 접한 풍조린은 10월 초라고는 하지만 여전히 무덥다. 나는 공기 조절이 잘 된 회의실로 안내되었다. 'GNH 홀'이라고 JICA의 신임 소장의 내방에, CST의 교무 부문의 간부도 대부분이 동석했다. 그중에는 전기공학과 교원으로 파견되어 온 츠보타 토시[坪田俊秀] 씨도 있었다. 그는 JICA 시니어 자원봉사자로, CST에는 토목공학, 전기공학, 전기통신, 정보기술 4개 학과가 있는데 JICA는 과거에 전기통신학과에 시니어 자원봉사자를 파견했다. 츠보타 선생이 유일한 JICA 파견 자원봉사자로서 전기공학과에서 수력발전의 메커니즘을 지도하고 있었다. 언제나 학생의 시선에서 학생의 이해도를 확인하면서 수업을 한다고 한다. 그리고 작업복은 민족의상 '고(Gho)'이다.

벌써 체류 기간이 1년 9개월에 이르러 남은 임기가 3개월도 채 안 남은 츠보타 선생이 이전에 JICA에 제출하던 정기 활동 보고서를 나는 예습 삼아 읽고 있었다. 전기공학과 실험실에 관해 관심을 끄는 설명이 있었다. 실습용 기구는 정리 정돈되어 세심하게 관리되지만 오히려 사용되는 인상을 받지 않고, 실제로 망가져 사용할 수 없는 기구도 있으므로 수업은 자연스럽게 착석 학생 중심이 된다는 것이다.

체키 총장과의 면담은 대부분이 RUB에서 요청이 들어와 있었던 무상자금 협력에 관한 것이었다. 들어 보면, 이것은 전기공학과에 태양광 등 재생 가능 에너지활용 기술의 연구 개발용의 실험실을 정비하고 싶다는 의향에 근거하는 것이다. 츠보타 선생의 보고서에서 '기자재 공여만을 실시하는 것은 불충분하고, 기자재의 유지 관리 노하우에 대해서도, 아울러 기술이전을 하지 않으면 유효하게 사용되지 않는다'라고 느낀 나는 그 보고서에 대해서는 명확하게 언급하지 않고 다음과 같이 이야기를 꺼냈다.

"실험 시설을 재생 가능 에너지 관련으로 한정하면 범위가 너무 좁으므로, 더 많은 학생이나 교직원이 이용할 수 있게 해야 하지 않을까요? 특정 실험을 위한 시설이 아니라 다양한 실험을 할 수 있는 환경을 마련하면 전기공학과뿐 아니라 다른 학과의 학생이나 교수도 이용할 수 있을 것 같습니다. 각 학과의 실험장에서 망가진 기구도 수리하고요. 지금 무상자금 협력은 경운기의 공여, 국도 교량 교체 등에 주로 활용되고 있어 기자재 공여로 돌릴 여지가 적습니다. 지금까지의 실험 기구들이 어떻게 유지·관리되며, 어떻게 활용되고 있는지를 엄격하게 사전 평가에서 볼 수 있을 것입니다. 더불어 이것을 기술협력 프로젝트로 하면, 기자재의 유지 관리나 랩의 운영 노하우도 아울러 지도할 수 있을 것입니다.”

나의 말에 학장님도 이해해 주셨다. 물론 앞으로 기술협력 프로젝트로 새롭게 요청서를 작성하다 보면 순조로워도 2018년 4월 이후에나 시작될 것이다. 팀푸에서 팹랩 부탄 1호에 대한 이야기가 진행된 것과 별개로, '팹랩 풍조린'에 대한 논의가 진행된 것은 이번 출장의 수확이었다.

아시아 개발 은행에도 훈수

이렇게 체왕의 팝랩 부탄과는 별도로 JICA에서 제2의 팝랩에 대한 포석을 마련한 나는, 나아가 이러한 움직임을 장기적으로 확대(Scale up)할 수 있도록 다른 개발협력 실시기관을 끌어들이는 행동에도 나섰다. 수력자원 개발이 진행된 결과 부탄의 1인당 국민소득이 상승했다. 그렇게 부탄이 후발개발도상국(LDC) 지원 대상에서 제외될 것처럼 보이자 개발원조(ODA)를 증여 위주로 하는 유럽의 원조 실시국들은 현지 사무소를 접고 철수 움직임을 보이기 시작했다. 덴마크의 DANIDA가 철수한 이야기는 이미 소개했지만, 같은 해 7월에는 스위스의 Helvetus도 스위스의 소장이 이임하고 현지에서의 사업을 부탄인 소장 아래에서 실시하는 체제로 이전하고 있었다.

한편 증여뿐만 아니라 차관도 제공할 수 있는 국제금융기구에 있어서는 부탄의 중소 소득국 진입은 채무 변제능력 향상을 의미하므로, 사업 확대를 기대할 수 있는 유력한 고객국으로 인식되고 있었다. 그러한 개발 금융기관의 하나가 아시아개발은행(ADB)이다.

본부가 필리핀 마닐라에 있는 ADB는 일본인 인력이 많을 뿐 아니라 조직 운영 실시 체제가 본부 중심으로 이뤄져 있어 조사단 대부분이 마닐라에서 편성되어 들어온다는 점은 일본의 개발협력 실시체제와도 흡사하다. JICA에 있어서는 비교적 협력하기 쉬운 국제기관이라고 할 수 있다.

정부와 협의나 조사를 위해 부탄에 들어올 ADB 직원들과 마닐라에서 고용된 컨설턴트들은 다른 개발협력 실시기관의 경험에 대해 묻고자 JICA와 면담하기를 원했다. 그러던 중 그동안 ADB가 지원하지 않았던 기술교육·직업훈련 분야에서 새로운 협력 프로젝트를 검토했다고 하여, 10월에 첫 조사단이 부탄에 들어왔다. 직원 두 명으로 구성된 팀은 정보 수집을 위해 JICA와 면담하고 싶어 했고, 나는 10월 18일에 그들을 맞이했다.

전날 밤의 부탄 국영 TV(BBS) 뉴스어 어제부터 3일간 직업훈련 워크숍이 시내에서 개최될 거라고 보도되었다. JICA는 직업훈련 분야 측면에서 주요 개발협력기관이 아니므로, 직접적으로 청년해외협력 대원을 개별 직업훈련 학교 강사로 파견하거나 직업훈련 학교 교장을 연수차 일본에 파견할 수 없었다. 그 때문에 워크숍 일정이 사전에 우리에게 알려지지 않았던 것이다.

뉴스에서는 학생이 안고 있는 '스티그마(Stigma, 부정적 낙인)'의 문제를 지적하고 있었다. 직업훈련 학교에 입학하는 학생들은 대부분 중등학교 성적이 좋지 않다. 즉 네 성적으로는 대학에 갈 수 없으니 직업훈련 학교라도 가라고 선생님들이 종용하는 것이다. 딱히 그 기능을 습

득하고 싶어서가 아니라 성적 부진자로 낙인찍힌 채 입학하다 보니 열
등감과 더불어 의욕을 잃는다.

그렇지만 이 스티그마 문제는 내가 처음으로 출장차 부탄에 와서
츄메의 직업훈련 학교를 방문한 2007년에 이미 알고 있었다. 그저 10년
가까이 지났음에도 본질적인 부분이 거의 달라지지 않았을 뿐이다.

직업훈련 학교에 대한 사회의 이해와 함께 그곳의 학생이라는 점
에 대한 자부심을 북돋아 주어야 한다. 나는 ADB의 미션에 대해서 이
점을 지적했다. 직업훈련 학교에 가는 것이 특정 기능의 습득에만 머무
르지 않고, 다른 분야에도 적용될 수 있는 기능의 습득으로 이어지도록
해야 한다. 그러기 위해서는 특정 기능에 특화된 훈련용 기자재뿐 아니
라 범용성이 높은 첨단 기자재도 포함시켜, 연수생이 그 시설도 이용할
수 있도록 해야 한다.

요컨대 나는 전국 각지에 있는 직업훈련 학교에 팹랩을 병설할
수 없을까 하고 생각했다. 나는 이번 면담에서도 팹랩을 화제로 올렸다.
ADB는 본부가 마닐라에 있기 때문에, 도쿠시마 씨가 계기를 만든 필리
핀 전국에 팹랩 전개하는 사례를 가까이서 볼 수 있다. 나는 팹랩을 부
탄에서 인기 있는 직업훈련 학교 육성과 연결했으면 한다. 부탄에서 팹
랩 운영자가 늘어나는 것은 반가운 일이므로 ADB에도 직업훈련의 틀
안에 들어와 주었으면 좋겠다고 강하게 요청했다.

ADB 담당자도 JICA의 기술교육, 직업훈련 분야에서의 경험과
팹랩의 직업훈련 학교 병설 제안에 흥미를 보이며, 구체적으로 협력 내
용을 결정할 때 살리고 싶다고 말했다. 그 후 이 프로젝트는 내가 이때

만난 직원으로부터 후임 하야시 료타로[林遼太郎]에게 인계되어 구체
적인 랩 시설 정비 자금의 공여로 연결되지만, 그 이야기는 다시 소개하
고 싶다.

도쿠시마 씨 도착!

   그동안 체왕은 코펜하겐에서 원격으로 일을 진행하면서 팀푸 팹 랩 창설을 위해 조금씩 준비하고 있었다. 게이오 대학의 다나카 히로야 선생의 부탄 초빙은 선생의 사정으로 곤란해졌지만, 대신해서 이번 봄부터 게이오 대학의 연구원이 된 도쿠시마 유타카 씨와 와타나베 도모아키 선생이 오게 되었다. 두 분 모두 JICA 연구소의 '오픈 이노베이션과 개발' 연구회에서 함께 공부한 덕분에 안면이 있다. 다른 일정으로 부탄에 도착한 두 분이 팀푸로 모인 시기는 11월 5일로 14일까지 부탄 시찰과 의견 조사를 벌였다.

   이 일정은 코펜하겐의 체왕이 도쿠시마 씨와 연락을 취하면서 진행되었다. 나는 도쿠시마 씨로부터 온 메일을 통해 체왕이 짠 스케줄을 처음 알았다. 일정은 다소 지나친 듯 보이지만 세세하게 보면 휑한 느낌도 있었다. JICA에서 조금 더 제안하는 게 좋을 듯싶어 나는 체왕과 연락을 취해 일부 예정을 JICA의 약속 주선용으로 비워 주도록 의뢰하고, 풍조린의 CST, 파로의 AMC 등의 방문을 더해 주었다. 웬일인지 팀푸 테크파크 방문도 JICA에서 준비했다.

체왕은 부탄 도착 직전까지 덴마크에 있었기 때문에 만남이 좀처럼 이루어지지 않아, 이곳에서 내가 준비할 수 있는 것은 최대한 했다. 이 시기에 나는 부탄의 전국지《쿠엔셀》에 '부탄을 제조의 나라로 만들자'는 제목의 기고를 했다.[14] 이는 부탄에는 없는 새로운 아이디어를 묻거나 JICA가 실시한 대책을 신문기자의 시각이 아니라 JICA의 관점에서 호소하기 위해 내가 주재한 기간 중에 몇 번인가 이용한 기법이다.

두 번째가 된 이번 기고에서는 팹랩이란 무엇인가, 부탄에 있어서 팹랩 도입이 어떠한 혜택을 가져오는가, 팀푸에 하나뿐만이 아니라 국내 각지에 같은 시설이 생김으로써 그 영향력이 나라 전체로 확대될 가능성이 얼마나 있는가 등을 강조했다. 아마 부탄 언론에 팹랩이라는 말이 실린 것은 내 기고가 최초일 것이다. 이리하여 나의 기고는 11월 5일자《쿠엔셀》지에도 게재되었다. 이날은 도쿠시마 씨가 부탄에 들어온 당일이다. 나는 두 사람이 부탄으로 방문하는 곳마다 이 기고 복사본을 배포해, 방문처에 대한 설명 자료로 활용할 수 있는 태세를 갖추었다.

주초 7일《쿠엔셀》은 사설에서 나의 기고를 거론하며, "우리가 기업가 정신이 풍부한 나라를 지향한다면 팹랩은 그것을 잇는 길이다. 팹랩은 부탄의 교육제도 측면에서 중요한 투자가 될 것이며, 자급자족과 자영업은 이를 통해 우리의 손길이 닿는 데까지 다가설 것이다"라고 주장을 폈다.《쿠엔셀》이 외부인의 기고에 반응하여 기고 직후《쿠엔셀》

---

14 "Let's Make Bhutan a "Fab Country." Kuensel, 2016년 11월 5일.

의 사설에서 언급하는 것은 극히 이례적인 일이었고 논조도 매우 긍정적이었다.[15]

그가 합류한 11월 7일 오후 도쿠시마와 와타나베의 첫 예정은 BBS 좌담회 스튜디오 녹화였다. 25분간의 텔레비전 프로그램으로, 체왕과 도쿠시마 씨, 와타나베 선생이 출연했다. 나는 당초에는 나오지 않을 생각이었지만, 프로그램 앵커로부터 출연을 간청받았다. 짧게 말하는 조건으로 나는 출연을 승낙했다.

그림 5 | 부탄 국영 TV 좌담회 스튜디오 방송 전. 좌측 2번째부터 도쿠시마 씨, 체왕, 와타나베, 필자(출처: 야마다 코우지)

4명의 출연자 중 팹랩 부탄의 연락처는 체왕이다. 하지만 그는 덴

---

15 "Harnessing the power of our creativity." Kuensel, 2016년 11월 7일.

마크에 살고 있어 평소에 연락이 되지 않기 때문에 어떤 때는 부탄 현지에 있는 나에게 문의가 올 수도 있다. 그것이 팹랩 부탄이 가지는 약점이라고 할 수 있다. 이 좌담회에서도 체왕은 팹랩이 팀푸 테크파크 내에서 할 수 있다고 확언했다.

그날 밤 나는 두 분과 한식당 '쌈말'에서 식사를 했다. 첫날이었지만 체왕의 발언에 가려진 위험을 이야기했다. 그는 방문처 곳곳에서 설명이나 발언을 할 때 종이나 파워포인트를 준비하지 않기 때문에 어디까지가 가능하고, 어디서부터가 가능하지 않은지, 그 외에 팹랩 부탄을 담당할 인재는 있는지 없는지, 그의 MIT 연락처는 누구인지 등 상당히 모호한 형태로 설명을 일관하고 있었다. 듣다 보면 모르는 것이 상당히 많다고 지적했다. 팹랩 출범의 일반 현안 사항을 그를 포함한 팹랩 부탄 관계자에게 전달하는 것이 일주일 체류 기간 중 최우선 사항이 될 것이라는 점을 참석자 모두가 확인했다.

다음 날인 8일 아침, JICA 사무소 정례 회의 후 사무소 내에 스터디 모임이 열렸다. 소장이 '팹랩'을 강조하는 것치고는 그것이 무엇인가 좀처럼 이해할 수 없었던 직원과 특히 부탄인 스태프에게, 체왕과 도쿠시마 씨의 프레젠테이션은 반향을 일으켰다. 특히 도쿠시마 씨가 이번에 가지고 온 스스로 만든 랩톱에 모두 흥미진진해 했다. 팹랩만 있으면 랩톱을 만들 수 있다는 것은 임팩트 있는 메시지가 되었다.

이날 오후에는 팀푸 시청의 킨레이 도르지(Kinley Dorji) 시장을 방문했다. 잘생긴 남자 파르덴의 상사였다. 그해 여름 중국 선전(Shenzhen)에서 열린 제12차 세계팹랩담당자회의(FAB12)에서 한 외국인이 팀푸 시를 대표해 시장의 비디오 메시지를 현장에서 내보냈다. "팀푸 시는 메이킹 활동을 통해 자급자족하는 도시(팹 시티)를 목표로 한다"고 선언했다는 말을 도쿠시마 씨는 FAB12에 참가한 지인에게 들었다고 했다.[16] 당연히 우리는 킨레이 시장이 이미 팹랩의 강력한 후원자라는 전제 아래 이야기를 꺼냈다. 그런데 막상 시장은 팹랩을 전혀 모르기에 우리는 기초부터 설명해야 했다. 게다가 초반에 체결된 의견 교환에서도 시장은 팹랩에 대해 다소 의구심을 갖는 모습이 역력했다. 그래도 시장은 바쁜 가운데 한 시간 정도 시간을 내주는 성의를 보였다. 청년 일자리 문제와 연결시켜 이야기했기 때문에 시장님도 결국 지지한다고 하셨다.

9일에는 토브게이 총리와의 면담도 성사되었다. 오후, 타바 지구에 있는 자택으로 총리를 방문했다. 앞의 면담이 길어져 좀 기다렸지만, 덕분에 마음의 준비도 단단히 한 채 면담에 임할 수 있었다.

여기서 또 당혹스러웠던 것은 총리가 응접실에 나타나자마자 체왕이 몇 발짝 물러서며 자세를 낮춘 것이다. 이래서야 팹랩 부탄 이야기를 구체적으로 할 수 없다. 뒤처지는 형국이 된 나와 일본에서 온 두 사람이 팹랩의 일반론과 부탄에서의 가능성을 팹랩 부탄을 대표해 이야기하는 형태가 되었다. 다행히 총리는 도쿠시마 씨가 가져온 수제 작품 랩톱이나 시판되고 있는 오픈 소스 랩톱 'pi-top CEED', 3D 프린터로 만

---

16 팹 시티(Fab City Global Initiative)는 유럽 최초의 팹랩을 보유하는 스페인 바르셀로나 카탈로니아 고등건축대학원 대학(IAAC) 관계자를 중심으로 2014년 바르셀로나에서 열린 제10회 세계팹랩담당자회의(FAB10)에서 발표된 구상이다. 이 회의에서 바르셀로나 시장은 2054년까지 소비하는 모든 것을 생산하는 도시를 지향한다는 팹 시티 선언을 했다. 2020년 6월 현재, 세계 28개 도시가 가입하고 있으며, 각각 그 특징을 살려 자급자족하는 도시의 실현에 임하고 있다. 일본에서는 2018년 7월에 가마쿠라 시가 팹 시티를 선언한 바 있다. https://fab.city

들어진 의족 등에 강한 흥미를 보였다. 내가 기고한 《쿠엔셀》의 기고도 읽어 주었다. "나는 팹랩의 강력한 신봉자다"라고까지 말해 준 것에 대해 매우 감사했다. 그것도 국회 회기 직전으로 바쁜 와중에도 한 시간이나 할애해 주었다.

그림 6 | 3D 프린팅된 의족을 토브게이 총리에게 설명하는 도쿠시마 씨(출처: 야마다 코우지)

중단 직전

우리가 정부 고관과의 면담을 착실하게 진행할 때 팹랩 부탄의 이사회 멤버는 거의 동석하지 않았다. 총리 면회가 실현된 같은 날 밤 도쿠시마 씨, 와타나베 선생과 이사회 멤버와의 만남이 간신히 실현되었다. 시 남단 바베사 지구의 호텔 테르마린카(Terma Linca)에서의 일이다. 여기에 온 사람들은 9월 초순에 체왕이 기획한 '이해 관계자 회합'과 같은 멤버다.

이야기를 하면 할수록 이 멤버는 팹랩에 대해 자신의 말로 이야기할 수 없는 사람들이라는 인상이 강해졌다. 거의 모든 것을 만들어 낼 수 있다는 점에는 마음이 끌리는 듯했지만, 나 스스로 어떤 것을 만들어 보겠다는 꿈과 의욕을 갖고 어떻게든 이 유치를 실현해 보겠다는 열의는 그다지 느껴지지 않았다. 그들은 그저 누군가 움직여 주기를 기다리고 있었다. 자신이 무엇을 하면 좋을지는 없고, 말해질 때까지 기다리겠다는 자세가 선명하게 나타나고 있었다. 자칭 CEO 카르마 여사는 여전히 자신감이 없고 과묵했다.

체왕은 BBS의 좌담회에서 분명히 장소는 팀푸 테크파크라고 단언했는데 이사회 멤버가 동석한 이 장소에서는 발언을 톤다운시켜, "넣을 수 있는 기자재의 사양이 정해지지 않으면 어느 정도의 공간이 필요한지를 모른다. 어디로 해야 좋을지 지금은 결정할 수 없다"는 등 지금까지의 발언을 원점으로 되돌리기도 했다.

나는 일이 잘 풀리지 않을 것 같아 걱정스러운 투로 이야기했다. 체왕은 덴마크에 거주해 부탄에 없는 경우가 많은데, 그가 부재중일 때 총리가 갑자기 팹랩 부탄의 말을 듣고 싶다고 하면 도대체 누가 책임지고 총리를 응대할지를 제대로 설명해 달라고. 바로 이 무렵 JICA에서 진행하던 것이 11월 30일에 행해지는 부탄텔레콤 주최의 정보통신기술 세미나였다. 당시 JICA가 수행하던 기술협력 프로젝트가 종반을 맞이하여, 그 성과의 보급을 목적으로 이루어지는 JICA 행사였다.

부탄텔레콤사로부터 "팹랩에 대해 이야기해 줄 사람 없느냐"는 문의가 있어서 나는 이날 저녁 식사 자리에서 체왕에게 나갈 수 없느냐고 물어보았다. 그러자 그는 11월 말에는 브라질에 있어서 부재중이라고 답해 왔다. 차선책으로 팀푸 시청의 파르덴기 어떻겠느냐고 체왕이 말하기에 파르덴 본인에게도 물었으나 그 역시 사정이 좋지 못하다고 말했다. 이들은 제3의 후보자가 마땅치 않아 도저히 대답할 수 없다는 매정한 답변을 내게 건넸다.

덕분에 JICA의 소장인 내가 세미나의 오프닝 세션에서의 인사에 가세해, 이후의 본격 세션에서 한 번 더 프레젠테이션을 했다. 팹랩에 대해 많은 사람에게 알릴 수 있는 절호의 기회인데, 더구나 정보통신 인프라는 팹랩에 있어서는 필요 불가결한데 이사회 멤버가 아무도 올 수 없다는 것은 어떤 이유에서인가!

모두 입을 다물고 자리의 분위기가 무거워져 버렸을 때 도쿠시마 씨가 도와주었다. 팹랩을 실제로 본 적이 없는 상태에서는 구체적으로 어떻게 개설 준비를 해야 할지 그림도 그릴 수 없을 거라면서 자기가 이사를 맡고 있는, 2017년 1월 인도 뭄바이에서 열리는 제3차 아시아팹랩 네트워크회의(FAN3)에 와서 직접 공작기계를 만져 보고, 팹랩 유저들과 네트워크를 만들어 보는 게 어떻겠느냐고 제안했다. 이에 "그렇다면 가 볼까" 하고 카르마 CEO가 응하면서 회동 분위기는 다시 부드러워졌고 원만하게 정리되었다.

이날 대화를 돌이켜 보면 당시 팹랩 부탄에는 강력한 개성을 가지고 끌고 갈 사람이 없었다. 또 아무도 책임지고 싶어 하지 않고 아무도 땀을 흘리고 싶어 하지 않는, 이때는 이 사람, 이럴 때는 저 사람이라는 역할 분담이 있어야 하는데 이를 총괄할 사람이 없었다. 지금 생각하면 부탄인의 기질 그 자체라고 자주 지적되는 것이기도 하다. 설마 덴마크에 사는 체왕까지 그런 생각을 할 줄은 몰랐다. 혼자일 때는 으스대던 그가 이사회 멤버 앞에서는 잔뜩 주눅이 든 모습을 보이는 것은 왜일까?

어제는 팀푸 시장, 오늘은 토브게이 총리와 면담하고 각각 지원을 약속받았다고 체왕은 말했지만 나는 낙관적으로 보지 않았다. 그들 스스로 제3자를 납득시키지 못한다면 구체적인 지원은 받을 수 없다. 현시점에서 우리가 얻는 것은 도덕적 뒷받침에 지나지 않는 것이다. 얼마 전에는 도쿠시마 씨, 와타나베 선생을 동반하고 세계자연보호기금

(WWF)의 더친 도르지(Deqen Dorji) 대표도 만났다. WWF와 내가 대표하는 JICA는 팹랩 부탄에 대해서 "오픈하면 이용자로서 협력한다"라는 입장을 취하고 있다. 문제는 "오픈에 도달할 수 있을까?"다. 사양을 정하고, 장소를 정하고, 사업 계획을 그릴 사람이 보이지 않는 이상 과도한 기대는 접고 1호점으로 만족해야 하는 현실이 안타깝다.

'1호점'에 대해서 내가 너무 홍보를 하는 건 위험할 것 같아 조금 거리를 두기로 했다. 차라리 자신들의 사업으로 진행되는 풍조린의 '2호점', 파로의 '3호점' 쪽을 착실하게 진행하는 것이 현실적이지 않을까 하고 생각한 것이다. 그날 밤 내 아파트로 돌아와 저녁 10시부터 BBS의 밤 뉴스에 채널을 맞췄다. 한참을 멍하니 보던 중에 팹랩이 내년에 팀푸 테크파크 내에 문을 연다는 보도가 나왔다. 체왕이 그렇게 말했기 때문인데 나는 이런 의문이 들었다. 정말 그래도 되는 거야?

다음 날인 10일에 일행은 팀푸 테크파크를 찾았다. 텔레비전 보도가 나온 다음 날인 만큼 체왕은 어떤 이야기를 시가이 CEO에게 꺼낼까? 하지만 프레젠테이션은 모두 와타나베 선생님에게 맡기고, 체왕 자신은 거의 아무 말도 하지 않았다. 면담 준비는 JICA 측에서 한 것이므로 그가 침묵하는 것도 이해가 안 되는 것은 아니지만, 미디어에 나와 "테크파크"라고 확언한 책임은 느끼고 있는 걸까 하고 또 초조해졌다.

또 이날 오후에는 부탄상공회의소(BCCI)에서 열린 팹랩 토론에 참석하기로 했다. 젊은 직업 연수생 50여 명이 모여 단상에 착석한 도쿠시마 씨와 와타나베 선생과 대화한다는 것이다. 이것은 자신이 기업 경영자로 BCCI와 커넥션이 있는 카르마 CEO가 준비한 이벤트인 것 같다. 그러나 카르마 CEO 자신은 뒤늦게 왔고, 행사가 진행되는 중에도 자주 자리를 비우며 휴대전화로 누군가와 통화했다.

체왕으로부터 사전에 아무 말도 듣지 않았기 때문에 내가 나설 차례는 없다는 인식으로, 약 2시간 동안 뒤에서 방청했다. 관찰하면서 재미있었던 것은 역시 젊은이들은 질의응답에서 적극적으로 거수하고 발언하지 않는다는 점이다. 이것은 현지에서 열린 JICA 주최의 세미나에서도 자주 볼 수 있는 현상이었다. 그래서 크게 놀라지는 않았다. 회의장으로부터 질문이나 코멘트가 나오지 않기 때문에, 패널리스트 측에서 질문을 요청했다. 그래도 역시 손이 안 올라가서 어쩔 수 없이 지명해 발언시키면 "잘 모르겠다"는 답변이 돌아왔다. 패널의 기대감이 겉돌고 있었다.

"부탄의 젊은이는 창업해 한밑천 잡아 보려는 의욕이 없는 건가요?" 하고 도쿠시마 씨가 푸념하고 있었다. 이 건에 대해 나는 사무소에 돌아가 직원과 이야기를 했지만, 부탄의 젊은이는 대학을 나올 때까지 메이킹을 접한 적이 한 번도 없다는 것이 큰 문제점이라고 지적을 받았다. 우리는 초·중학교 때 과학 실험, 도공, 기술가정과 등의 교과에서 손을 놀려 물건을 만드는 일을 다소나마 경험한다. 하지만 부탄에는 그것이 없기 때문에 갑자기 공작기계로 만들기를 하자고 해도 사용법은 모르고, 무엇을 만들고 싶은지 이미지도 떠오르지 않는다는 것이다.

일련의 이야기를 방청하면서 나는 기술협력 프로젝트와 같은 확실한 틀을 결정하고, 톱 다운으로 팹랩을 만들어, 원래 공작을 할 만한 소지가 있는 공학계 대학생을 핵심 이용자로서 보고 그들로 하여금 경험을 쌓게 해야 한다는 생각을 한층 더 강하게 하고 있었다.

11일에는 오전 중 팹랩 부탄의 비즈니스 모델에 대한 회의가 열렸다. 체왕이 하고 싶은 일을 예를 들어, 거기에 필요한 연간 비용을 도쿠시마 씨와 와타나베 선생이 산출해 나갔다. 나는 옆에서 잠자코 듣고 있었지만 정부로부터의 연수 위탁 수입만으로 팹랩을 돌릴 수 있다는 체왕의 생각은 조금 위험하다고 느꼈다. 그는 청년실업 대책용 직업훈련 시설로 팹랩을 꼽았지만, 내장 공사비나 랩 인건비 혹은 재료비 등을 한꺼번에 마련해 줄 스폰서가 없으면 재무의 지속성을 반드시 확보할 수 없다는 것도 드러났다.

풍조린 재방문

　11일 오후에 풍조린(Phuentsholing)으로 이동했다. 내가 차멀미에 시달렸던 그 루트다. 수면을 충분히 취하며 실패의 교훈을 살렸지만, 도쿠시마 씨는 그 함정에 보기 좋게 빠져 버렸다. 전날 밤 다른 일 처리로 잠자는 시간이 늦어져 수면 부족으로 국내 이동에 임한 영향이 표면에 나타났다. 중간에 차를 몇 번 세우고 신선한 공기를 마시며 구역질이 잦아들기를 기다려야 했고, 꼬박 한나절을 보내고 간신히 풍조린에 입성했다.

　다음 날인 12일에 일행은 CST를 방문했다. 전회의 방문으로 이미 경험한 GNH 홀에서 체키 도르지 학장 이하 각 학과의 교원과 의견 교환을 했다. 1개월 전에 방문했을 때 학장에게 전한 도쿠시마 씨의 보고서를 에라쿠 학장님이 마음에 들어 했고, 그 결과 각 학부의 선생님에게 복사본이 배포되었으며, 모두가 제각기 감명을 받았다고 했다. 그 후 각 학과의 실험동을 견학했다. 나도 전회에 할 수 없었던 구내 견학으로 괜찮은가 하는 불안에 사로잡혔다. 풍조린에서는 가을 학기의 중간 지점에서 일주일 정도의 긴 축제 휴가를 맞아 기숙사에서 지내는 학생 대부분이 학기 중 유일하게 허락되는 귀향길에 나서고 있었다. 그런 타이밍이 나쁜 시기에 우리가 오기도 했지만 랩의 기기가 사용되지 않는 느낌이 강하게 느껴졌다.

전기통신학과 4학년생이 졸업 작품으로 만든 사회문제 해결을 위한 장치 시제품도 보여 주었다. 홀 진입자 수를 출입구에 설치한 센서로 세는 방문객 카운터와 주차장에 들어온 차를 빈 공간으로 유도하는 시스템 등이었다. 지도한 선생은 득의양양했지만 모두 미완성이었고 전시에 쓸 만한 물건은 아니었다. 전자공작 부분이 움직이지 않는 것도 있었고, 그것을 끼워 넣는 케이스가 스티로폼제이거나 나무 상자였으며, 조립 부품의 치수도 제각각으로 외관은 매우 조악했다. 모두 학생의 그룹 제작인 것 같았다. 전기통신공학에 대해서는 배우고 있어도, 그것을 합판이나 아크릴 보드 등으로 패키징하는 것은 배우지 않은 듯했다. 졸업 작품인데 전시용으로도 엉성했다.

한 번 만들어 보긴 했지만 제대로 작동하지 않자 문제점을 분석하고 개량하는 데 추가 부품이 필요해졌다고 한다. 그러나 그것을 알리바바 등의 통신판매 사이트를 통해서 추가로 즈문하면 수중에 도착하기까지 추가로 3개월이나 걸린다. PDCA 사이클을 몇 번 돌리지 못하는 사이에 졸업 시기를 맞이해 버려, 미완성인 채 졸업하는 것이다. 그런 사정이 쉽게 짐작이 갔다.

그림 7 ┃ 전기통신학과 4학년 학생의 미완성 졸업 제작(출처: 야마다 코우지)

　아크릴 보드나 그것을 가공할 수 있는 레이저 가공기 혹은 케이스를 맞춤형으로 제작할 수 있는 3D 프린터 등이 근처에 없는 것이 원인일 수는 있다. CAD 소프트웨어를 사용한 데스크톱상에서의 프로토 타이핑이 반복되어 있다면 또는 그들이 몇 번인가 프로토 타이핑을 반복하는 과정에서 필요한 부품이나 재료 등이 재고로 충분히 비축되어 있다면, 그들은 프로토 타이핑을 되돌아보고 개량 과정을 몇 번인가 반복해 제작의 완성도를 높인 상태에서, 즉 어느 정도의 성취감을 맛본 좋은 상태에서 졸업의 날을 맞이할 수 있지 않을까? 그런 가설이 내 머릿속에 떠올랐다.

　학생들은 갖가지 제약 속에서 그럭저럭 졸업 작품을 만들고 있지만 당시 고교 3학년으로 대학 공대 지망생이었던 내 큰아들이 이 정도의 것을 4년 뒤에 만들고 학부 졸업을 맞았다면 매우 걱정스러웠을 것이다. 도쿠시마 씨는 이 졸업생의 작품을 보고 일본의 고교 이과 클럽 수준이라는 혹독한 평가를 내렸다. 이렇게 해서 도쿠시마 씨와 와타나베 선생의 주선 아래 10일간에 걸친 부탄 방문이 끝났다.

풀세트 팹랩만이 유일한 길은 아니야

도쿠시마 씨와 와타나베 선생이 부탄을 떠나기 전날 밤, 체왕도 참여해 되돌아보는 미팅을 했다. 그 자리에서도 체왕은 팹랩 부탄의 입지에 대해 애매한 발언을 반복했다. 이어 나가 다음엔 언제쯤 부탄으로 돌아오느냐고 물었더니 내년 3월이라는 답이 돌아왔다.

그는 '내년 3월'이 목표라고 했지만, 개업 시기에 관한 그의 발언도 엎치락뒤치락했으므로, 입지와 같이 섣불리 믿으면 어려움이 생기지 않을까 하고 나는 상당히 회의적이 되어 있었다. 나는 지금처럼 팹랩 부탄의 이사회 멤버가 아무도 움직이지 않는다면 앞으로도 이야기는 진전이 없을 거라고 말하며, 체왕에게는 적어도 이사회 멤버 중 누가 앞으로 현지 연락처가 될지 정해 달라고 부탁했다.

이미 말한 대로 JICA는 부탄 텔레콤사와의 공동 개최로, 11월 30일에 정보통신기술 세미나를 열고자 준비하고 있었다. 부탄 텔레콤에는 2001년부터 기술력 향상에 일조해 온 야마구치 준야[山口順也] 씨가 지금도 JICA 전문가로서 상주하고 있으며, 이 세미나도 야마구치 씨가 중심이 되어 준비하고 있던 것이다.

야마구치 씨는 부탄텔레콤 측이 일방적으로 기술협력 성과를 말하고 JICA에 대해 감사를 표하는 것뿐만 아니라 JICA에서도 어떠한 ICT 관련 이슈를 제공하고 논의를 환기시킬 수는 없느냐고 이야기해 왔다. 나는 일찍부터 '팹랩'을 세미나에서 다루면 어떨까 제안했지만 팹랩 부탄 관계자는 아무도 도와줄 수 없다고 하여 어쩔 수 없이 내가 발표자로 나섰다.

게다가 야마구치 씨로부터 내가 체왕에게 들은 그의 부재 기간 중 팹랩 부탄 대표 주소와 카르마 CEO 앞으로 세미나 초대장을 보내 놓았으나 전혀 회신이 없어 출석해 줄 것인지 알 수 없다는 연락을 받았다. 만약을 위해 나도 메일 송신을 했지만 아무 답신이 없었다.

세미나 당일, 점심을 낀 오후의 세션에서 발표를 맡은 나는 '부탄이 팹랩을 가지는 의미'라는 제목 아래 30분간 프레젠테이션을 진행했다. 이사회 멤버가 아무도 출석하지 않은 시점에서 나의 팹랩 부탄에 대한 기대는 완전히 없어져 버렸다. 발표 중에 나는 '팹랩 부탄'을 일절 언급하지 않고, 팹랩이란 무엇인가와 그것이 부탄에 편익을 가져올 가능성을 말하는 데 그쳤다. 그리고 팹랩의 구성 기계 중에는 저렴한 것도 있어 3D 프린터 한 대로도 비즈니스를 할 수 있다는 점, 300달러로도 창업이 가능해 에코 시스템의 핵심 구성 플레이어가 될 수 있다는 점을 강조했다.

팹랩이 생길 경우 대폭적으로 접속성이 개선된 정보통신 인프라를 기반으로 디지털 제작을 현지에서 하고, 자신들이 필요한 것은 스스로 만든다(Self-Sufficiency)는 의식을 가진 제작 마니아(메이커)가 탄생하고, 그들이 조성한 생태계를 성장시켜 나가는 것이 중요하다고 강조했다. 팹랩 부탄이 우물쭈물하는 동안 누군가 디지털 제작으로 비즈니스를 시작하면 어떨까 하는 기대의 표명이기도 했다.

세미나에서 사무소에 돌아온 나는 팹랩 부탄에 한 통 메일을 보냈다. '이날 아침 닐 MIT 교수의 도움말로부터 보스턴과 코펜하겐, 도쿄, 요코하마, 팀푸를 잇는 스카이프 회의를 제안하는 메일이 왔다. 제안된 12월 6일에 나는 시간을 낼 수 있지만 내가 먼저 답변하는 것은 이상하다. 우선은 팹랩 부탄 측에서 책임지고 답변해 주었으면 한다.' 메일을 파르덴 그리고 팹랩 부탄 대표 주소로 발송했다. 부탄텔레콤의 세미나 초대에 대해 아무도 답변을 하지 않은 것은 유감이라고도 덧붙였다.

예상대로 거센필드 교수 건에 대해 부탄에서는 아무도 답신을 하지 않았다. 이에 응한 사람은 체왕과 도쿠시마, 와타나베 선생뿐이며, 나는 팹랩 부탄의 팀푸 거주자가 반응이 없었기 때문에 이후 일련의 스카이프 회의 참가를 모두 보류하고 독자적인 가능성을 찾기로 했다.

제3장

팹랩 부탄 구상으로부터 거리를 두다

(2016년 12월~2017년 5월)

부탄 최초의 3D 프린터

부임 후 8개월, 첫 연말이 다가오고 있었다. 일본대사관이 없는 이 나라에서 JICA 소장은 JICA나 해당 업무 상대이기도 한 정부 기관이 주최하는 행사뿐만 아니라 업무상 거의 관계가 없는 정부 기관이나 시민단체가 주최하는 행사에조차 일본의 '얼굴'로서 빛내기 위해 참석하도록 요구받는 경우가 많았다.

국제기구들이 주최하는 행사에 불참한다고 답변하면 대역을 맡을 누군가를 요청했다. 나는 사무실의 귀중한 인력을 소모시키고 싶지 않았기 때문에 결국 내가 나왔다. 크리스마스가 가까워지자 단신으로 부임한 나는 지금까지 혼자서 노력해 온 나 자신에게 상을 주고 싶었다. 자, 뭘로 보상할까? 나는 3D 프린터 구입을 생각했다.

앞 장에서 소개한 대로 나는 미적지근한 체왕이나 팹랩 부탄의 이사회 멤버들에게 화가 치밀어, 그들과 경쟁을 부추길 대책을 생각하고 있었다. 하나는 JICA의 기술협력 프로젝트로 남부 푼촐링(Phuntsholing)의 과학기술칼리지(CST) 공학교육 확충을 지원하는 가운데 팹랩도 만들어 보자는 것으로, 이는 11월 도쿠시마 씨와 와타나베 선생의 부탄 방문 때 CST에도 안내하고 이야기가 진행되는 모습을 체왕에게도 보여 주었다. 다른 하나는 풀세트 팹랩이 아니더라도 3D 프린터 한 대, 레이저 가공기 한 대만 가지고 3D 프린팅 및 레이저 가공에 특화한 사업을 할 수 있는 기업가를 키우는 것이었다. 이 방향성에 대해서는 11월의 정보통신기술 세미나 석상에서 어필했다. 참가한 많은 전기통신 사업 관계자나 그 서비스의 수익자에 대해서 나는 "당신들 한 사람 한 사람에게 기회가 있다"고 호소했다. 그러나 이 세미나에 팹랩 부탄에서는 아무도 오지 않았기 때문에, 그들을 초조하게 하려는 나의 속셈을 달성할 순 없었다.

일본에 사는 아내의 양해를 얻어 낸 나는 아마존을 통해 1,000달러가 조금 넘는 모델을 주문하려고 했다. 하지만 중간까지 주문 절차를 진행했으나 마지막 순간에 아마존이 부탄으로의 전기제품 배송은 하지 않는다는 것을 알게 되었다. 아마존은 취급 품목도 그리 많지 않다. 그래서 나는 도쿠시마 씨와 상담해 보기로 했다. 도쿠시마 씨는 QIDI 사제의 3D 프린터를 중국의 통신판매 앱 Ali Express로 구입했다고 한다. 쓰기도 편하단다. 게다가 가격은 700달러 남짓으로 아마존에서 내가 사려던 모델보다도 싸다. 12월 16일 출근 전에 나는 자택의 PC를 사용해 발주를 끝냈다. 아마 이것이 부탄 최초의 3D 프린터가 될 것이다.

주문을 마치자 나는 의기양양하게 직장으로 향했다. 그날 아침의 외근처에서 나는 아탄사의 카르마 덴덮(Karma Dendup) 사장으로부터 연락을 받았다. 부탄 국영 TV(BBS)에도 자주 등장하는 그는 부탄 남성 캐

릭터인 '아브 보쿠토(Ab Bokuto)'의 창시자로 3D 애니메이션의 제작을 하며, JICA 사무소의 OA 기기와 네트워크의 보수 관리도 하청받고 있는 IT 기업의 사장이다.

"야마다 소장이 주장하는 팹랩은 아주 좋은 아이디어입니다."

11월 말에 열린 부탄텔레콤 세미나에 참석한 카르마 사장은 그것을 나에게 말하고 싶었던 모양이었다.

"하지만 팹랩 부탄은 이사회 멤버들이 디지털 제작(Digital Fabrication)을 이해하지 못하기 때문에 조기 실현은 위험합니다. 저는 제가 할 수 있는 일을 하기 위해 오늘 아침 3D 프린터를 개인적으로 주문한 참입니다."

이에 카르마 사장도 실은 3D 프린터를 구입하려던 참이었다고 말했다. 우리는 금세 의기투합했다. 발주한 물건은 불과 일주일 만에 내 직장에 도착했다. 12월 23일 멋진 크리스마스 선물이었다. 나는 즉시 소장실로 옮겨 포장을 열었다. 기다리던 물건의 실물이다. 희희낙락하며 내용물을 꺼내 응접 책상에 늘어놓았고, 나는 직원을 차례로 소장실로 불러 자랑했다.

이들의 반응을 지켜보니 현물이 눈앞에 있으면 나도 이런 걸 만들어 보고 싶다는 상상이 자극받는다는 건 거짓말이 아니라는 걸 알 수 있었다. 소장이 흔히 말하는 '적층 인쇄'가 어떻게 이루어지는지 그들은 겨우 이해할 수 있었다.

사무소 페이스북 페이지에서도 현물을 앞에 두고 양손으로 V 자를 만드는 나의 사진을 게재해, '부탄 최초의 3D 프린터'로서 대대적으로 홍보했다. 좀처럼 움직이지 않는 팹랩 부탄의 이사회 멤버가 봐 주었으면 했고, 그들이 보러 오기를 기대했다.

　그러나 디지털기기는 납품되었다고 해서 개봉해서 현물을 꺼내 콘센트에 연결하고 스위치를 켜면 바로 사용할 수 있는 것이 아니다. 제일 먼저 내가 해야 하는 것은 조립이다. 또 취급 설명서는 첨부된 SD 카드에 저장되어 있었고, 소책자로는 되어 있지 않았다. 24일은 토요일. 사무실은 휴일이었지만 나는 견딜 수 없어 출근해 3D 프린터의 조립에 들어갔다. 설명서를 사무실 PC에서 다운받아 그것을 읽으면서 조립을 진행했다. 작업은 하루로 끝나지 않았기에 다음 날도 출근해 조립을 마쳤다. 다음 날인 26일 간신히 전원에 잇고 스위치 온. 드디어 3D 프린팅을 할 수 있는 상태가 되었다.

　나는 이 3D 프린터를 소파의 사이드 테이블 위에 올려 소장 빈 모퉁이의, 보통이라면 텔레비전이나 장식물이라도 놓여 있을 것 같은 장소에 설치했다. 소장실로 손님을 맞았다면 화제가 될 만한 위치다. 여기에는 부탄인 방문자에게 과시하려는 꿍꿍이가 있었다.

그림 8 │ 부탄의 첫 3D 프린터(출처: 야마다 코우지)

가는 곳마다 '3D 프린터'를 연호하다

　3D 프린터 세팅이 끝나자 나는 외부 행사에 불릴 때마다 3D 프린터라면 이런 일을 할 수 있다고 설명했다. 이 시기의 주요 행사 중 하나는 JICA가 기술협력으로 지원했던 체험형 견본대회 '행복의 축제(Gakyed Gatoen)'의 개막식이었다.

　오이타 현 벳푸 시의 핫투온팍(팔탕온천 박람회)에서 확산된 지역 만들기 '옴팍 기법'을 참고로 팀푸, 파로, 하의 3개 현의 현지 기업가에게 연수 등의 기회를 제공해, 내점객에게 사용자 참가에 의한 제품 만들기를 체험하게 하는, 체험 서비스를 늘려 가려는 전략이었다. 부탄인 현지 기업가가 제공할 수 있는, 사용자 참가형의 체험 서비스가 카탈로그에 게재된 책자가 매년 발행되어 공항이나 호텔, 기념품점 등에서 전시되고 있다. 종카어로 '행복의 제전'을 의미하는 '가키 가텐'의 핵심은 이러한 사용자 참가형 체험 서비스가 담긴 카탈로그의 2017년판 발표였다. 부탄 정부도 공을 들여 1월 6일에 열린 팀푸 행사에는 레키 도르지 당시 경제장관이 주빈으로 참석했다.

13일의 파로에서의 식전에 예정대로라면 파로 현 지사가 오기로 되어 있었다. 그날 나는 담당 직원과 함께 아침부터 파로로 향했다. 회장에서 출품하던 현지 기업인들의 상품을 견학하며 JICA의 소장으로서 어떤 의무감에 사로잡혀 애플와인이나 양초, 니트 캡, 넥 워머 등을 구입했다. 솔직히 말하면 상품 자체도, 패키지도 매력적이지 않다고 느꼈다. 과일 와인을 만들었지만 저렴한 병을 구하기가 힘든 나머지 인도 맥주병을 세척해 와인 충전용으로 재활용했다. 라벨을 인쇄하는 기자재가 근처에 없기 때문에, 손으로 쓴 라벨지 조각을 비닐봉지에 스테이플러로 찍어 저렴하게 패키징했다.

그림 9 | 현지 기업인이 만든 양초와 애플와인(출처: 야마다 코우지)

양초의 형틀은 대나무통이나 비닐 파이프라고 한다. 이것으로는 색의 변화를 낼 수 있어도 양초의 형태는 원통형밖에 되지 않는다. 매력적인 상품을 완성하려면 과제가 아직 있는 것이다. 양초나 파로의 기업인 그룹이 공을 들인 메밀쿠키의 형틀이라면 3D 프린터로도 만들 수 있을 것 같았다. 그런 이야기를 현지 기업인 분들과도 했다.

이렇게 하고, 3D 프린터가 있으면 당신이 직면하는 과제를 이런 식으로 극복할 수 있다, 라는 구체적인 예를, 나는 만나는 사람마다 말하고는 흥미를 느끼도록 했다.

"무엇하면 제 사무실로 오십시오. 3D 프린터의 현물을 볼 수 있으니 제 말뜻을 알아들을 수 있을 겁니다."

그렇지만 그 말을 듣고 바로 와 주는 사람은 없었다(쓴웃음). JICA의 소장을 방문하다니, 황공하다고 생각하는 부탄인은 많았다.

데이터를 만들 수 없으면
다음 단계로 진행할 수 없다

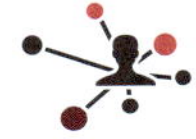

개별 과제를 극복하고자 한다면 먼저 나 자신이 3D 프린터의 조작에 익숙해질 필요가 있다. 같은 해 2월, 나는 건강검진을 받기 위해 일시 귀국했다. 부탄에서의 단신 부임 생활에 필요한 일본 식자재의 구매라든지, 가족 서비스라든지, 친구와의 옛정을 따뜻하게 하는 등 휴가라고 해도 분주한 나날을 보냈다.

그사이에 나는 나의 스킬 업(Skill-up)을 위해 개인적으로 한 일이 몇 개 있다. 귀국 후 얼마 되지 않은 2월 10일, 집에서 가장 가까운 역에 있는 '팹 스페이스 미타가'에서 입회 면접을 보았다. 이곳은 내가 일본을 떠나 있는 동안 생긴 새로운 팹 시설로, 팹랩의 기본 구성 기계가 모두 갖춰져 있는 것은 아니지만, 3D 프린터나 레이저 가공기, UV 프린터 등의 입문용 기계는 요금을 내고 사용할 수 있다. 회원 면접은 의식 같은 것이었다. 그 후 여성 스태프에게 나는 향후 3D 프린터를 이용하기 위해서는 사용자로서 무엇을 준비할 필요가 있는지 물어보았다.

"모델링 소프트웨어를 사용해 프린팅하고 싶은 것을 디자인하고, 데이터 파일을 가져다주면 얼마든지 가르쳐 드리겠습니다" 하며 스태프는 웃는 얼굴로 답했다. 그게 가장 큰 걸림돌인데 하고 투덜대고 싶었지만 어쩔 수 없다고 생각한 나는 미소를 지으며 모델링 소프트웨어로는 무엇을 추천하느냐고 물었다.

"여기 이용자는 Fusion 360을 사용하는 분이 많네요."

나는 Fusion 360의 자가 학습 책을 곧바로 역 가까이의 서점에서 구입했다. 자가 학습 책에는 Fusion 360의 조작 교육이 전국 각지에서 진행되고 있다는 정보도 실려 있었다. 나는 곧바로 인터넷 검색을 통해 수강 가능한 교육이 도쿄에서 행해지는지 여부를 조사해 보았다. 다행히 한 곳을 찾은 나는 바로 수강 절차를 끝냈다. 2월 25일 오후에 나는 Fusion 360의 조작 교육을 수강했다. 교육 장소는 유리카모메선 텔레콤 센터역에 인접한 IT 계열의 비즈니스 인큐베이션 시설이었다. 수강자는 나를 포함해 15명으로, PC는 참가자 지참이었다.

나는 그곳에서 엔지니어로서 내가 가져온 PC를 쳐다보는 남성분, 대학 1학년생으로 본격적인 이과 공부는 지금부터라는 학생, 취미로 3D 프린터를 사용해 보고 싶다는 여성 수강자를 만났다. 입문 편의 교육 내용은 자가 학습 책에 기재된 것과 같았다. 하지만 책에 없는 이해하기 힘든 부분도 있었는데 다행히 강사 외에 티칭 어시스턴트도 한 명 있어 바로 물어볼 수 있었다.

반나절간의 단기 교육으로, 나는 2차원 이미지를 끄집어 내어 쿠키의 틀을 만드는 조작을 배웠다. 또한 3D CAD 소프트웨어에 탑재되고 있는 스케치 기능의 사용법, 와인 잔의 3차원 데이터의 작성 방법, 완성된 이미지의 프레젠테이션용으로 배경에 색을 입히거나 하는 렌더링 기법에 대해서도 배웠다. 이 당시 내가 현지에서 갖고 싶었던 골프의 롱 티셔츠나 학교 체육 수업에 자주 사용되는 옥수수(콘)를 어떻게 만드는지 등 매우 좋은 것들을 배웠다.

교육 장소에 설치되어 있던 3D 프린터는 한 대뿐으로, 그것을 사용해 각자가 3D 프린팅하는 곳까지는 갈 수 없었지만, 구체적으로 어떻게 데이터를 프린터에 전송하는지를 해설 후에 실제로 보여 준 덕분에 어떻게든 할 수 있을 것 같았다.

덕분에 3D 프린터에 대한 심리적 장벽을 낮춘 나는 부탄에 돌아가서 틈만 나면 3D 프린터를 마주했다. 필라멘트 릴이 얽혀(감겨) 익스트루더(필라멘트를 녹여 적층하는 분사구)에 필라멘트가 공급되지 않거나 플랫폼(적층 조형용 받침대)을 수평으로 하여 익스트루더와의 거리를 일정하게 유지하는 레벨링 조작에 시간이 소요되기는 했지만 레벨링에 관해서는 유튜브에 올라와 있는 동영상을 참고할 수 있었다.

일시 귀국 중에 내가 만든 3D 데이터는 파일 형식이 STL이었다. 이를 GCode 파일로 변환하는 것까지는 어렵지 않게 할 수 있었지만 거기에서 3D 프린팅용 X3D 파일로 변환할 때 또다시 문제가 발생했다. 그러나 이것도 유튜브에서 조작법을 소개한 동영상을 찾아 확인하면서 작업을 진행했다. 3월 초 소장실에서 집무할 때는 3D 프린터로 테스트 프린팅을 자주 시도했다. 조금 괴로웠던 것은 프린트 중에 익스트루더에서 발산되는 냄새였다. 4시간이나 계속 가동하면 냄새가 소장실에 가득 차 버린다. 여기에 4대 국왕의 근위병을 지낸 가문이 소유한 단독주택에 입주한 지 20년이 넘은 JICA 사무실은 오랜 기간 반복되어 온 어설픈 배전 공사와 좌충우돌 수리 탓에 웬일인지 소장실만 종종 정전되고 인쇄 공정이 중단되는 파행도 여러 차례 일어났다. 결국 나는 소장실을 디지털 공방화하는 것은 어렵다고 통감했다.

인도, 빅얀 아쉬람 방문

조금 시간은 걸렸지만 나는 스스로 3D 프린트용 데이터를 만들었고, 그것을 3D 프린터에 송신해 실제로 적층 조형하는 것까지 혼자서 해낼 수 있었다.

그동안 가을에 풍조린 CST와 협의를 시작한 기술협력 프로젝트는 CST 측에서 요청한 것에 대한 준비가 한창이었다. 한편 CST 측의 작업과 병행하여 JICA 사무소에서도 협력한다면 무엇이 필요할지를 고려하여 남아시아 지역 내의 디지털 제작 마니아와의 네트워크를 조금이라도 넓혀 두려는 행동을 개시했다. 3월 21일부터 24일까지, 나는 크리슈나 직원과 함께 인도로 출장을 갔다. 목적지는 마하라슈트라(Maharashtra) 주 푸네 외곽, 파발이라는 농촌마을에 있는 자급자족 농촌 기술 연수시설 '빅얀 아쉬람'이었다.

MIT 거센필드 교수가 팹랩 운동을 시작하면서 이미 1980년대부터 활동하던 파발의 빅얀 아쉬람에게 디지털 공작기계 도입을 권유했고, 미국 밖에서는 첫 팹랩이 2002년에 이곳에 설치되었다. 이른바 미국을 제외하면 팹랩의 발상지이다. 2007년부터 3년간 JICA 인도사무소 차장으로 델리에 있을 때는 이 사실을 몰라서 푸네만 몇 차례 다녀왔다. 2013년에 처음 '팹랩'에 대해 알았을 때 나는 인도 주재 중 빅얀 아쉬람을 방문하지 않은 것을 몹시 후회했다. 부탄에 있는 동안 한 번쯤 가 보고 싶었던 나는 천재일우의 기회라고 여겼다. 현재 빅얀 아쉬람에서는 MIT의 거센필드 교수와 팹 재단이 주재하는 6개월의 온라인 제작 강좌 '팹 아카데미(Fab Academy)'를 운영하고 있었다. 매주 제작 과제가 있으며 수요일에는 화상회의를 통해 수강생의 진척 발표가 이뤄진다. 팹 시설이 가까이 있지 않으면 수강생은 과제물을 제작할 수 없다. 이 과정을 수료하면 전 세계 어느 팹랩에서도 인스트럭터(Instructor, 강사)로서 이용자의 지원 역할을 담당할 수 있다. 만약 부탄에서 팹랩이 설립된다면 우선적으로 해야 하는 것이 인스트럭터의 양성이며, 그 첫걸음이 이 6개월 코스의 수료생을 배출해 내는 것이다. 우리는 빅얀 아쉬람에 대한 지리·지형에 관한 정보를 만들어 현지 스태프와 안면을 트고자 했다.

콜카타, 델리와 비행기를 갈아타 하루 걸려서 푸네에 도착했다. 그리고 다음 22일, 염원하던 빅얀 아쉬람에 입성했다. 푸네 시가지를 벗어나 고속도로를 남서쪽으로 1시간가량 달리자 주위는 온전한 농촌 풍경으로 변했다. 3월인 이 시기에는 한창 건기여서 농촌의 건조로 인해 강한 햇볕에 대지의 적갈색이 더해진다. 고속도로에서 빠져나오면 온전한 오솔길이 되어 사륜차보다 이륜차가 눈에 띄고, 소를 몰고 천천히 가는 짐수레가 통행을 방해하는 일도 잦다. 우리가 탄 렌터카 운전사도 처음 와 보는 듯 몇 번인가 길을 잃었고, 그때마다 처음의 주로로 되돌아왔다. 이런 시행착오 끝에 평평한 지형이 완만한 너울을 만났다. 파발 마을 건너편 구릉에 학교 같은 건물과 급수탑 등을 갖춘 시설이 보였다. 빅얀 아쉬람이었다.

'빅얀'이란 공업 또는 제작(메이킹)을 의미하며, '아쉬람'은 마하트마 간디의 사상을 이어받아 필요한 것은 스스로 만들고 자급자족하는 커뮤니티를 가리킨다. 말 그대로 빅얀 아쉬람은 주변 커뮤니티에서 일어나는 여러 과제를 해결할 수 있는 메이킹 활동을 지향하고, 아쉬람 내에서 공동생활에 필요한 것은 대부분 스스로 만든다는 인식이 스태프와 학생 모두에게 있는 교육 시설이다. 아쉬람의 창설자인 칼백(Kalbag) 박사는 이미 고인이고, 부인도 경영 일선에서는 물러나 현재는 요게쉬 쿨카니(Yogesh Kulkarni) 박사가 대표를 맡고 있다. 그는 케이오기쥬쿠 대학의 다나카 히로야 선생, 팹랩아시아네트워크의 도쿠시마 유타카 씨와 아는 사이이며 둘 모두 빅얀 아쉬람에 방문한 적이 있었다. 이번 방문 전에 우리는 도쿠시마 씨에게 쿨카니 씨의 연락처를 물었고, 그것으로 최초의 연락을 취했다. 1월에 제3회 아시아네트워크회의(FAN3)가 인도에서 개최되었을 때 전후반 각각 마하라슈트라 주, 남부 케랄라 주로 회의장이 나뉘었다는데, 이때 마하라슈트라 편을 주최한 것이 쿨카니의 팀이었다.

이 마하라슈트라 편에는 팹랩 부탄의 카르마 CEO도 간 듯했다. 쿨카니에 따르면 두 여성이 참석했는데 기계에 대해서 잘 모르는 듯했고 매우 조용했다고 한다. 한편 이번에 방문한 나와 크리슈나는 이 기회

그림 10 | 빅얀 아쉬람(출처: 야마다 코우지)

를 놓치지 않고 빅얀 아쉬람을 더 잘 알기 위해 탐욕스러울 정도로 많은 질문을 쏟아 냈다.

원래 빅얀 아쉬람은 농촌 출신 청년들을 대상으로 농촌에서 살릴 수 있는 보다 실천적인 기술과 기술 습득을 추구하기 위한 기숙사 학교로 출발했다. 텍스트는 사용하지 않고 만들면서 배우는 그리고 하나의 기술만을 습득시키는 것이 아니라 항상 복수의 기술을 조합한 제작 능력을 향상시킨다는 방침이 세워져 있다. 인구의 6할이 농촌에 사는 인도에서 농촌에 사는 젊은이가 몸소 익혀야 할 스킬이란, 신변에서 일어나는 다양한 문제나 과제에, 그것이 무엇이든 스스로 솔루션을 찾아내는 힘이라고 한다.

빅얀 아쉬람은 이런 취지에서 시작해 지금까지 많은 농촌 청년에게 농기구 제작의 기회를 주고 졸업생을 배출해 왔다. 대부분이 지방의 빈곤 세대 출신으로 학교를 낙제한 것처럼 보이는 젊은이라도, 아쉬람의 체제 아래 다양한 솜씨를 배워 졸업하여 농촌에 돌아가면 촌락의 기업가로서 활약할 수 있다고 한다. 마을에서 필요한 모든 것을 만드는 곳으로 소중히 여겨지면 이는 충실감으로 이어져, 대도시에서 취업하기보다 농촌에서 창업하는 졸업생이 더 많다고 한다.

이러한 아날로그로의 제작 교육 방침이 거센필드 교수에게도 인정되어 2002년에 미국 국외에서는 최초로 팹랩이 병설되었다. 이후 디지털 공작기계도 서서히 확충되어 첨단 디지털 솔루션도 농촌에서 적용할 수 있게 되었다. 이곳에서 1월부터 개강하는 팹 아카데미는 대학을 휴학한 학생, 갓 졸업한 젊은이들이 수강하며 만드는 법을 6개월째 배우고 있다.

우리가 방문했을 때는 인도인 학생이 세 명 있었는데, 이들은 각각 이전 수업의 화상회의에서 부과된 숙제와 씨름하고 있었다. 항상 시제품 제작 공정은 블로그에 공개해야 한다. 수강생 중 한 명은 대학을 졸업한 지 얼마 안 된 젊은 여성으로 3D 프린터를 이용해 의수를 시작했다며, 기쁜 마음으로 우리에게도 보여 주었다.

이들은 점심시간이 되면 식당에 가며, 나오는 요리의 재료는 모두 현지에서 조달한다. 아쉬람 구내의 농원에서 채취한 야채도 있다. 건조지인 만큼 습도 센서나 토양의 함수량 센서 등에서 데이터를 얻어, 컴퓨터 제어로 적절히 점적 관개를 실시하는 IoT(사물인터넷) 기술을 농업에 적용한 사례도 볼 수 있다. 물론 건조한 농촌 지대에서는 남아돌 정도로 많은 태양광이 에너지원으로 활용된다. 태양열 발전, 태양열 온수기 그리고 태양열 조리기 등이 곳곳에서 사용되고 있다.

그림 11 | 팹 아카데미 수강생들(출처: 야마다 코우지)

그림 12 | 빅얀 아쉬람에서 제작·구현된 태양열 온수기(출처: 야마다 코우지)

아쉬람은 공동생활의 장이다. 점심식사가 끝나면 접시나 숟가락, 컵 등은 각자 설거지통에서 세척한 뒤 식당에 반납한다. 인도에서는 흔한, 카스트에 의한 역할 분담 등은 그다지 느껴지지 않는다. 빅얀 아쉬람은 모두 자급자족하는 공동생활이 되었을 뿐 아니라 인근 농가로부터 농사일과 생활 개선책에 대해 상담을 받으며, 문제 해결을 위한 기계나 장비의 연구 개발을 도급받고 있었다. 빅얀 아쉬람을 유명하게 만든 초기 제품으로는 우유함수량 탐지기가 있다. 낙농가가 납품하는 우유에 물을 부어 부풀리는 부정행위를 점검하기 위한 장치로, 인도의 농촌에서는 상당한 수요가 있다. 다른 하나는 들개잡이용 음파 발생 장치다. 들개가 많아 들개에게 물리는 피해가 끊이지 않는 부탄 사람으로서는 매우 매력적인 장치다. 게다가 이들은 제작 프로세스나 설계 데이터를 공개하기 때문에 생산 가능한 시설만 있으면 부탄에서도 만들 수 있을 것이다. 농촌 지대에 입지하는 팹랩은 세계적으로도 드물기 때문에, 빅얀 아쉬람은 부탄에게도 좋은 본보기가 된다고 생각한다. 청년들의 농촌 이탈이 심화되면서 도시와 농촌 간 인구 비율이 도시로 점차 기울고 있다고는 하나 부탄은 여전히 농업사회로 농업이 전체 고용의 57.6%(세계은행, 2016년)를 차지하고 있다. 농촌 생활에 도움이 되는 기구나 장치, 그것들을 움직이는 시스템을 만드는 것이 부탄의 팹랩에는 강하게 요구될 것이다.

풍조린 CST 선생들과 파로의 농기계화센터(AMC) 직원들을 스터디 투어에 데리고 오고 싶어 하는 크리슈나와 이야기를 나눴다. 빅얀 아쉬람을 보며 메이킹 활동을 부탄에서 어떻게 넓힐지에 대한 힌트를 몇 가지 얻을 수 있었다.[17]

푸네 체류 중에는 또 한 군데, 시내에 있는 푸네 공과대학(COEP)의 생산학부를 방문하여 대학 구내의 팹랩을 견학했다. 이곳은 빅얀 아

---

17 빅얀 아쉬람을 견학한 결과도 전국 신문 《쿠엔셀》 기고 형식으로 정리했다. Yamada, K. and Subba. K. 2017. "Self sufficiency and life skills development through digital fabrication in rural areas - Experience of Vigyan Ashram, India." Kuensel, 2017년 4월 4日.

114

쉬람의 쿨카니 씨가 소개했다. 빅얀 아쉬람은 농촌 한복판에 있고, 종래형의 아날로그 생산 시설로부터 시작해 디지털 공작을 추가해 간 느낌인 반면, COEP는 원래 공과대학으로 로브틱스나 인공위성 제작, 래피드 프로토 타이핑(Rapid-prototyping, 쾌속조형)의 실험 시설이 이미 있었기 때문에 2009년에 새롭게 시민 전용의 랩을 덧붙이는 형태가 되었다. COEP 기숙사가 바로 근처에 있어 학생들이 이용할 거라는 기대를 할 수 있으며, 게다가 푸네 시내에서 도쿄의 아키하바라와 비슷한 퍼거슨 칼리지 대로도 가깝기 때문에 부품을 조달하여 곧바로 제작에 착수할 수도 있다. 이곳은 24시간 주 7일 내내 개방되어 있다. 계속 강사가 상주하는지를 물었더니 이용자가 서로 가르쳐 주기 때문에 강사가 상주할 필요가 없다고 했다.

그림 13 | 푸네 공과대학 팹랩(출처: 야마다 코우지)

예를 들어 빅얀 아쉬람의 시설로는 만들 수 없는 것이 있으면, 아쉬람의 스태프나 사용자는 팹랩 COEP에까지 와서 그 시설이나 기재를 이용한다. 이렇게 여러 팹 시설이 상호 보완하여 지역으로서의 제조 생태계를 형성하고 있다.

팹랩 COEP에는 소똥 줍기 시제품이 전시되어 있었다. 인도의 농촌에서도 고령화가 진행되고 있어 마을 노인들이 연료나 방충제에 도움이 되는 소똥을 하나하나 줍는 데 어려움을 겪고 있다. 그래서 고안된 것이 손수레를 누르는 것만으로 순차적으로 소똥이 회수되는 기계이다.

랩에서 선생들과 이야기를 하는데 대학의 보트부의 학생이 왔다. 경기 상품용 방패를 아크릴 보드로 제작하기 위해 레이저 가공기를 사용하려는 모양이었다. 나와 동행한 크리슈나에게 보여 주기에는 딱 좋은 타이밍이었다.

레이저 가공기를 직접 만든
부탄 청년이 있었다!

4월 예년 이맘때가 되면 부탄 정부로부터 새로운 협력 요청이 들어온다. 나는 2016년 4월 하순에 부임했기 대문에 그 전에 있었던 일들에 대해서는 주재원이나 현지인 스태프에게 일임하고 있었다. 즉 내 나름의 색깔을 낼 수 있는 협력 요청 설치는 2017년도의 프로젝트부터인 셈이다.

1964년 니시오카 쿄지 씨를 콜롬보 계획 기술협력 전문가의 형태로 농업 지도를 목적으로 파견한 이래, 일본의 대부탄 협력은 농업 분야로 한정되어 왔다. 그 계보의 하류에 위치하는 것으로서 현재도 농기계 강화와 과수·채소·원예 보급을 축으로 하여 기술협력 프로젝트가 추진되고 있다. 이어 늘어난 것이 경제 인프라 븐야이며, 특히 교량 교체와 유지 관리 능력 강화가 큰 기둥이 되고 있었다. 여기에 2000년대 이후 계속되는 지방행정 분야에서의 기술협력, 2010년대에 들어서면 빙하호수가 붕괴되어 발생한 홍수를 포함한 홍수 예보 시스템과 같은 방재 분야에서의 기술협력이 눈에 띄었다.

그런 때 본 장 첫머리에서도 소개한 체험형 상품 전시회 '가키 가 텐'의 주최자로 알고 지내던 경제성소규모영세산업국(DCSI)으로부터 비즈니스 인큐베이션 시설과 제도 구축 지원에 관한 기술협력 프로젝트를 요청하고 싶다고 연락해 왔다. 이미 인도의 원조로 센터를 짓고 있지만, 그 건물을 어떻게 성과로 이어 갈지에 대한 제도 설계는 아직 안 되었다는 것이다. 그는 관련해서 전문가를 일본에서 파견해 달라고 했다. 이미 소정의 서식에 따라 기술협력 요청서도 썼다.

즉시 요청서를 보내 읽어 보았지만 이해하기 어려웠다. 제도 설계에 대해 논의도 하지 않고 상자만 먼저 만들어 버리는 것은 어이가 없다고 쓴웃음을 지었지만, 건설 중인 건물을 한 번 보러 가긴 해야 할 것 같아 DCSI와의 협력을 담당하던 시오미 마사히로[塩見正裕] 직원과 4월 4일에 센터 예정지를 방문했다.

팀푸 시가지 남부 창잠톡 지구, 프롤로그에서도 소개한 '스타트업 센터'다. DCSI의 탄딘 체링 국장도 "안내하겠다"고 말해 함께 왔다. 건물 외벽과 내벽 등은 거의 완성되었지만 인테리어 공사는 미정인 상황에서 6월 완공 예정이라는 말에 믿기지 않았다. 체링 국장도 연내 정도는 걸릴 것이라고 인정했지만, 그마저도 위험할 것 같았다.

다만 입지와 공간 배치를 보고는 여기에 팹랩 부탄이 들어가면 좋겠다고 생각했다. 여기라면 시의 중심부에서 가깝고, 시설 내의 다른 입주 기업과의 협업도 기대할 수 있다. 시민들이 자유롭게 제작하는 데까지는 시간이 걸릴지 모르지만, 개별 임대라면 디지털 공작기계를 이용한 새로운 상품 개발이나 생산 공정 개선 등을 생각하기 쉬울 것이다. 체링 국장과는 전부터 팹랩에 대해 몇 번인가 이야기할 기회가 있었다. 국장도 팹랩은 이곳에 입주해야 한다고 강력히 권유했다. 하지만 체왕이 말하는 팹랩 부탄의 개설 스케줄과는 맞지 않는다. 실제로는 팹랩 자체의 개설 스케줄도 어긋날 가능성은 있었으므로, 나는 사무소에 돌아온 후 이 물건 정보를 체왕에게 전하기로 했다. 그의 반응은 역시 부정적으로 타이밍이 맞지 않는다고 말했다. 건설을 이만큼 진행하면서 완공 후 공적 섹터가 입주자에게 어떤 도움을 줄 것인지, 층 배치는 어떻게 생각하는지 등 궁금한 점이 많았다. 체링 국장은 다른 나라의 비즈니스 인큐베이션 시설을 견학한 적도 없는 것으로 알려졌다. 그렇다면 2017년도부터 시작되는 DCSI와의 체험형 상품 전시회의 제2차 협력의 틀 안에서 국장을 인도, 싱가포르, 일본 등의 인큐베이션 시설에 견학차 데리고 가는 것이 JICA가 할 수 있는 최선일 것이다.

본격적인 프로젝트로 만들기 전에 해야 할 일이 있었다. 체링 국장에게는 헛수고였을 방문이겠지만, 우리에게는 생각지도 못한 수확이 있었다. 실은 이 건물 뒤편에 DCSI는 같은 비즈니스 지원 센터를 벌써 만들고 있었다. 2층짜리 연립주택이 주차장을 ㄷ 자형으로 둘러싼 듯한 레이아웃으로 이미 스타트업 기업이 여럿 입주해 있었다. 이 지원 센터가 비좁아졌던 것이 DCSI에 새로운 5층 건물의 인큐베이션 시설 건설을 단행하게 했을 것이다.

이곳에 입주한 스타트업 기업을 2곳 정도 견학했다. 처음 찾아간 곳은 비누 만들기를 시작한 여성 기업인이었다. 비누 색깔의 감각은 풍성했다. 그러나 타원형 틀은 두 종류밖에 없고, 게다가 디자인이 부탄스럽지 않은 장미 문양이었다. 이 기성품의 형틀을 어디서 구했는지 묻자 그녀는 인도 콜카타라고 말했다.

또 하나의 문제는 역시 패키징이었다. 체링 국장이 어떤 외장을 하고 팔 작정이냐고 물었다. 그러자 이 기업인은 인도에서 수입하는 기성품 비누 종이상자를 돌려쓰겠다고 답했다. 단정치 못한 보라색 패키지로 라벨도 만들지 않아 메이드 인 부탄이라는 생각이 들지 않는다. 팹 시설이 근처에 있으면 3D 프린터로는 형틀을, 비닐 커터로는 라벨을 만들었을 것이다. 체링 국장과 우리는 그렇게 얘기했다.

이어 방문한 곳은 비누 만드는 여성 입주 업체의 옆방에 위치한 '둠바 3D 웍스(Dumba 3D Works)'라는 업체였다. 비슈누 샤르마(Vishnu Sharma) 군이라는 네팔계 청년이 동료들과 공방을 운영하고 있었다.

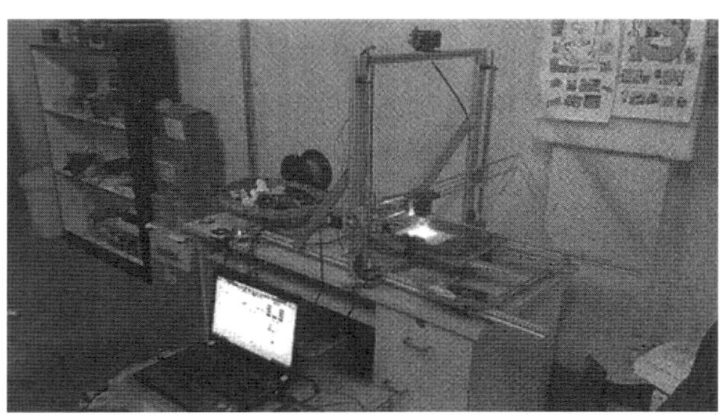

그림 14 | CNC 라우터가 가동하고 있었다! 필라멘트도 있다!(출처: 야마다 코우지)

놀랍게도 이들은 CNC 라우터를 이용해 목재 레이저 가공과 절삭 가공을 도급받고 있었다. 합판을 절단해 여러 겹으로 쌓아 입체감을 낸 장식물이나 벽걸이, 합판에 사진을 인화한 장식물 등 참신한 상품 제작을 비즈니스로 하고 있었던 것이다. 필라멘트도 재고가 있고 3D 프린팅도 하려면 할 수 있지만, 지금은 오로지 레이저 가공 위주로 주문을 받는다고 한다.

그림 15 | 비슈누 군(가운데)과 둔바 3D 웍스의 동료들(출처: 야마다 코우지)

이런 기계를 어떻게 입수했느냐고 비슈누 군에게 물었더니 자기가 만들었다며 반갑게 대답했다. 이이기를 들어 보니 그는 인도 오디샤주의 대학에 유학해 전기통신공학을 전공했으며, 거기서 이 기계를 조립했다고 한다. 디지털 제작의 시작 단계에서 레이저 가공기는 가장 자주 사용되는 기계일 것이다. 이것이 벌써 부탄에 있다는 것, 게다가 그러한 물건 만들기에 흥미를 가져 인도에서 돌아오는 길에 기계 조작의 스킬을 배운 젊은이가 팀푸에 있다는 것에 나는 약간 감동했다. 풀세트 만들기 공방만이 유일한 길이 아니라고 말하는 내가 마음속에 그리던 것은 비슈누 군과 같은 사업 형태였던 것이다. 그는 롤 모델이 될 수 있었다.

비슈누 군과의 만남에 대해 나는 곧바로 내 페이스북에 소개했다. 체왕에게도 알렸다. 이러한 젊은이를 연결하지 않으면 메이킹의 에코시스템을 부탄에 형성하는 것은 어렵다고 덧붙여서.

그림 16 ┃ 둔바 3D 웍스의 작품 전시(출처: 야마다 코우지)

퍼스널 컴퓨터를 조립하다

체왕에게 부담을 준다는 의미로, 이 시기에 내가 또 한 가지 몰두하던 것이 있다. 2016년 11월에 도쿠시마 쎄가 부탄을 방문했을 때 자작 랩톱을 반입했다. "CPU만이라면 40달러도 안 해요"라는 말이 인상적이었다. 그것이 머리 한 구석에 있었기 때문에 나는 2월에 일시 귀국했을 때 그 CPU(중앙연산처리장치)를 구입하고자 했다.

2월 21일, 나는 아키하바라 전자상가에 가서 '라즈베리 파이 3(Raspberry Pi 3)'의 스타터 키트를 구입했다. 도쿠시마 씨가 말했던 'CPU'란 이 세트에 포함된 마이크로컴퓨터, 통칭 '라즈파이'로, 전원 코드와 케이스, HDMI 케이블, SD 카드 등이 쿠속되어 9,600엔에 판매되고 있었다.

연말의 바쁜 기간을 지나 해가 바뀌어 조금 생활에 여유가 생긴 4월 초에 나는 이 라즈파이 스타터 키트를 사용하여 자택에서 PC를 조립해 보았다. 나는 텔레비전, 가구, Wi-Fi가 있는 서비스 아파트에 살고 있다. 여기에 평소 쓰던 마우스와 키보드를 결합해 모두 라즈파이 3에 연결하면 PC가 완성될 것이라고 생각했다. 실은 같은 방법으로 PC를 조립해 프로젝터로 투영하던 사례를, 나는 3월에 빅얀 아쉬람을 방문할 때 보았다. 그것도 참고가 되었다.

운영체제 설치를 비롯해 일본어 폰트와 브라우저 소프트웨어 설치에는 다소 시간이 걸렸지만 3시간 정도면 세팅이 완료되었고 인터넷으로도 접속이 가능했다. 유튜브 동영상을 큰 화면으로 본다는 이날의 목표에는 도달할 수 있었다.

나는 고가의 완제품을 수입하지 않고도 원가 1만 엔 정도로 PC를 조립할 수 있는 것을 증명했다. 디스플레이나 키보드, 마우스 등은 기존 것을 사용하면 된다. 중요한 것은 CPU다. 요즘은 외국 출장을 가도 와이파이를 쓸 수 있는 호텔이 많기 때문에, 단순히 메일 송수신, 검색, 동영상 사이트 시청 등이라면 이 방법으로도 충분할 것이다. 다만 당시 나의 부탄에서의 체재 경험상 Wi-Fi로 연결되는 숙소는 동부나 남부에는 거의 없었다.

체왕의 고뇌

　나는 2016년 말 체왕의 팹랩 부탄 구상을 보류했고, 직접적으로 그와 연락을 주고받는 빈도도 줄어들었다. 보고 싶을 때 부탄에 없는 그 자신의 생소함도 있었지만, 그의 대리인으르서 국내에서 움직여 주는 오른팔적 존재가 누구인지 전혀 알 수 없었다. 이사 멤버에 대한 불신감이 평상시 나의 말에 드러났으므로 그쪽에서 내게 연락하기 어려웠을지도 모른다.

　1월 초순, 게이오 대학의 와타나베 도모아키 선생으로부터 메일이 왔다. 팹랩 부탄의 2명을 12일부터 시작하는 제3회 팹랩아시아네트워크회의(FAN3)에 참가시키고자 하는데, 참가비 지원을 JICA에서 해 줄 수 있는지, 체왕이 야마다에게 물어봐 달라고 요청해 온 것이다. 2016년 11월에 와타나베 선생과 도쿠시마 씨가 부탄에 왔을 때 이후 2개월간 팹랩 부탄 이사 멤버로부터 소식은 두절되었다. 신뢰 관계도 없었다. 그런 상황에서 느닷없이 참가비 지원을 할 수는 없다고 생각해 딱 잘라 거절하는 답변을 했다. 정말로 필요한 연수나 국제회의에 참석하려면 비용은 스스로 부담해야 한다. 동일한 팹 시설이라도 공정관리가 JICA 통제 범위 밖에 있는 팹랩 부탄(팀푸)은 있으면 이용하고 싶은 시설이라고 생각하지만, 언제까지나 완성되지 않을 위험도 상당히 크다. 오히려 JICA의 공정관리에 기초하여 차근차근 준비를 진행할 수 있는 CST를 지원하는 데 주력하고 싶다. 지금의 우리에게는 외국의 팹 관계자와의 네트워킹이 되면, 풍조린의 CST 관계자를 데려가고 싶다. 결과적으로 팹랩 부탄의 카르마 요오텐 CEO는 자비로 FAN3에 참가하고, 빅얀 아쉬람도 방문한 것 같다.

3월 하순에 나는 오랜만에 체왕에게 메일을 보냈다. 그들이 주뉴델리 일본대사관에 요청한 풀뿌리 무상자금 협력에 대해서 요청서상으로는 설치 장소가 팀푸 테크파크로 되어 있었다. 그러나 얼마 전 팹랩 관계자들 사이에 나돌던 메일에서 데이비드 쿨이라는 미국인이 팹랩 부탄의 카르마 CEO와 함께 팀푸 시내 모티항(Motithang) 고등학교에 답사를 다녀왔다는 이야기가 적혀 있었다. 역시 테크파크가 아니다. 도대체 무슨 일이 벌어지는 것일까? 요청 내용이 변경되면 대사관에는 그때그때 전달하라고 충고했다.

그 직후인 3월 29일, 메일로 등장한 데이비드 쿨이 나를 찾아왔다. MIT 거센필드 교수의 제자로 현재 팹랩 부탄의 설립을 가속하기 위해 거센필드 교수의 명을 받고 현지에서 뛰어다니고 있다고 했다. 전 장 첫머리에서 소개한 관계자 사이에서의 메일의 교환에는 처음부터 포함된 인물이지만 지금까지 전면에 나온 적은 없어서, 나는 미국에서 살 것이라고 마음대로 생각하고 있었다. 이어서 그의 이름을 들은 것은 11월이다. 여름에 중국 심천에서 열린 제12회 세계팹랩담당자회의(FAB12)에서 팀푸 시장의 '팹 시티(Fab City)' 참가 선언의 비디오 메시지를, 팹 시티·세션의 회의장에서 재생한 대리인 외국인이 실은 데이비드였던 것 같다. 부탄에 살지는 않지만 거센필드 교수의 뜻에 따라 부탄에 단기 체류한 것이다. 모티항고등학교에 함께 답사를 간 경위부터 카르마 CEO도 함께 올까 싶었지만 역시 오지 않았다.

카르마 CEO가 부재중이어서 데이비드와는 꽤 솔직한 의견을 교환할 수 있었다. 그에 따르면 MIT에서는 이미 팹랩 부탄에 공여할 장비를 갖춰 언제든지 전달할 수 있는 상태가 되었다. 체왕이 팹랩 부탄의 개설 시기를 3월이라고 한 것에 근거가 없지는 않았던 셈이다. 그러나 중요한 부탄 측의 움직임이 너무 느리고, 장소도 정하지 못한 상황이다. 실제로 나 스스로도 물건을 몇 군데 둘러보았지만, 그가 보기에도 좋은 것이 없었다. 입지적으로 팀푸 테크파크는 역시 너무 멀다고 그도 인정했다. 유우오 파르덴은 테크파크를 추천하며 그 나름대로 테크파크와의 사이에서 조정하고 있었지만, 팹랩에 적합하지 않다는 이야기가 많아지자 그 이후에는 움직이지 않은 듯했다.

또 하나, 바베사 지구의 고속도로 인근에 농업성 직원 OB가 소유한 빌딩의 1층이 비어 있어 들어가지 않겠느냐는 권유도 받고 있다고 했다. 하지만 이곳은 임대료가 너무 비싸 리스크가 컸다. 장소 선정이 2011년 11월 이후 전혀 진행되지 않았다는 것은 나에게도 놀라운 일이었다. 체왕이 말하던 팹랩 부탄의 개소 목표는 3월에서 7월로 미뤄져 거센필드 교수의 일정도 늦춰졌다.

"상당히 위험합니다."

데이비드는 위기감을 느끼고 있었다. 나도 평소 느끼던 것을 말했다. 팹랩 부탄 멤버의 의욕에는 철저히 의문이며, 그나마 제대로 된 사람은 체왕이지만 국내의 멤버를 생각해서인지 그들 앞에서 말을 자꾸 바꿔서 그에 대한 신뢰 역시 크지는 않다. 이런 상황에서 반공인인 내가 공개적으로 팹랩 부탄을 지지하는 발언을 하면 JICA가 주도하고 있다는 오해를 줄 수 있다. 정작 그들은 거의 움직이지 않기 때문에 논의에서 제외당할 위험이 상당히 크다. 나의 개인적인 활동이라고 해도 JICA의 평판이나 명성에 흠집을 낼 수 있었다.

또 이 나라에서 100% 민영인 팹랩은 재무상 경영을 지속하기가 매우 어렵다고 지적했다. 오히려 어딘가의 공적 기관과의 병설로 운영되는 형태가 실현 가능성이 높다. 부탄 사람은 무언가를 시작하는 것에는 능숙하지만 계속하는 것에는 그다지 자신 있지 않다. 싫증을 잘 내기 때문에, 지금의 팹랩 부탄의 멤버에게 맡겨 두면 일이 잘 진행되지 않았을 때 도중에 포기할 위험이 상당히 높다고 말했다.

팹랩 부탄 자체는 상당히 어려운 상황이다. 거센필드 교수가 이 일로 환멸을 느껴 부탄에서 손을 뗄 가능성도 없지 않다. 이에 마지못해 하기는 하나 내게는 ① 소규모영세산업국(DCSI)이 건설 중인 인큐베이션 센터, ② 정보통신부가 머지않아 개설해야 할 우주관제센터 인접 나노 위성연구 개발 연구소라는 2가지 가능성을 들어 조만간 현황을 확인하고 정보를 공유할 것이라고 전달했다. 결과적으로 ②는 시기상조이지만 ①은 꽤 좋은 물건이라는 확신을 얻었으므로, 4월의 예비조사 후 결과는 데이비드에게도 피드백해 주었다.

이렇게 나는 MIT가 팹랩 부탄의 도입 기자재를 지원하기로 했다는 구체적인 정보를 처음 알았다. 이 자체는 환영할 일이지만, 한편으로는 체왕이 일본대사관의 풀뿌리 무상자금 협조와 이른바 양다리를 걸친 채 방치한 것도 금시초문이었다. 물론 대사관 측에서 어떤 스케줄로 프로젝트 심사를 해 나갈지도 우리는 몰랐기 대문에, 체왕 측에만 일방적으로 문제가 있었다고 말할 생각은 없다. 스폰서를 찾을 때는 동시에 몇 가지 가능성을 탐색하지 않을 수 없다. 내가 체왕 입장이었다면 같은 생각을 했을 것 같다.

나중에 본인으로부터 들은 이야기지만, 체왕은 당시 상당히 궁지에 몰려 있었던 것 같다. 이사 멤버들이 번번이 그의 기대를 저버리고 그 결과 정작 입지가 결정되지 못하는 가운데 7월이라는 데드라인이 다가왔다. 덴마크에서 원격 조작하는 것으로는 부탄 측이 움직이지 않는다. 부탄인 컨설턴트 모집 등 생각할 수 있는 모든 수단을 이용하여 조기에 현지에 들어가야겠다고 그는 생각하고 있었다.

풍조린에서 무엇을 할까

연례적으로 부탄의 대외원조 수입 창구인 GNH 위원회는 일본과 JICA에 대한 기술협력 프로젝트의 요청 조사를 5월 말로 정하고 있어, 정부 각 부처는 이를 위한 요청을 준비한다. 2016년 가을부터 대화를 거듭해 온 풍조린의 CST도 디지털 제작을 통한 공학교육 확충을 목적으로 한 기술협력 프로젝트의 요청서를 작성하고, 왕립 부탄대학(RUB) 본부를 통해서 GNH 위원회에 요청서를 제출했다. 나는 5월 초순에 기술협력 프로젝트 요청서의 초안을 받았다. 체키 학장은 제출 전에 이 내용으로 괜찮은지 한 번 봐 달라고 요청했다. 여기에 나의 의견이 더해져 CST에서 GNIT 위원회에 요청서를 내게 되었다. 거의 다 썼지만 상위 목표와 프로젝트 목표, 기대되는 성과, 이를 위한 활동이라는 프로젝트의 개념도(Concept Paper)가 제대로 정리되지 않아, 그 부분만큼은 내가 상당히 공을 들여 이런 느낌 아니겠느냐고 체키 총장에게 회신했다.

본 장의 마지막으로 이 당시 내가 CST에서의 JICA의 기술협력 프로젝트에 기대하던 것을 정리하기로 한다. 프로젝트의 목표로는 어디까지나 부탄의 공학교육의 질 향상을 내걸고 있었다. CST는 토목공학, 전기공학, 전기통신(ECE), 정보기술(IT)의 4개 학과가 있다. 토목공학과 졸업생의 취업률은 거의 100%로 관개 시스템이나 농도 정비 등에 힘쓰는 농업부나 교량이나 도로의 건설, 하천·호안 정비, 도로 사면 관리, 상하수도 정비 등에 힘쓰는 공공사업부 등 정부 공적기관이 주된 취업처가 된다. 한편 전기공학과는 취업률이 그저 그렇다. 이곳의 졸업생은 경제부의 전력 개발 부문이나 송배전 공사, 국내 각지의 수력발전 사업체 등이 주된 취업처가 된다. 이들은 머지않아 농업부이나 공공사업부에서 실시하는 JICA 프로젝트의 카운터 파트가 될 가능성이 높다. CST 공학교육의 질을 높이고 미래 정부 기관으로 진학하는 사람의 능력을 졸업 시점에서 최대로 향상시키는 것이 JICA가 이제까지 기술협력 프로젝트에서 주로 의존해 온 OJT를 보완하는 취업 전 연수의 중점이다.

ECE학과와 IT학과는 대조적으로 졸업생의 취직률이 낮다. ECE 졸업생의 취업처로서 유망한 것은 부탄텔레콤이나 타시셀이라는 통신회사이지만 원래 구인 수가 적고, 그래서 일자리를 구하지 못하는 졸업생이 상당수 있다고 알려져 있다. 하물며 IT는 취업처가 민간기업으로 한정된다. 민간기업이 발달하지 않은 이 나라에서는 모처럼 IT의 지식을 익혀 졸업했지만, 일이 없기 때문에 시골에 돌아가는 졸업생이 매우 많다.

통신 회사에 취직하는 사람도 언젠가는 JICA 프로젝트의 카운터 파트가 될 것이므로, 토목이나 전기공학과와 마찬가지로 교육의 질을 높이도록 요구된다. 그러나 취업률이 낮은 ECE나 IT의 졸업생은, 지금 시점에서는 시골에서 농사일을 돕거나 지방에서 민간의 취업 기회를 노리는 수밖에 없다. 졸업 시점에서 이들의 기능과 지식을 최대한 끌어올려 취업이나 창업에 필요한 인적 네트워크를 구축시켜 둘 필요가 있다.

반대로 CST의 설비 상황을 살펴보자. 현재 CST에서는 각 학과가 연구실(실험실)을 가지고 있지만, 특정 기능 기술에 특화된 연구실은 실험 기구의 사용 빈도가 낮고, 연간으로 볼 때 단기간밖에 하지 않는 실습을 위해 너무 많은 실험용 기구를 소유하고 있다. 1년에 1회밖에 사용하지 않는 기구를 장기간 선반에 넣어 두는 것은 아깝다. 어느 학과나 이용할 수 있는 연구실을 하나 만들고, 실험에 필요한 장치도 그곳에서 만들어 버리면 이 연구실의 사용 빈도가 높아진다.

학과를 횡단적으로 이용할 수 있는 연구실로 만들어 두면 학과에 의한 종적 관계를 타파하고, 다른 학과의 학생과 협업을 촉진할 수 있다. 거기에 졸업 제작으로 빈번히 필요로 하는 부품의 재고를 넉넉히 쌓아 두면, 졸업 제작이 미완성인 채로 졸업식을 맞이해 버리는 위험을 경감할 수 있지 않을까?

그리고 팹랩 헌장(Fab Charter)에 따라 비는 시간은 일반 이용자에게 개방한다. 그렇더라도 시민들이 찾아오기까지는 시간이 많이 걸릴 것이다. 이에 적어도 인근 초·중학교를 끌어들여 연구실에서 이과 실습이나 프로그래밍 교육을 운영하거나 반대로 학교를 방문해 이과 실험 실연을 하여, 차세대 아이들로 하여금 메이킹 활동을 하도록 하는 포석을 둘 수 있을 것이다.

인도의 빅얀 아쉬람은 팹랩의 존재 의의를 어필하려면 랩 직원이 적극적으로 밖으로 나가 주민과 접촉할 필요가 있다고 했다. 그럼으로써 커뮤니티가 직면한 과제를 특정하고, 팹랩이 해야만 하는 것이 밝혀진다. 따라서 CST에 팹랩이 생긴다면 역시 풍조린 시나 츄카 현 남부 시가지나 농촌을 직접 찾아가 의견 청취 같은 영업 활동이 요구될 것이다.

또 CST에서 팀푸 쪽으로 차량으로 40분 정도 가면 또 다른 학생 거리인 게두가 있다. 이곳에 왕립 부탄대학(RUB) 유일의 상학과 경영학과를 가진 단과대학 게두 칼리지(GCBS)가 있다. 현재 부탄에는 RUB의 각 단과대학에 재직하는 학생을 대상으로 창업을 재촉하는 대책이 로덴 재단, 유엔개발계획(UNDP), 팀푸 테크파크 등을 중심으로 진행되지만, 아이디어를 끌어내기 위한 이벤트라면 모를까, 실제로 창업한다고 하면 주저하는 학생이 많다. 하지만 GCBS의 학생 중에는 졸업 후 곧바로 창업을 지망하는 졸업생이 비교적 많다. 따라서 이공계 CST에서 하드웨어 개발에 의한 창업을 생각한다면, GCBS의 학생과 연계하는 것이 하나의 가능성일 수 있다.

내가 부탄에 부임해 오기 1년 전, 부탄 정부는 전기자동차(EV)의 도입 지원을 일본 정부에 요청했다. 하지만 민간에서 사용되는 EV를 일본의 원조로 조달하고 제공할 수는 없으므로, JICA에서는 EV 도입에 관한 과제를 정리하는 기초 정보수집 조사를 실시하고, 그중 팀푸 4곳에 급속충전기를 설치했다. 중요한 EV 완성차의 수입은 닛산 자동차의 기부 등에 의해서 이루어지고 있다. 그 후에도 사사건건 일본 정부는 'EV 공여의 요망이 다시 부상하는 것은 아닐까?' 하는 자세를 취했지만,

EV라고 하자마자 완성차의 도입을 요구하는 부탄 정부의 생각에 나는 위화감을 가지고 있었다. 부탄에는 EV의 원리를 가르치는 직업훈련 학교가 없다. 내연기관차에 비해 부품이 적고 유지 보수에 드는 수고도 적은 EV이지만, 그렇다고 해서 유지 보수가 가능한 인재 육성을 하지 않아도 된다는 것은 아니다. 원리를 알고 있고, 축전지 등의 모듈을 수입하고, 내연기관차를 EV로 변환해 버리는 대응이 가능한 인재를 육성할 필요도 있다.

CST에 팹 시설이 생기면 이를 이용해 진행되는 몇 개의 서브 프로젝트를 생각할 수 있다. EV나 드론 제작, 드론을 구사한 인프라의 유지 관리, 공사장의 안전대책, 도시에 대한 센서 탑재 등 CST의 학과 구성상 팹 시설이 있어 심화될 수 있는 연구 개발의 영역은 여러 개 있는 것이다. 이 시점에서 나의 의견을 요청서에 반영시킨다고 해서 일본 정부에 의해 확실하게 채택되지는 않겠지만, JICA 기술협력 프로젝트의 요청서는 이렇게 해서 CST에서 RUB 본부로 송부되어 5월 말에는 GNH 위원회로 보내졌다.

제4장

상황 반전, 팹랩 탄생!

(2017년 6월~2017년 9월)

체왕, 갑작스런 방문

2017년 5월부터 6월까지 일련의 행사를 분주하게 끝내고 잠시 쉬던 나에게 오랜만에 체왕이 찾아왔다. 6월 13일의 일이다. 이날은 오후에 외근하여 JICA 사무소장으로서 강의를 하기로 되어 있었다. 개시 시각은 13시였지만, 빨리 회의장에 들어가 발표를 준비할 생각이었다.

정오가 되기 직전에 체왕이 사무실로 찾아와 5분만이라도 소장을 만나게 해 달라고 간청했다. 나는 그가 돌아와 있는 것조차 몰랐지만 요청이 강경했기 때문에 그를 소장실로 불렀다. 그는 심각한 표정으로 소장실에 들어왔다.

그의 용건은 7월 20일 팹랩 부탄의 가소식 참석과 더불어 그 전에 예정된 MIT 가센펠드 교수와의 간담회와 팹랩 부탄의 내부 견학에도 와 달라는 것이었다. 이전에 데이비드 쿨로부터 들은 개소식 날짜는 '7월 1일'에서 '7월 20일'로 변경되어 있었다. 체왕은 4월에도 내게 메일을 통해 개소식에 나를 부를 테니 내빈으로 와서 기조연설을 해 달라고 요청했었다. 나도 그때는 초대받으면 응하겠다고 약속했다. 그래서 체왕의 요청 중 개소식과 내부 견학에는 조건에 따라 참석하기로 했다. 그 조건이란 현지의 부탄인이 반드시 동석하는 것이다. 부탄인이 주도적으로 진행하는 사업은 실패할 확률이 높다. 그런 곳에 내가 나가면 나나 JICA가 위험을 부담하게 된다.

팹랩의 입지도 결국 팀푸 테크파크에서 바베사 지구로 옮겨 갔다. '그토록 미디어에서 테크파크라고 떠들다가 이제 와서 뭐하는 것이지?' 하는 생각이 든다. 그 미디어의 보도에서 내 이름이 언급되었기 때문에 나는 "테크파크의 팹랩은 언제 생길 것인가"와 관련해서 몇 번인가 문의를 받아 왔다. 부탄에 체류하는 동안 이런 상황에 부담감을 느꼈다.

체왕은 초기 팹랩 부탄의 전혀 움직이지 않았던 이사 멤버를 "잘라 냈다"고 확언했다. 카르마 요우덴 CEO조차 잘라 낸 것 같았다. 사람을 쉽게 내팽개치는 것에 대단하다고 생각하면서도 도통 영문을 알 수 없었다. "사용자 그룹을 새롭게 만들었는데 괜찮습니다"라고 그는 주장했다. 들어 보니 그 멤버에는 둔바 3D 웍스의 비슈누와 플라스틱 쓰레기를 세단해 도로 포장용 아스팔트에 혼합하는 기술을 개발했다고 미디어로부터 각광받던 리케시 그룬이라는 젊은 기업가가 포함되어 있었다. 비슈누를 언제 만났느냐고 물었더니 바로 지난주란다. 이후 그는 둔바 3D 웍스에 모여 있던 기업 멤버를 방문해, 시설이 오픈했을 때 맨 먼저 사용해 줄 것 같은 사용자로서 말을 건 것 같다.

6월에 체왕은 상당히 빠른 속도로 설립 준비에 들어갔다. 카르마 요우덴 CEO와 절연하고, 다른 여성 기업인인 카르마 라키(마담 카르마)를 만난 것도 이 무렵이었다. 부탄에 들어온 체왕은 인편으로 마담 카르마를 접하고, 정부 인사와 연줄이 있는 그녀에게 팹랩 부탄의 대표로 취임해 달라고 설득했다. 마담 카르마는 "디지털 페브리케이션이 뭔지 모르지만"이라는 단서를 달면서 맡기로 결정했다(이것도 나중에 안 이야기지만 이 'W 카르마'는 자매였던 것 같다). 부탄의 팹랩 제1호는 이러한 체왕의 노력과 MIT, 팹 재단의 지원 아래 실현에 가까워졌다. 팹랩이 만들어지면 우리는 관계자에게 호소해 시설 활용을 추천할 것이다. 이제 우리는 제2호, 제3호를 어떻게 할 것인가도 생각해야 한다. 잡음 없이 진행되면 좋기 때문에 체왕이 어떻게 준비하는지를 조용히 지켜보고 필요한 부분은 지원했다.

나는 그렇게 개소식 참석과 연설에 다해 승낙했고, 체왕은 떠났다. 7월이 되자 전국지 《쿠엔셀》에 팹랩, 이노베이티브 마인드 육성에 한몫[18]이라는 기사가 실렸다. 이하 그 기사의 내용이다.

부탄의 21세기형 교육 시스템은 7월 20일, 팹랩 부탄의 개소를 통해 새로운 동력을 얻을 전망이다. 팹랩은 혁신적인 아이디어를 구체적인 형태로 만들 장소를 제공해 준다. 발명이나 혁신의 근대적인 수단에 대한 접근을 보증해 주는 장소가 될 것이다.

팹랩 부탄의 창립자인 데이비드 쿨(David Cool)은 팹랩에 많은 젊은이가 왔으면 하는 기대를 밝힌다. 이런 랩이 있으면 아

---

18 "Fablab Bhutan to foster innovative minds," Kuensel, 2017년 7월 8일.

이디어를 크게 전진시킬 수 있다. 이제 남은 유일한 제약은 여러분의 상상력에 달려 있다.

MIT의 팹랩 국제보급 프로그램 '비트 아톰 센터(CBA)'의 셰리 라시터(Sherry Lassiter) 대표는 팹랩을 부탄에 설치함으로써 현지인들이 자신의 과제 해결에 힘쓰고, 또 세계적인 제작 커뮤니티와 교류를 추진함으로써 지속 가능한 솔루션을 찾아내는 데 도움이 될 것이라고 말한다. "온 세상의 랩이 부탄과 협동하고 솔루션을 찾아내는 것과 동시에 부탄도 온 세상의 사람들과 그 지식을 공유할 수 있을 것이다." 셰리 대표에 의하면 부탄인으로 하여금 영감을 얻게 하기 위해 메이킹 커뮤니티를 위한 몇 개의 프로젝트를 계획 중이라고 한다. 팹랩 부탄의 매니저 체왕 텐징 라부텐(Tsewang Tenzin Rabten)은 부탄화장실기구(BTO)와 협동을 통해 휴대용 화장실 생산을 계획하고 있다. 이 휴대용 화장실에서는 폐기 플라스틱 소재를 사용해, 이 나라의 플라스틱 폐기물 감축에도 기여할 것이라고 덧붙였다.

MIT로부터 5명의 팹랩 전문가가 부탄에 도착해 팀푸 시내 바베사 지역에 기자재 설치를 목요일부터 시작했다. 기자재 중에는 레이저 가공기와 CNC 밀링 머신, 3D 프린터, 디지털 미싱, 주조기, 주입 성형기 등이 포함된다. 이들 기자재는 MIT 팹랩 보급 프로그램과 솔리드웍스사가 공여한 것이다. 팹랩 부탄에서는 7월 12일부터 등록한 젊은이를 위한 오리엔테이션 프로그램을 개시한다. 현재까지 68명의 학생이 등록을 완료했으며,

그중 15명은 우드크래프트 센터의 학생이다. 수강생들은 이곳에서 다양한 장비의 조작법을 배울 예정이다.

2016년 부탄은 '팹 시티 헌장'에 서명했다. 원재료의 재활용이나 현지만이 가능한 발명을 통해서 현지의 요구에 부응하는 도시 내에서의 생산 활동의 추진에 합의했다. "이 서명에서 부탄은 앞으로 40, 50년 동안 자신이 소비하는 것의 절반 이상은 스스로 생산할 수 있게 될 것이다"라고 데이비드 쿨은 전했다. CBA 거센필드 교수가 부탄에 도착해 팹랩 개소식에 참석할 예정이다. 팹랩이라는 아이디어도 MIT의 동 센터에서 2001년에 형성된 것으로, 지금은 현지의 발명과 공학교육, 창업가 정신의 양성 등에 공헌하는 세계적인 프로그램으로 성장하고 있다. 전 세계 100개국 이상에 1,200개의 팹랩이 설치되어 있다.

괜찮은 일이 아닌가! 옆에서 보기에 설립이 상당히 위태롭던 팹랩 부탄이 어쨌든 개설에까지 이른 것에 경의를 표하고 싶었다. 새로운 일을 좋아하는 것에 비해 스스로 새로운 일을 시작하는 데 비정상적으로 겁을 내는 부탄 사람들을 돕기 위해 나는 외부에서 계속 압력을 가해주었고, 그 결과 성과를 내는 데 일부 공헌했다고 생각한다. 폐기 플라스틱의 재이용에 의한 이동 화장실이라는 발상도 내가 2016년 9월 '이해관계자회의'에서 밝힌 아이디어다. 이것이 라브텐이라는 인물에 의해서 구체적으로 움직여지려 하고 있다. 최적이라고 생각되는 조직에 떨어진 것이지만, 왠지 내 아이디어를 베낀 것 같기도 하여 내 심경은 다소 복잡했다.

　　나는 데이비드 쿨이 창립자로 소개되는 것에 깜짝 놀랐다. 미리 말해 두지만 '팹 시티'는 부탄이 정부로서 헌장 서명한 것이 아니다. 팀푸 시장의 대리인을 사칭하고 데이비드 쿨이 서명한 것이다. 팹랩은 팀푸 시라는 곳에서 발상이 멈춰 있다. 물론 팀푸 시가 팹 시티화한다면 그것은 그것대로 좋다. 한편 나는 팹랩 부탄이 성공하면 할수록 부탄의 몇 안 되는 크리에이터가 팀푸에 집적해, 지방의 쇠퇴에 박차를 가하는 것은 아닐까 하고 염려하고 있었다. 따라서 나는 '팹 시티'라는 발상은 취하지 않고, 부탄 전국에서 제작을 지향하는 나라가 되어 가는 '팹 컨트리(Fab Country)'라는 개념을 주장하고 있다. 그렇지 않으면 국내 소비의 반 이상은 국내 생산으로 조달하려는 방향으로 가지 않는다.

　　지방 도시에도 팹랩은 필요하며 이를 위해 팹랩 기자재를 운영할 수 있는 인재, 팹랩을 지속 가능한 형태로 운영할 수 있는 인재, 지역 사람들의 아이디어를 활용할 수 있는 인재가 더 많이 필요할 것이다. 팀푸의 일은 팹랩 부탄에 맡기고, 한편으로 제2, 제3의 팹랩을 만드는 움직임을 지금부터 지원할 준비를 해 두자, 그런 것들을 기사를 읽으면서 나는 생각하고 있었다.

전날까지도 준비로 우당탕탕

《쿠엔셀》의 기사가 7월 8일에 나온 이후 체왕이나 데이비드 쿨 그리고 새롭게 등장한 라브텐이라는 팹랩 부탄인은 나에게 접근해 오지 않았다. 기사에서도 소개된 젊은이를 위한 오리엔테이션 프로그램에 얼굴을 내밀지 않겠느냐는 권유도 없었다. 그렇다고 거센필드 교수와 언제 만나는지에 대한 구체적인 일정이 알려진 것도 아니어서 나는 이 고요함에 왠지 모를 위험을 느껴야만 했다.

7월 19일 나는 출근한 뒤 내일로 다가온 개소식 기조연설 읽어 내기 원고를 만들고자 구성과 발언 포인트 알아내기 작업을 시작했다. 작업하면서 나에게 주어진 발표 시간이 얼마인지도 전달받지 못했다는 사실을 깨닫고는 소장 비서인 카룬에게 지시허 팹랩 부탄에 문의하기로 했다. 이날 아침에는 제럴드 데일리 상주 대표의 방문이 예정되어 있었다. 10시 30분에 제럴드 대표가 왔다. 그때 카룬이 황급히 내 방으로 뛰어 들어왔다.

"주최자에게 문의했는데 내일의 팹랩, 소장님의 연설은 예정에 없다고 들었습니다."

기조연설 등을 하지 않고 끝내도 괜찮을까 하고 생각한 한편 4월에 체왕으로부터 온 메일과 6월에 사무소를 방문한 그로부터 직접 의뢰받은 그 이야기는 도대체 무엇이었을까 하고 의아해진 나는 허풍 치는 태도로 카룬 군에게 이렇게 말했다.

"그럼 개소식도 불참이라고 상대방에 전해."

나는 라브텐에게 연락을 한 다음 그동안 사무소 대합실에서 기다리고 있던 유엔의 제럴드 상주 대표를 소장실로 맞아들였다. 부임한 지 반년이나 된 데다 행사 때마다 얼굴을 맞댄 제럴드 대표가 새삼스럽게 온 것은 그저 겉치레 인사가 아닐 것이다. '진정한 목적은 무엇인가?' 속을 떠보는 것으로 시작된 이 면담에서는 제4차 산업혁명이니 기후변화 문제니 하는 다양한 이슈가 나왔는데, 결국 제럴드 대표의 목적은 JICA가 부탄 정부와 시작하려던 기술협력 프로젝트 '전국종합개발계획 2030 계획조사'(이하 전국종합개발계획)에 있음이 드러났다.

이것들은 영어로는 'Comprehensive National Development Plan 2030'이라고 부르고 있어, 이는 마치 장기국가개발계획처럼 보인다. 국토 이용 계획이라고는 쉽게 상상할 수 없다. 아마도 유엔이 추진하는 지속가능개발목표(SDGs)와 목표 연도가 같기 때문에 JICA가 SDGs와는 다른 장기국가개발계획을 유엔 대표인 자신이 맡지도 못한 상태에서 부탄 정부와 수립하려는 것이 아닌가 하는 의구심이 들었던 모양이다.

다음 정례현지기증자회의에서 전국종합개발계획의 개요에 대해 다른 국제협력 실시기관과 공유하도록 요구받았다. 그러나 2017년 5월 말에 실시된 센서스의 최신 데이터가 미공표 단계에서 전국종합개발계획의 이야기를 하기는 시기상조라고 나는 답변을 유보했다. 제럴드 대표는 이어 당신은 잘 모르겠지만 4차 산업혁명과 관련하여 부탄에서 재미있는 움직임이 있다며, 다음 날 예정된 팹랩 부탄 개소식에 오라고 역제안을 해 왔다. 그리고 제럴드 대표는 나에게 다음번 정례현지기증자회의에서 팹랩 부탄에 대해 설명해 달라고 요구해 왔다. 나는 팹랩 부탄의 대표가 아니며 JICA로서 팹랩 부탄을 직접 지원하는 것도 아니다. 이 일을 내게 의뢰하는 것은 얼토당토않은 일이라고 생각했지만, 팹랩을 널리 알리기에는 좋은 기회이기에 "합시다" 하고 승락했다.

언뜻 보기에는 부드러운 만남이었지만 물밑에서는 제법 많은 속내가 있었던 것 같다. 현지기증자회의에서의 JICA의 발신이 적은 것에 다소 부정적인 발언도 했는데, 나는 오브라트(Oblaat) 씨를 감싸면서도, 현지기증자회의에서 국제연합은 주도권을 행사하고 싶어서 국제연합 주최의 행사에 JICA의 소장이 나올 수 없으면 누군가 대신 참여하도록 강요하는 반면, 반대로 우리 JICA의 주최 행사에 국제연합은 간부 클래스를 내빈으로 보내 온 적이 거의 없었다고 이야기했다.

회담은 1시간가량 계속되었고 마지막에는 웃는 얼굴로 악수한 뒤 제럴드 대표는 돌아갔다. 그동안 비서 카룬은 팹랩 부탄의 라브텐 사무총장과 다투고 있었다. "소장이 참석하지 않는다"고 그가 상대에게 전하자 "7분이면 연설해도 좋다"라는 고압적인 답변이 돌아온 것 같다. 체왕에게서는 '기조연설'이라고 들은 이상 내가 예상한 것은 적어도 10분, 가능하면 15분이다. 7분 연설은 기조연설이라고 할 수도 없고, 할 말을 다하기도 어렵다. 나는 카룬에게 지시해 어중간한 연설이라면 안 하는 게 낫지 않겠느냐고 답변하게 했다. 동시에 도대체 팹랩 부탄의 내부에서 무슨 일이 일어나는지 이해할 수 없었기 때문에, 나는 그동안 연락해 오던 체왕에게 별도로 메일을 보내기로 했다. 참석은 하겠지만 기조연설을 할 시간은 없는 것 같아서 준비해 가지 않겠다는 내용이었다.

오전 중의 혼란이 지나간 후 나는 기조연설의 원고 준비를 포기하고, 기분을 전환하고자 다른 일에 착수했다. 12시 45분쯤 느닷없이 체왕이 사무실로 달려왔다. 그는 "4월부터 기조연설을 부탁하지 않았느냐"며 내가 연설을 그만두자 당황한 듯 보였다. 하지만 분명 팹랩 부탄의 브라텐이라는 사무국장이 오늘 아침에 JICA 소장의 연설 예정은 프로그램에 들어 있지 않다고 말했기에 난 오히려 "도대체 무슨 말이냐"고 되물어야 했다.

"2개월 전부터 부탁했잖아"라며 끈질기게 같은 발언을 반복하는 체왕에게 마지막으로 나는 연설을 맡지만, 그 교환 조건으로 유엔의 제럴드 상주 대표로부터 의뢰받은 정례현지기증자회의에서의 팹랩 부탄의 사업 설명은 "체왕, 당신이 해 주었으면 한다"고 요구했다. "자신이 없다"며 그는 주저했다. 그러나 나는 "부탄인이 팹랩에 대해 말하지 않으면 부탄에 있는 내가 위험을 감수해야 한다. 팹랩 부탄 이야기는 부탄인이 해야 한다. 네가 할 자신이 없다고 해서 어떻게 하겠느냐"고 더 설득했다. 내일의 개소식, 연단에 서는 내빈은 토브게이 총리 이외는 MIT의 닐 거센필드 교수와 나뿐이다. 체왕도 식전에는 말을 하지 않고 계속 뒷전으로 빠질 생각이었다.

"그러한 상황에서 부탄에 거주하는 JICA의 소장이 말해 버리면 MIT와 JICA가 공동으로 지원하는 프로젝트라고 오해할 수 있다."

나는 무서워하는 체왕을 더욱 설득했다. 결국에는 그도 꺾여 기증 자회의에서의 프레젠테이션을 맡았다.

오후 1시 반이 넘도록 체왕에게 붙잡혀 점심시간은커녕 연설 원고 작성 시간도 줄어들고 말았다. 여기서부터는 힘을 실어 원고 작성에 전념했다. 좀처럼 좋은 문구가 떠오르지 않고, 원고가 진행되지 않아서 마냥 초조했다. 거의 완성된 것은 저녁 19시에 가까워서였다. 재검토를 하고 싶었던 나는 자택에 데이터를 가지고 돌아왔다.

마침내 팹랩 부탄 오픈

7월 20일, 팹랩 부탄 오픈 당일을 맞이했다. 이날은 SAARC(남아시아지역협력연합) 개발기금이 주최한 남아시아 지역 여성기업인포럼 개회식을 메리디언 호텔에서 방청하는 것으로 시작했다. 단지 이벤트에 자리를 메우기 위한 출석이다. 관계 부처 차관 국장급이나 외교단이나 국제기구 대표를 모아 행사를 독려하는 것이 목적이다.

이어 마주 보는 곳은 노루진 람 대로에 위치한 내무문화성 입국관리국이다. 신임 국장의 취임식이 오늘로 정해졌다는 보고가 갑자기 들어와 신임 국장에게 축하의 흰 숄 '카다(Khada)'를 증정하기 위해 서둘러 가게 되었다. 부탄에서는 연례 의식으로 정부 고위직의 취임 축하 때는 가족, 친척뿐만 아니라 그분에게 신세를 진 부하와 상사, 심지어 업무상 관계가 있던 다른 정부 기관 관계자 혹은 각료와 국회의원까지 카다를 한 손에 들고 취임식장을 차례로 찾아가 취임을 축하한다. 달력상으로 경사 날이 정해진 듯, 취임식은 곳곳에서 동시에 열려 모두가 카다를 들고 이리저리 뛰어다녔다. 옛날에는 걸어서 회장에 갔던 것 같지만 지금은 차로 이동한다. 취임식장뿐 아니라 시내 전체가 오가는 차량으로 북새통을 이룬다. 중요한 경사로 많은 정부 직원이 개최에 동원되기도 하고, 카다 증정에 나가기도 하므로 정부는 완전히 기능을 정지시킨다.

다행히 이날 취임식은 입관국장뿐이었다. 입관국에는 JICA 관계자의 방문 시 사증 발급이나 장기 체류자의 취업허가증 발급, 나아가 국내 이동 시 통행허가증 발급 등 신세를 지는 일도 많아 소장인 나뿐만 아니라 사무소 현지 스태프 세 명과 카다를 가지고 갔다. 사무실로 돌아와 사무실 내 업무를 마치고, 13시 30분이 지나서야 개소식장으로 출발했다. 팹랩이 어떤 곳인지 구체적으로 보여 주기 위해 사무소가 현지 자원봉사 사업 담당 인력을 2명 대동하고, 여기에 배치된 직업훈련 학교가 여름휴가 중이어서 때마침 수도로 올라온 청년해외협력대원 2명도 부탁해 함께 오기로 했다.

14시, 바베사의 개소식 장소에 도착했다. 주최자의 사전 안내는 "국도변 BOB(부탄은행) 남쪽 팀푸 지점 뒤"로 되어 있었지만 실제로는 꽤 뒤편이었다. 토브게이 총리가 온다는 소식에 이미 주변은 초비상 상태였으며 도로에는 경찰관도 대기하며 교통정리에 나섰다. 덕분에 나는 금방 원하는 건물을 찾을 수 있었다.

장소는 지금까지 화제가 되었던 팀푸 테크파크도 아니고, 모티탄 고등학교도 아니고 더 나아가 오라카 지구의 헬리패드 근처의 농업부 직원 OB 소유의 빌딩도 아니었다. 언뜻 보면 아파트처럼 생긴 4층 건물로 건물 바로 앞에 펜스로 둘러싸인 주차 공간이 있고, 1층에는 부탄 대리석 업체가 입주해 있었다. 행사장은 이 주차 공간이었다. 팹랩 부탄은 건물 오른편을 돌아 비탈길을 걸어 내려가자 건물 옆에 입구가 있었다.

이날 MIT 거센필드 교수를 처음 만났다. 인사하고, 그 외 구면의 사람들과 옛정을 새로이 하며 잠시 시간을 보냈다. 라브텐도 처음 만났다. 《쿠엔셀》에 실린 기사에서 폐기 플라스틱을 열연 처리해 이동 화장실 소재로 재사용한다는 프로젝트를 추진하겠다던 친구였다. 그는 "좋은 아이디어를 주서서 감사하다"고 나에게 감사의 말을 건넸다. 이것이 원래 나의 아이디어였다는 것을 그 자신도 자각한 것이다. 30분 후 토브게이 총리가 도착했고, 곧바로 행사가 시작되었다.

가장 먼저 기조연설을 한 것은 총리였다. 총리는 "원래 이 나라의 농촌에는 필요한 것은 스스로 만드는 자급자족 습관이 있었다. 그러나 근대화가 진행되면서 내 손으로 만드는 것이 아니라 밖에서 사 오게 되었다. 원래 있던 메이킹 문화는 서서히 사라져 버렸다. 지금 부탄에서는 초등·중등학교의 아이들이 발명 콘테스트에 참가해 자기 주변의 문제를 해결하는 장치의 시작품을 만드는 활동을 하고 있다. 이러한 움직임은 고무적이다. 팹랩은 이러한 움직임을 한층 더 촉진시켜 줄 것이라고 확신한다. 메이킹 문화를 부흥시키기 위해 각 현에 하나, 팹랩이 생기면 좋겠다. 정부 주도가 아닌, 민간 주도로 팹랩 부탄을 할 수 있던 것에 감사하고 싶다. 다음 1년 동안 더 많은 팹랩이 국내에 생기면 좋겠다"고 말했다.

이어 등단한 거센필드 교수는 "팹랩이 있으면 현지 수요나 맥락에 맞는 것을 현지에서 만들 수 있게 된다. 요구가 적절히 충족되는 것으로 수익자의 만족감이 높아진다. 이는 국민총행복(Gross National Happiness)

이 아닌 지역총행복(Gross Local Happiness)을 지향하는 것"이라고 말했다. 또 거센필드 교수는 '팹 국가'를 인용하는 형태로 여러 랩 사이에 상호 보완관계가 이루어졌으면 좋겠다고도 말했다. 모두 팹랩 부탄과 같은 공작기계를 갖출 필요는 없으며, 지역의 특성에 따라 기자재의 라인업도 특색을 내는 것이 좋다는 것이다. 거센필드 교수가 말한 내용은 당일 취재를 나온 부탄 국영방송(BBS)이 보도해 다음 날 밤 뉴스로 보도했다.[19]

어제(7월 20일) 첼린 토브게이 총리는 팀푸에서 부탄 최초의 시민 메이킹 공방인 팹랩 개소를 축하했다. 팹랩은 디지털 공작기계를 갖춘 플랫폼으로 아이디어를 형상화하는 것을 지원한다. 전 세계에 1,000개 이상의 랩 네트워크를 갖고 상호 연구 및 혁신적인 제품 개발에 협력하고 있다. 쾁랩은 디지털 공작을 위한 도구에 대한 접근을 보증하고 발명들 가능하게 하는 기술의 라이브러리로서 종종 칭송받는다. 이 랩은 사람들이 스스로 대처하는 프로젝트의 성과를 공유할 수 있도록 하고, 거의 모든 것을 만들어 진화해 나가는 물건의 창고와 같은 것이다.

"여러분이 지금 사지 않으면 손에 넣을 수 없는 것도, 팹랩에서는 스스로 만들어 낼 수 있다. 이를 통해 스스로 발명하고, 창업하고, 기술을 배우고, 앞선 세계와 연결되면서 부탄의 전통적인 실천 활동이 세계와 이어질 것이다."

---

[19] "PM inaugurates Bhutan's first-ever fabrication laboratory." BBS, 2017년 7월 21일. http://www.bbs.bt/news/ ?p=76654.

MIT 비트 아톰 센터 소장 닐 거센필드 교수는 이렇게 말했다. 팹랩 네트워크의 창설자이기도 한 거센필드 교수에 따르면 팹랩 부탄은 새로운 것을 만드는 아이디어를 낼 수 있는 사람들을 끌어들이는, 자석과 같은 역할을 할 것이다. 글로벌 네트워크를 통해 팹랩 부탄은 교육 기회를 제공하고 창업 활동 활성화에도 기여할 것으로 기대한다.

팹랩에서 개발된 디자인과 제작 프로세스는 발명자가 원한다면 보호나 매매의 대상이 될 수 있지만, 대개 이용자가 이를 이용해 기존 작품에서 배울 수 있도록 네트워크 내에서 공유될 것이라는 설명이다. 닐 교수는 설명을 이어 나갔다.

"팹랩에서 펼쳐지는 큰 가능성 중 하나는 많은 도시가 팹 시티라는 프로젝트에 참여하고 있다는 것이다. 이 팹 시티의 아이디어는 세계적인 데이터 공유 네트워크로 연결될 수 있다. 데이터의 왕래는 간단하지만 물건은 도시에 머문다. 이 도시들은 자신들이 소비할 것은 스스로 만들 수 있게 된다. 부탄도 이 협업에 참가한다. 처음엔 마을이나 도시 차원에서 참여하겠지만, 언젠가는 국가 전체가 이 협업에 참여했으면 한다."

팹랩 부탄에서 현재 검토되는 프로젝트로는 농민용 저비용 기상 스테이션, 태양발전 급수 펌프, 3D 프린터로 제작하는 의자, 재활용 플라스틱이나 바나나 나무 섬유를 사용한 의자, 농산품 가공·포장 랩(최신 기술을 이용한 과일·채소 가공 기기) 등이 있다.

팹랩 부탄은 MIT 전문가 그룹의 기술 지원과 솔리드웍스의 기재 공여를 받아 만들어진 것이다.

이어서 마이크를 건네받은 나는[20] 우선 오늘 이 자리에는 계시지 않지만 부탄으로의 팹랩 개설을 위해 지원해 주신 분들—게이오 대학 SFC의 다나카 히로야 선생, 와타나베 선생, 도쿠시마 연구원, 인도의 빅얀 아쉬람의 쿨카니—을 향한 감사의 말을 전했다. 그리고 JICA가 팀부, 파로, 하의 3개 현에서 실시하는 촌락 창업가 능력 강화 프로젝트 'D-HOPE' 등을 인용하면서 팹랩에 관심이 있을 것 같은 JICA 관계자나 협력의 수익자, 기업가를 여기로 안내해 연결함으로써 사용자의 기반을 확대해 가는 것이 목표라고 말했다. '이런 것을 할 수 없을까?'라는 희미한 아이디어를 품고 있던 외부의 사용자가 여기에서 그 아이디어를 구체화하기 위한 결과물이었다. 앞으로의 군제는 스태프와 함께 생각해 가야 할 것이다.

나는 열독하고 있던 리처드 플로리다의 책『창조 계급(Creative Class)』을 인용해 팹랩은 원래 창의적이었던 30%의 시민을 한층 더 창의적으로 만들 뿐만 아니라 그들에게 숨겨져 있던 나머지 70%의 잠재력을 끌어내, 누구라도 메이킹을 할 수 있도록 심리적 장벽을 무너뜨리는 역할을 할 것이라고 말했다. 메이킹 시설이 내 주변에 생긴 이상 대중한 사람 한 사람에게 머물 것인가, 창의적인 시민으로서 날갯짓을 하는가는 당신들 한 사람 한 사람에 달려 있다고도 강조했다. 폐하의 어록을

---

20 연설 전문은 JICA 부탄 사무소 HP(영어)에서 열람 가능. https://www.jica.go.jp/bhutan/english/office/topics/speech170720.html

인용하며 끝맺었다.

"그것을 할 수 있느냐의 문제도 (무엇을 하는 데) 충분한 자원을 갖고 있느냐의 문제도 그것을 할 권한이 있느냐의 문제도 아니다. 정말 해야 할 것은 단 하나, 하느냐 마느냐이다."[21]

그림 17 | 닐 거센필드 교수와 토브게이 총리를 중심으로 개소식 참석자가 집합(출처: 야마다 코우지)

회장에서 여러 뒷이야기를 들었다. MIT와 솔리드웍스사의 기자재 조달은 꽤 이른 단계부터 진행되었으며, 정작 용지 확보로 옥신각신하다 결국 바베사의 이 자리에서 출발했다는 것, 하지만 이곳도 팀푸 시 중심부에서는 거리가 멀고 접근성도 좋지 않아 시내 모티탕(Motithang) 지구로 이사할 계획이라는 것이다. 이렇게 임시 거처는 확보했지만 공작기계의 셋업 측면에서는 개소식 당일까지 상당한 고전을 면치 못했던

---

21 2016년 7월 7일 왕립부탄대학교(RUB) 11회 졸업자 집회 국왕 연설

것 같다. 고전압의 공작기계도 있고, 화상회의 시스템을 사용하려면 데이터 용량이 상당히 큰 인터넷 회선을 필요로 한다. 테스트 단계에서 기계가 고장 나 예비 부품을 국내에서 구할 수 없어, 이웃나라와 미국으로 급히 날아간 MIT 스태프도 있는 것 같다. 또 100% 민간 경영으로 시작한 만큼 부품 재고를 추가로 수입하는 데 있어 통관 절차도 충돌했다고 들었다. 과연 공작기계 본체는 체왕이 토브게이 총리의 사무실과 협의해 무관세로 통관해 주었다. 우리가 총리와 연결된 것이 무관세로 통과하는 데 도움을 주었다고, 체왕이 말해 주었다. 오픈 후인 앞으로가 더 문제다. 민간의 직업훈련 시설로서 노동인재부에서 등기 인가를 받은 팹랩 부탄은 어느 정도의 수입을 확보하려면 노동인재부나 그 외 정부기관, 민간기업 등으로부터 훈련 연수 실시를 수주해 가지 않으면 안 된다. 하지만 너무 많이 위탁받으면 일반 사용자들이 이용할 수 있는 시간에 제한이 생긴다.

그림 18 | 토브게이 총리에게 주조의 틀 만들기를 설명하는 닐 거센필드 교수(출처: 야마다 코우지)

공작기계의 조작 방법을 마스터하는 것은 부탄의 젊은이라면 상당히 빠를 것이다. 그러나 거기서 혁신적인 아이디어가 나올까? '이런 것을 만들 수는 없을까'라는 아이디어가 생길까? 그곳에서 많은 도전이 생겨나지 않을까 생각한다.

총리가 말하는 "1현 1팹랩"은 다소 긴 여정처럼 느껴졌다. 팹랩 부탄 개소까지의 행보를 돌이켜 보면 완전히 민간 주도로 하기에는 부탄인은 끈기도 용기도 없어 상당한 어려움이 있을 것으로 예상된다. 오히려 전국에 있는 공립 단과대학이나 직업훈련 학교에 팹랩을 병설해 학생들의 실습에 쓸 때는 쓰게 하고, 유지 관리 예산도 어느 정도 정부 예산으로 커버하며 부품 조달 등도 무관세로 신속하게 할 수 있게 하는 것이 좋다.

여하튼 팹랩 부탄은 이리하여 개소식 날을 맞이했다. 그러나 이 나라는 '런칭 문화'를 시작할 때는 모두가 주목해 훌륭한 활동이라고 칭찬하고 정치인과 언론 모두 대대적으로 다루지만, 1개월 후, 3개월 후, 반년 후, 1년 후, 5년 후, 10년 후까지 이어질 수 있을지에 큰 과제를 안고 있다. 팹랩 부탄이 그러한 전철을 밟게 해서는 안 된다.

"부탄인은 시작하는 것은 자신 있지만 계속하는 것은 서투르다"며 '런칭 문화'에 비판적인 지적을 해 온 나로서는 펩랩 부탄을 철저하게 사용하여 망하지 않도록 해야 한다. 나도 분발해야겠다며 결의를 새롭게 했다.

팹랩 부탄의 영업사원으로 나서다

갑자기 팹랩 부탄의 영업사원이 되어 버린 7월 21일 개소식 다음 날, 나는 JICA의 소장으로 팀푸 시청에 나가 킨레이 도르지 시장과 함께 폐기물 처리에 관한 새로운 풀뿌리 기술혁력 프로젝트 각서에 서명했다. 시장 공실을 방문하는 것은 작년 11월에 팹랩의 설명을 들은 이후의 일이다. 나는 전날의 팹랩 개소식 이야기를 꺼내며 "시장님도 한 번 와 주세요" 하고 부탁했다. 내친김에 팹랩이 수도 쓰레기 문제에 관해 할 수 있는 것으로 세 가지를 꼽았다. 첫 번째는 폐기 플라스틱을 가공해 3D 프린터용 필라멘트로서 활용한다는 것으로, 이것은 이미 팹랩 부탄에 시작품 기기가 존재한다. 다만 이를 움직이기 위해서는 쓰레기 분리수거와 세정 공정 등의 시스템 도입이 필요하다. 둘째는 폐기 플라스틱을 열연해 이동 화장실 제작 소재로 삼겠다는 것으로, 이것도 팹랩 부탄의 라브텐으로부터 착수할 예정이라고 들었다. 세 번째는 시의 쓰레기 수집 차에 소형 GPS를 탑재하고, 각 회수 포인트에 가까워져 오면 인근 주민에게 알림이 울리는 스마트 앱의 개발이다. "이것으로 편의성이 높아지겠지요"라고 내가 시장에게 말을 돌리자 킨레이 시장은 수집 차에는 수집 작업 스태프의 근무 상황 감시용으로 GPS가 탑재되어 있다며, 다만 주민의 편의성 향상을 위해서 GPS를 활용한다는 생각은 해 본 적이 없다고 말했다.

나는 지난 7월 24일 아침 텔마링카 호텔에서 열린 SAARC(남아시아지역협력연합) 청년기업인포럼에 초청되었다. 주빈이 왕실 관계자라기에 참석하기로 했는데 행사장에 가 보니 꽤 곤란했다. 나는 먼저 와 있던 경제부 이시 원디 사무차관에게 인사하며 잠시 담소를 나눴다. 그때도 팹랩 부탄의 이야기를 차관에게 귀띔했다. 주최자가 어떤 초청 방법을 썼는지는 모르지만, 오늘의 주빈은 노르부 왕축(Norbu Wangchuk) 당시 교육부장관으로, 서열상으로 나는 경제부 사무차관, BCCI 회장에 이은 서열 제4위로 단상에 내빈으로 앉게 되었다. 나는 아무 생각 없이 차례대로 연대에 서는 연사의 이야기를 듣고 있었다. 그러던 중 이날의 가장 큰 수확인 주빈이었던 교육부장관님께서 기조연설 중 2일 전에 보러 간 팹랩에서 매우 감명받았으며 전폭적으로 지원하고 싶다는 말을 했다.

7월 27일에는 축제일로, JICA귀국연수원동창회(JAAB)가 주최한 식목 프로그램에 참가했다. 쨍쨍 내리쬐는 가운데 준비된 묘목의 식수는 11시가 넘어서야 끝이 났다. 나는 7월 초순에 막 도착한 협력대원으로 이번에 참가해 준 4명을 자가용에 태우고 팹랩 부탄까지 데리고 갔다. 그중 한 명인 부탄 최초의 애니메이션 기술자인 나카시마 히사미[仲島久美] 대원이 팹랩을 한 번 보고 싶다고 요청했기에, 이왕이면 모두 데리고 가기로 한 것이다.

가 보니 팹랩 스태프들은 모두 나를 기억하고 있었고, 개소식 당일에는 없었던 카르마 라키 여사도 오늘은 대기하고 처음 인사를 나누었다. 데이비드 쿨로부터 계승한 팹랩 부탄의 경영 대표로, 재무 관리나 정부와의 교섭의 전면에 서는 역할이 기대되었다. 그러고 보니 카르마 요우덴 전 CEO나 시청의 유우오 파르덴 등 초기의 이사회 멤버는 이 시점에서 팹랩에는 일절 모습을 보이지 않았다.

팹랩 설립을 위해 미국에서 지원해 온 거센필드 교수와 MIT 스태프 일행이 귀국길에 올라 부탄인만 남은 팹랩에서는 모든 스태프가 각각의 프로젝트를 갖고 시작품 제작에 임하고 있었다. 이 와중에 금발 삭발을 한 마른 체형의 외국인이 딱 한 명 있었다. 제이슨이라는 영국 출신의 젊은이로 체왕의 덴마크 팹랩 커넥션에서 이끌어 온 인턴이었다.

영업사원으로서 나는 내가 데리고 온 4명의 협력대원 전용으로 팹랩 내 투어를 마음대로 주재해 하나하나의 공작기계를 해설하고 있었다. 그곳에 온 사람이 바로 부탄 최고의 지성, 왕립부탄연구소(CBS)의 다쇼 카르마 우라(Dasho Karma Ura) 소장이다. 구면인 사이로, 1월에 'Q짱'인 타카하시 나오코가 부탄에 와서 다쇼와 대담했을 때 순차 통역을 내가 맡았다.

그에게 인사했더니 그는 "당신이 이곳의 설립에 상당히 관련되어 있다고 들었다"고 기쁨에 찬 어투로 말했다. 더구나 다쇼의 팹랩 방문은 사실 이 시점에서 벌써 네 번째다. 그만큼 다쇼도 이 랩의 의미를 이해하는 것이다. 이날도 스태프들로부터 소형 CNC나 3D 스캐너 조작법을 설명받았다.

그림 19 | 다쇼 카르마 우라, 3D 스캐너를 조작 중(출처: 야마다 코우지)

다쇼의 모습을 보며 나도 예정이 없는 주말에 자택에 틀어박혀 있기보다는 팹랩에 와서 여러 사람과 교류해야겠다고 재차 생각했다. 대원들도 공작기계를 보며 아이디어가 떠오르는 듯했다. 특히 이곳에 오고 싶다던 나카시마 대원은 자석식 전자공작 키트 리틀 비츠(Little Bits) 모듈을 이어 붙여, 곧바로 움직이는 전자회로를 만들어 보여 주었다.

8월 12일 토요일, 이치바 코지[市場孝治]와 만나 팹랩으로 안내했다. 교육부 학교시설국에 7월 배속된 JICA 시니어 자원봉사자로, 막 활동을 시작했다. 나는 8월 초순, 이번 체류 기간 중 처음으로 출장차 동부 몽갈까지 갔는데, 그 출장 중에 시장으로부터 전화가 왔다. 학교 교실의 가구를 몇 점인가 사려는데 좋은 목공소가 있으면 가르쳐 달라는 것이었다. 나는 팹랩에서 가능할 것 같다고 하며 안내해 드리기로 약속했다. 학교 기자재는 팹랩에서 대형 우드 라우터 'ShopBot'을 사용하여 만들 수 있다고 말하자, 시장은 팹랩을 견학하고 스태프에게 상담을 받았다. 문제의식이 분명한 사람은 재방문자가 되기 쉽다고 느꼈다.

이렇게 말하는 나도 제작할 아이템을 생각해 냈다. 7월 말, JICA 기술협력 '국가지리공간정보정비프로젝트'의 오타 아키라 리더로부터 남부 풍조린 주변 지형도의 3D 데이터를 받았다. 오타 팀장은 일본에서 디오라마(Diorama) 모형을 3D 프린팅한 데이터를 이번 현지 활동에 가져왔다. 나도 내 방의 3D 프린터로 인쇄할 수 없을까 생각하며 CAD 소프트웨어에 넣는 작업을 해 보았다. 하지만 내가 2월에 조작 연수에서 배운 범위에서의 Fusion 360의 지식만으로는 입수한 데이터를 커스터마이즈할 수 없었다. 나는 그렇게 좌절하고 달았다.

시장과 함께 팹랩을 찾은 이날은 비슈누도 와 있었다. ShopBot 과 레이저 가공기에 관한 조언자적 입장에서 팹랩을 출입하던 그를 붙잡고, 3D 지형도 데이터를 실제로 보여 주면서 디오라마 모형을 제작하려면 어떻게 접근해야 하는지에 대한 조언을 구했다. 나는 3D 프린터로 프린팅하는 것을 예상하고 있었지만, 비슈누에 의하면 3D 프린팅은 프린터의 크기에 따라 제약을 받기 때문에, 등고선으로 둥글게 자르고 합판을 ShopBot으로 잘라 가면 전시용 모형은 만들 수 있지 않겠느냐고 했다. 나는 과연 그러한 어프로치 방법도 있구나 하고 감탄했다.

다음 주말에도 나는 팹랩을 방문했다. 8월 19일 오후에 팹랩에 도착했다. 비슈누와 함께 내가 가져온 3D 디지털 지형도 데이터의 가공에 매달렸다. 바닥을 1㎝ 정도 밀어내는 처리를 시도했지만, 이것만으로도 2시간 이상이 소요되었다. 비슈누도 Fusion 360의 조작은 처음인 듯했다. 하물며 나의 랩톱의 Fusion 360은 일본어로 되어 있기에 영어로 조작을 커뮤니케이션하는 모습에 나는 조금 당황했다.

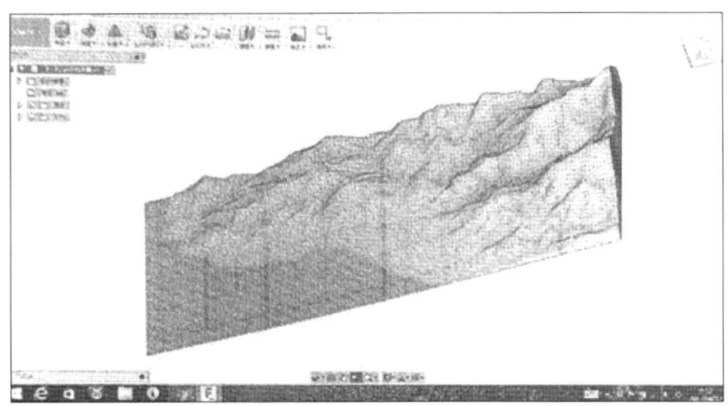

그림 20 | 부탄 남부, 풍조린 주변의 3D 지형 데이터(출처: 야마다 코우지)

세계의 메이킹 마니아들은 공통 언어란 제작이므로 영어를 못하는 것은 그다지 중요하지 않다고 말한다. 그런데 나는 반은 옳지만, 반은 옳지 않다고 생각한다. 실제로 무엇을 어떻게 만들고 싶은지, 어떤 설계 견해로 임하고 소프트웨어의 조작은 무엇을 어떻게 하면 좋은지를 영어로 커뮤니케이션을 하는 데 조금 고생했다. 이날은 16시 즈음에 바베사 일대가 정전되어 어쩔 수 없이 작업을 중단했다. 앞으로 일주일간 집에서 해 보고, 다음 주 토요일에 3D 프린터로 적층 인쇄를 할 수 있는 곳까지 가 볼까 하고 생각했다.

그림 21 | 인쇄 완료까지 무려 9시간 13UMs 출처: 야마다 코우지)

일주일 후인 8월 26일, 팹랩을 견학하고 싶다는 카와라다 에리[川原田絵里] 대원(수공예)에, 시니어 자원봉사자인 오키 테츠로[沖哲郎] 부부, 사무실에서 자원봉사 사업을 담당하는 쿠도 히로후미[工藤浩文] 직원, 거기에 네기 카즈유키[根木和幸] 대원(방재)까지 데리고 팹랩으로 향했다. 공작기계를 설명하는 데만 1시간이 걸렸다. 이후 카와라다 대원은 손뜨개용 바늘 복제를 만들어 보고 싶다고 요청해 왔다. 하지만 팹랩 직원과 대화하며 금속 바늘은 만들기 어렵다는 결론에 도달하고야 말았다.

팹랩의 스태프는 모두 나를 잘 알고 있었다. 심지어 내가 과거에 부딪힌 아이디어에도 몰두해 주고 있었다. 지지난주와 지난주에 내가 말한 개막이 초음파 발신기는 프로젝트로 난다 그룬이 수행해 주고 있었다. 풍조린 CST 졸업생으로 전기통신 분야가 강한 스태프다.

또 내가 이전에 레이저 가공기의 이야기를 가지고 갔던 시내의 준시 제지 공장의 공장장이 그 후 팹랩을 방문해 신제품의 상담을 받았다고 하며, 베니어판을 레이저 가공기로 가공해 표지등 표지를 만들고, 안의 페이지는 일본종이라는 일기장을 시험 제작 중이라고 들었다. 내가 그 근처에서 선전해 온 것으로, 팹랩으로 사람이 모이고 있다는 것이 실감이 났다.

지지난 주부터 진행하던 푼출링 주변의 3D 지형도 데이터에 근거한 디오라마 모형을 드디어 제작했다. 이 과정에서 비슈누의 협력도 얻고, 3D 프린터로 적층 프린팅을 명령어로 만들 수 있게 되었다. 하지만 프린터 제어판에 표시된 소요 시간이 무려 9시간이었다! CNC로 절삭 가공하는 것이 훨씬 빠를 것 같았지만, 비슈누가 3D 프린팅 명령어를 지시하고 그대로 하룻밤 상황을 지켜보자고 제안해서 그에게 맡기기로 했다.

다음 주 초인 28일, 나는 저녁때 팹랩을 방문하여 디오라마 모형이 완성된 상태를 보고 왔다. 무사히 3D 프린팅은 끝났고 거친 완성된 모형을 받았다. 몇 mm라도 토대 부분을 만들지 않으면 인도 측 평야부가 거친 상태로 완성된다. 또 세로, 가로, 높이를 1대 1대 1로 만들어 보니 그다지 평야의 등고선이 뚜렷하게 나타나지 않아, 높이 배율을 즈금 높여야 전체적인 모양이 좋아질 것 같다는 생각이 들었다. 이러한 시행착오를 반복한 끝에 알아낸 사실이다.

JICA 자원봉사자를 팹랩으로 안내한 26일에는 3D 애니메이션 제작사인 아탄사의 카르마 사장도 부인과 함께 왔다. 3장에서도 나온 이 카르마 사장은 예전부터 팹랩에 관심이 많았고 개설을 갈망했었다. 그런 그녀에게 팹랩이 개소했다는 사실은 내가 알렸다. 그녀는 대형 스크린 프린터를 먼저 쓰고 싶다고 했다. 이날은 마담 카르마도 일하고 있었기 때문에 선 자세로 개소식 후 1개월 된 팹랩 부탄의 현황을 들을 수 있었다.

첫째, 지금의 임시 거처에서 2018년에 팀푸 시내의 모티탕 고등학교 구내로 이전할 예정으로, 현재 그 건물 설계에 착수하고 있다. 마담 카르마는 그 설계에 관해 조언을 구했다. 이와 관련해서 적임자는 공공사업부 배속 오오사와 타로[大澤太郎] 대원(건축)과 하수 처리 시설 부분에 대해서는 JICA의 중소기업 해외 전가 지원사업으로 부탄에 출입하는 모관 정화 시스템 주식회사라고 생각한 나는 후일 양자에게 지금의 설계도를 공유하고 조언을 구했다. 오오사와 대원으로부터는 답변이 있었다. 나는 곧바로 마담 카르마에게 전했다.

둘째로, 금년 9월에 완듀포당(Wangdue Phodrang) 현 바조의 학교 학생을 불러 3시간 정도 전자 공작의 워크숍을 하고 싶다고 했다. JICA 자원봉사로 가능한지 여부도 물었다. 나는 그 자리에 있던 네기 대원과 이야기를 했고, 나카시마 대원이 적임이라는 결론을 내렸다. 한 차례 와서 전자블록 리틀 비츠를 조립한 경험이 있고, 무엇보다 영어를 할 줄 안다. 마담 카르마는 팹랩의 강사가 될 만한 JICA 관계자가 따로 없느냐고 물었다. 그러나 현재 부탄에서 활동 중인 JICA 자원봉사자는 각각 자신의 업무가 있기 때문에, 강사를 맡는 것은 어려울 것이라고 나는 대답했다.

제이슨처럼 팹랩의 부탄인 스태프와 나이도 비슷하고 기능을 갖춘 외국인 강사가 더 필요했을 것이다. 그러나 그렇다면 제이슨과 마찬가지로 그 목적을 위해 모집하고, 초빙 비자 발급도 스스로 해낼 필요가 있다.

팹랩의 젊은 삼총사,
당당히 기증자회의 데뷔

이야기는 2주 정도 거슬러 올라간다. 8월 17일의 일이다.

아침, 일본 경제성의 소규모영세산업국(DCSI)에서 열린 JICA의 마을 기업인 육성 'D-HOPE' 국가별 연수에 참석하기 전에 오리엔테이션에 나섰다. DCSI 직원과 부탄의 기업인, 시민사회조직(CSO) 스태프, 현청 직원 등 총 15명이 하는 연수 투어로, 행선지는 키타큐슈 시와 오카야마 현 소샤 시이다. 여기서도 나는 팹랩 부탄에 대해 홍보를 하였다. 기업인이 몇 명 있으니, 마음만 먹으면 이들이 팹랩 사용자가 될 수 있을 것 같았다.

이후 나는 JICA 사무소에서 라브텐, 비슈누, 리케슈(Richesh)와 만나 유엔 사무소로 향했다. 8월부터 JICA 사무소에서 근무하는 청년 와카바야시 코우타[若林康太]도 동행했다. 7월 제럴드 상주 대표와 약속한 정례현지기증자연락회의에서 팹랩 부탄을 소개하기 위해서였다. 나는 체왕에게 발표를 요청했는데, 그는 이 삼총사를 지명했다. 라브텐은

직함이 팹랩 부탄의 사무국장, 비슈누와 리케슈는 이미 창업한 상태로 어드바이저리 스태프로서 팹랩을 드나들고 있다. 체왕을 대리하기에는 충분해 보였다. 다만 연사인 이들을 주위어 철책이 높게 쳐진, 보안이 비정상적으로 엄격한 유엔 영내에 들여보내는 게 문제였다.

11시, 정례현지기증자연락회의가 시작되었다. 제럴드 대표 외에 유엔은 유엔개발계획(UNDP), 유니세프, 세계보건기구(WHO), 세계식량계획(WFP), 유엔약물범죄사무소(UNODC), 유엔인구기금(UNFPA) 등의 대표가 모였고, 이 밖에도 세계자연보호기금(WWF), 세계은행, 국제금융공사(IFC), 아시아개발은행(ADB), SAARC개발기금, 유엔인구기금(UNFPA) 등의 대표가 참석했다. 슈트나 재킷 차림의 외국인으로부터의 날카로운 시선을 신경 쓰면서 민족의상 고(Gho)를 입은 팹랩 부탄의 젊은 삼총사를 바라보았다. 분명히 회의장에서 최연소인 이들은 표정에 불안을 숨기지 못했다. 나는 소개자로서 발표하는 삼총사 옆에 착석했다.

"기증자회의에 오신 것을 환영합니다!"

트레이드마크인 연청 양복을 입은 제럴드 대표가 목소리를 한껏 살려 낸 무대 배우 어조로 개회를 선언했다. 그의 전임자 시절에는 아예 열리지도 않았던 정례현지기증자연락회의를 살려 낸 건 다름 아닌 그였다. 2017년 1월에 부임한 그는 반년에 걸쳐 겨우 이를 재개하기에 이르렀고, 그 기념할 만한 첫 회의가 바로 이날이었다. 앞으로는 3개월에 한 번씩 열릴 예정이었다. 부탄 원조 사무차관 전 기증자의 대표를 자임하는 그를 위해 현지 기증자들이 한자리에 모이는 이 자리는 특별한 의미가 있었다.

권위주의적인 제럴드 대표에 은근히 부담을 느끼며 선두 주자로 발표한 삼총사는 그래도 썩 좋은 프레젠테이션을 했다. 디지털 제작이 SDGs의 달성에 어떻게 공헌할 수 있는지에 대해서까지, 확실히 프레젠테이션에서 말하고 있었다. 나는 부탄의 젊은이들이 스스로 자신들이 하는 일을 확실히 설명했다는 데에 의의를 느꼈다. 그 후 UNDP의 남아시아지역사무소에서 일부러 출장 온 직원이 전 세계의 혁신 사례를 열거한 프레젠테이션을 했다. 그런 들러리까지 준비한 줄은 몰랐다. 그러나 세계의 우수 사례를 나열했을 뿐 그중 어느 것이 부탄의 문맥상 맞을 것 같은지는 알 수 없었다. '공중전'이 자신 있는 국제기관의 프레젠테이션이라고 나는 생각했다. 그런 만큼 프레젠테이션 후에 행해진 참석자의 질문은 팹랩의 젊은 측에 집중되었다. 삼총사는 능숙하게 처리했고, 나도 보충 설명을 조금 하는 정도로 끝났다.

일본의 메이킹 마니아에게도 전하고 싶다

이 장에서는 팹랩 부탄의 발족과 관련한 전후의 사건, 나의 행동 등을 중심으로 소개해 왔다. 출범 후 팹랩 쿠탄의 영업사원이라고 멋대로 자칭했던 나는 JICA 관계자를 차례로 팝랩에 데려가 정부 고위 관리나 국제기구 관계자와 만날 때마다 디지털 제작에 대해 열변을 토했다. "나는 혁신(innovation)에는 회의적이다"라는 반응을 받기도 했다. 그렇지만 그것은 각자가 가지는 '혁신'에 대한 정의의 차이로, 사적으로는 이러한 비즈니스 환경이 있다면 혁신은 반드시 길어난다고 믿는다고 반론도 했다.

여기까지 읽은 독자들은 팹랩 부탄 설립에 JICA가 어떤 역할을 수행했는지 잘 보이지 않는다고 말할지도 모른다. 실제로 내가 현지 사무소장을 맡은 바 있는 JICA는 팹랩 부탄의 기자재 조달에 대해서는 한 푼도 돈을 쓰지 않고 있으며, JICA의 부탄개발협력사업 목록에 포함될 만한 실적도 내지 못하고 있다. 팹랩이 하나 생길 때마다 현지의 JICA 관계자에게 이용을 호소한다고 나는 계속 말해 왔다. JICA 관계자의 현지 활동을 보다 원활하게 하고 충실화시키는 데 팹랩은 공헌할 수 있다. 팹랩 시설은 무엇인가 새로운 일을 시작하고 싶을 때, 그 시작품을 제작하고자 할 때 활용할 수 있다. 팹랩은 JICA에 대한 긍정적인 비즈니스 환경 중 하나라고 할 수 있다. 가능하다면 그 존재를, 메이킹에 종사하는 일본인이나 기업인들에게도 알리고 싶다는 생각도 있었다. 세계팹랩담당자회의(FAB)나 팹랩아시아네트워크회의(FAN)와 같은 시스템을 통해 부탄에서 시작되고 있는 팹랩의 열기는 머지않아 일본의 메이킹 마니아에게도 알려지게 될 것이다.

그것을 더 넓혀서 기업인들에게도 알렸으면 좋겠다. 인도라는 거대 시장이 옆에 있기 때문에, 많은 일본 기업의 관심은 인도 시장에 향하고 있다. 그 결과 그 끝에 있는 작은 산악국에 대한 관심은 적은 편이다. 일본 언론 입장에서도 일본인이 궁금해 하는 부탄의 테마는 '국민총행복(GNH)'이나 '국가 건설에 노력한 일본인'에 한정되어 있으며, 최근에는 '약물중독 환자의 증가'나 2017년 5월 말에 발발한 '드럼 국경 분쟁' 등과 같은 좋지 않은 소식이 부탄과 연계되어 있다.

업무상 일본이나 인도에서 오는 기자나 특파원으로부터 취재를 받는 일도 적지 않았지만, 부임 이후 지금까지의 취재에서는 부탄 사회나 경제의 어두운 측면에 대해 JICA의 소장으로서의 의견을 끌어내려는 질문이 너무나 많았다. 나는 그때마다 밝은 미래에 대한 조짐도 분명히 있다고 반박하며 팹랩 이야기를 했다. 하지만 유감스럽게도 이런 이야기가 기사화된 적은 없다.

그렇게 생각하던 차에 JICA 홍보실로부터 《일간공업신문》에서 매월 1회의 연재 공간을 가지고 있으니 기고하지 않겠느냐는 제의를 받았다. 각국 재외 사무소장이 돌아가면서 집필하는 것이지만 나는 9월 게재를 목표로 원고를 쓰도록 지시받았다. 이 시기의 나에게 있어서 가장 핫한 화제는 팹랩 부탄의 개소였으므로, 당연히 흔쾌히 승락하고 기쁘게 기사를 썼다. 이하 9월 8일자 일간공업신문에 게재된 나의 기사이다.

시골 마을에서 기업인 육성

히말라야산맥 동쪽 끝에 위치한 부탄은 인구 약 75만 명의 소왕국이다. 부탄과 일본의 교류는 1957년 3대 왕비의 방일에서 시작해 올해로 60주년을 맞았다. 일본의 국제협력은 나중에 4대 국왕으로부터 '다쇼' 칭호를 받은 고(故)니시오카 케이지[西岡京治] 전문가가 농업 지도를 위해 부탄에 입성한 1964년에 시작되었다. 험준한 지형 때문에 지금도 국내 이동은 어렵다. 수도에서 동부 마을까지는 직선거리로 200km이지만, 주행거리는 500km 이상에 이른다. 꼬박 이틀 걸리는 일정이다.

그런 산악국의 수도 팀푸에 7월 20일, 시민용 디지털메이킹 공방 '팹랩'이 오픈했다. 3D 프린터, 레이저 가공기 공작기계, 화상회의 시설을 갖춘 팹랩은 2001년 이후 세계 각지에서 설립되어 현재 1,000개소 이상 설치되어 있다. 온 세상의 메이킹 마니아가 연결되어 서로 조언할 수 있는 네트워크가 연결되고 있다.

이러한 움직임을 선도하는 미국의 매사추세츠 공과대학의 거센필드 교수는 "아이디어나 데이터는 인터넷을 통해서 간단하게 교환할 수 있다. 팹랩은 그것들을 기초로 필요한 것을 현지에서 만드는 것을 가능하게 한다"라고 설명한다. 개소식에 참석한 토브게이 총리도 자급자족과 자립을 돕고 젊은이들의 창의력을 개방하는 것이라며 비슷한 공방이 국내 각지에 생길 것이라는 기대를 나타냈다.

JICA는 2014년부터 "마을 커뮤니티에서의 기업가 육성을 위한 능력개발 프로젝트"를 실시하고 있다. 서부 3현의 농작물, 목재 등의 자원을 활용한 현지 생산품이나 서비스 육성을 통해 빈곤 감축과 고용 촉진을 지원해 왔다. 풍부한 수력을 살린 전력 수출에 의존하는 것에서 탈피해 경제 다양화를 목표로 하는 부탄에 있어서 기업의 95%를 차지하는 소규모 영세 기업은 향후의 성장이 요구되는 중요한 영역이다.

팹랩에서는 거푸집과 라벨 제작도 가능하다. 가공 농산품과 전통공예품의 부가가치 향상에도 기여할 수 있는 여지가 크다. 다만 외부와의 접점이 적은 부탄인만으로는 좋은 아이디어는 좀처럼 나오기 어렵다. 소량이나마 이 나라 요구에 맞는 제품을 개발하고 판로를 개척해 나가려면 팹랩 같은 제작 환경뿐 아니라 외부의 조언도 여전히 필요하다.

부탄의 2016년 휴대전화 가입률은 88%에 이르렀다. 스마트폰에 눈을 돌려 회원제 교류 사이트(SNS)를 이용하는 사람들을 많이 볼 수 있다. 예를 들면 어플리케이션 개발에 있어서의 아이디어 출시에의 협력도, 경량이면서 이 나라에 맞은 외국 기업의 사업 전개 방법이라고 말할 수 있을 것이다. JICA에서도 부탄의 과제를 해결하기 위한 일본 기업의 진출 방법을 모색해 나가고 싶다.

이리하여 체왕이 목표로 한 팹랩 부탄은 설립되었다. 나는 체왕이 기획한 팹랩이 망하지 않도록 사용자를 늘리기 위해 영업을 계속하는 한편, 두 번째 팹랩을 만드는 일에도 주력할 것이다. 하지만 이 무렵 JICA에서는 생각지도 못한 사태가 발생하고 있었다. 이번에는 제2의 팹랩에 먹구름이 드리워지고 있었다.

제5장

정해지지 않은 새 프로젝트

(2017년 10월~2018년 4월)

뭔가 이상해

왕립부탄대학교(RUB) 산하 풍조린 과학기술칼리지(CST)가 실시하는 공학교육 강화 프로젝트는 2017년 5월 말 RUB 본부에서 GNH 위원회에 기술협력 요청서를 송부받았다. 국가개발계획의 수립이자 대외원조 수용 창구인 GNH 위원회의 내부 검토 작업을 거쳐 6월에는 그 요청 프로젝트 리스트가 JICA 사무소와도 공유되었다. 이에 우리가 수행한 JICA에서의 의견에 따라 부탄 정부의 정식 요청 프로젝트 리스트가 확정되었다. 제2의 팹랩을 CST에 설치한다는 기술협력은 GNH 위원회의 요청 프로젝트 리스트의 최상위에 의치하여 일본 측에 제시되었다.

전년도는 무려 5건의 요청 프로젝트가 높은 평가를 받았고, 2017년 4월에는 일본 정부로부터 채택 통지를 받았다. JICA의 부탄 기술협력 규모나 부탄 정부의 수용 능력, JICA 사무소의 강점인 프로젝트 감리 능력을 감안할 때 금년도의 기술협력 프로젝트 채택은 많아도 한두 건일 것이며, CST의 공학교육 강화 프로젝트는 부탄 정부의 요청 목록

중 최고 평가, 이해 주요 프로젝트라고도 할 수 있다.

2016년에 뉴델리에서 개최한 일본-부탄 양국 간 정책 협의는, 이번에는 부탄 측이 호스트가 되어 8월 하순에 팀푸에서 개최되었다. CST의 체키 도르지 총장이 협의에 동석해, 팹랩이 CST의 공학교육 확충에 어떻게 공헌할 수 있는지를 논리적이고 정중하게 설명했다. 이런 요청은 일본대사관과 JICA 사무소로 구성된 현지 ODA 태스크포스가 실시한 현장 추천 순위도 1위를 차지해 무사히 일본 정부로 넘어갔다.

검토과정에서는 도쿄의 JICA 본부에서도 그 필요성이나 팹랩에서 무엇을 할 수 있는지, 기술협력의 초점은 무엇인지, 일본 국내에서 협력해 줄 만한 단체나 개인을 파악할 수 있는지 등 몇 가지 질문을 받고 그때마다 사무소에서 답변을 해 왔다.

이런 과정을 거쳐 수요 조사의 프로세스에 높은 순위로 올릴 수 있어 나는 안심하고 있었다. 《일간공업신문》 기고도 무사히 마쳤다. 이 기사도 도쿄 프로젝트 검토에 도움을 줄 것으로 기대했다.

10월에 들어서자 사무소의 다양한 프로젝트를 담당하는 직원에게 보고가 계속해서 들어왔다. 도쿄의 JICA 본부의 프로젝트 담당자로부터 프로젝트 준비를 위한 조사단의 파견 시기를 뒤로 미루고 싶다는 연락을 받았다고 했다. 2018년 1월 파견 예정이던 조사단을 5월로 미루고 싶다는 이야기도 있었다.

2018년 5월 이후 부탄은 상하원 모두를 새로 선출하기 때문에 상원의원 선거, 하원 예비선거, 하원 결선투표순으로 일련의 정치 이벤트가 기다리고 있었다. 지난 2013년의 선거에서는 정부 기관의 직원이 선거관리위원회에 동원되어 제대로 기능하지 않았다고 한다. 이를 이유로 일반 시민에게 동원을 요구하는 이벤트는 선거 활동으로 오해받기 쉬우므로 개최를 삼가도록 선거관리위원회에서 통지가 나온다고 들었다. 그런 사정을 일찌감치 밝혀 본부 직원에게는 선거 기간에 일본에서 조사단을 되도록 파견하지 말아 달라고 부탁했다. 더불어 이 문제로 미뤄지면 곤란하다고 도쿄에 요청했는데, 그렇다면 국정 선거가 끝나는 2018년 11월 이후로 미룰 수 없느냐는, 한술 더 떠 냉정한 답변까지 받게 된 것이다.

이번 가을, JICA의 일반 계정 예산에서 대폭적인 감축의 밝혀져, 금년도뿐만이 아니라 내년도에도 기술협력을 실시하거나 사무소를 운영하는 데 심각한 영향이 있을 것으로 예상되었다. 더불어 도쿄에서 문제가 확인된 이상 전년도에 많은 신규 기술협력 요청을 채택했던 부탄 협력은 사무소 주도로 2017년부터 2단계가 시작된 1건을 제외하고는 모두 2018년으로 개시 시기를 늦출 가능성이 높아졌다.

돈이 없으면 머리를 쓰자

　JICA의 예산 핍박 문제가 부탄 사업에도 서서히 짙은 그림자를 드리우는 가운데, 사무소에서 나는 "돈이 없으면 머리를 쓰자"라고 직원들에게 동기부여하여, 스스로 공공장소에 나가 JICA의 존재감을 드러내는 행위를 시도했다. 사실 얼마 전에 뿌린 씨앗들이지만, 결과적으로 우리는 제대로 '하고 있다'라는 느낌을 주는 데는 성공했다.

　11월 7일부터 3일간, 당 지역에서 개최된 제7회 GNH 국제회의의 첫날 오후 회의에서 일본에서 참여한 주식회사 펠리시모(Felissimo)의 가사이 다츠야[葛西龍也]와 함께, JICA의 사업과는 전혀 관계가 없지만 '부탄 행복 증권거래소 구상'을 주장했다.[22] 또한 11월 말 마감이었던 농업부의 부탄 농업연구저널 창간호 논문 모집에도 참여해, 팹랩의 농업

22　Kasai, T. and Yamada. K. 2017. "Proposal for the 'Happiness Exchange' in Bhutan." in Dasho Karma Ura and Sangay Chopel eds. GNH of Business: Proceedings of the Seventh International Conference on Gross National Happiness. Centre for Bhutan Studies: Thimphu, 101-125.

농촌개발에 관한 글을 정리하여 투고했다.[23] 이 글은 4월 빅얀 아쉬람 방문 때 견학한 것을 다시 정리해, 부탄에 팹랩이 있으면 농업농촌 개발이 최대 수익자가 될 수 있다는 주장을 한 것이다.

전국지《쿠엔셀》지에 기고할 원고도 '주민 참가를 목표로 한 지방 행정 지원 프로젝트'의 단기 전문가로서 9월에 부탄에서 활동한 세이게 마사노부[清家正信]가 투고해 주었다.[24] 직원인 쿠리슈나도 '전국 종합 개발계획 2030 계획 조사'의 일본 연수에서 시마네 현 카이시쵸를 방문했을 때의 보고서를 투고해 주었다.[25] 나도 장애인의 고용 촉진에 관한 논고를 11월 말에 투고했다.[26] 원고들을 영둔화하기까지는 꽤나 시간이 걸리겠지만 적어도 예산은 들지 않는다. 부탄 사람은 글을 쓰지 않기에 서투른 문장이라도 써 두면 귀중한 레퍼런스가 될 것이다.

다행인지 불행인지, 예산 압박을 면한 사무소 안전대책 경비를 활용하여, 12월 7일에는 공사 작업 현장의 안전 관리에 관한 공개 개발 세미나를 개최했다. 평소 알고 지내던 공공사업부 도로국과의 공동 개최로, 동 부처의 다른 부국, 보건부, 노동인력부, 부탄텔레콤, 건설개발공사(CDCL), 팀푸 시 등 인프라 정비에서 JICA와 관계가 있는 정부 관련

---

23 Yamada. K. 2019. "Fablab for Agriculture and Rural Development in Bhutan." in Yamada 2019. Speaking Up! - A Development Practitioner's Memoir of His 1,065 Days in Bhutan. Thimphu. 12-30.

24 Kiyoka. M. "Community sustainability at high risk: JICA survey." Kuensel, 2017년 10월 28일.

25 Subba. K. "Countering rural urban migration through regional revitalisation.", Kuensel. 2017년 9월 19일.

26 Yamada. K. 2017. "A Japanese GNH factory employing persons with intellectual disability." Kuensel, 2017년 11월 27일.

기관이나 국유기업, 공사 등의 대표까지 모두 모인 대규모 세미나가 되었다.

공사 현장에서의 안전 배려는 1987년 이래 30년 이상 이 나라의 인프라 정비에 공헌해 온 대일본토목주식회사(본점 기후시, 이하 DNC)가 실천해 오는 것으로, 우리는 그것을 소개받는 것만으로도 좋은 학습 기회가 될 수 있을 것이라고 생각했다. 회의장에서는 공사 작업원 모두의 안전을 확보하기 위해서는 비용이 든다는 지적도 있었지만, DNC 현장에서 도입하는 조례나 5S(정리, 정돈, 청소, 청결, 교육)의 노력은 필요하다고 생각한다. 안전대책 상품도 구입비는 들지 모르지만, 벌써 팹랩 부탄에서는 영국인 인턴의 제이슨이 아치형의 판지를 격자 모양으로 조합하여 강도를 확보한 안전 헬멧을 시험 제작해서 네트워크에 공개했다. 마음만 먹으면 안전대책 상품도 팹랩의 도움을 빌려 현지에서 제작할 수 있다. JICA의 미션이기도 한 '인간의 안전 보장'의 실현에는 기술도 중요한 역할을 담당한다. 무조건 원조에 의존하지 않아도 당신들에게는 팹랩이 있지 않은가? 교활한 말같이 들리겠지만, 나는 팹랩 부탄에 모두의 관심을 유도하려고 자주 시도했다.

제2의 팹랩은 미룬 쓰라림에

　그렇다 치더라도 2017년 4월에 채택이 끝난 프로젝트 실시를 연기한다고 하면, 여름에 요구 조사로 준 신규 요청은 도대체 어떻게 되어 버리는가? 가을이 깊어지면서 이해의 요망 조사에서 채택 프로젝트는 하나도 없는 것이 밝혀졌다. 이러한 상황에서 CST에서의 기술협력 프로젝트를 시작하는 것은 어려울 것 같았다. 나는 프로젝트의 시작을 지켜보지 못한 채 부탄에서 떠날 날을 맞이할 듯 보였다.

　JICA의 예산 핍박 문제와 관련하여 시시각각으로 변해 가는 도쿄의 상황을 종종 화상회의를 통해 본부의 관계자에서 설명받을 기회가 있었다. 상대국 정부의 신뢰를 떨어뜨리지 않도록 예산 절약과 안건 프로젝트를 잘 설명해 달라는 지시였다. 본부 주최 설명회가 끝날 때마다 기분이 가라앉았다. 2018년도 프로젝트를 1년 후인 2019년도에 시작할 수 있을지조차 확신할 수 없었다. 잘못하면 2020년 아니면 그 이후일 수도 있다는 시나리오도 뇌리를 스쳤다.

　그 이상으로 힘든 점은 8, 9월에 갓 부임한 직원의 사기에도 영향을 미칠 수 있다는 점이었다. 특히 와카바야시 코우타 직원은 임기의 대부분을 불끄기와 전임자 시대에 진행된 프로젝트의 조기 시작에 쫓겨, 자신의 색깔을 낼 수 있는 활동을 전개하지 못하고 임기를 그만둘 날을 맞이해 버릴 수도 있는 것이다. 세코 에이조 직원의 경우 2017년 후반에 일어날 것 같았던 신규 프로젝트의 실시를 예측하고, 그가 가진 GIS(지리정보시스템)의 전문 지식을 높게 평가해 채용했다. 계약 기간은 1년 갱신인 만큼 그의 전문 지식을 살릴 기회가 오기 전에 귀국길에 올라야 할지도 몰랐다.

팹랩의 이야기로 돌아가면 꾸준히 실적을 쌓아 오던 팹랩 부탄은 둘째치고, 2017년 말 체링 토브게이 총리가 RUB 산하 동부 3개의 칼리지(단과대)에 팹랩 창설을 지시했다는 소문이 돌고 있었다. 이 단과대학은 쉐럽츠(Sherubtse) 대학, 지그미 남겔 공과대학(JNEC), 게르포신 정보기술대학을 말한다. 내가 2018년 3월에 동부로 출장을 갔을 때 쉐럽츠와 JNEC 총장은 이구동성으로 3개 대학 공동으로 사업제안서를 작성해 정부에 제출했다고 알려 주었고, 유럽연합(EU)이 지원하는 '에라스무스 플러스' 프로그램을 지원해 줄 것을 기대하고 있었다. 게다가 왜 동부의 3개 대학뿐인가 하는 점에 대해서 "CST는 벌써 JICA에 협력을 요구하는 것이 정해져 있기 때문"이라고도 말해 주었다. CST의 프로젝트 개시가 늦어지면서 JICA와 내가 나쁜 평가·평판을 받을 위험이 높아진 상황이다. 나는 뭐라고 말할 수 없는 불안에 사로잡혔다.

그래도 영업 사원은 팹랩 영업을 계속한다

2018년 3월에 간 나의 첫 동부—타시강(Trashigang), 삼드룹 종카르(Samdrup Jongkhar), 페마가첼(Pemagatshel) 현—출장은 그런 불투명한 상황 속에서 진행되었다. 명목은 부탄국토지리원(NLC)과 공동으로 동부 2개 대학에서 개최한, 학생들을 위한 지티공간 정보활용 보급 세미나 참석이었다. JICA 측에서는 기술협력사업 '국가 지리공간정보 정비 프로젝트'를 2017년 8월까지 하청받던 주식회사 파스코의 제임스 화수 왓슨, JICA 자원봉사 활동 때 GIS를 활용하던 공공사업성 배속의 네기와유키[根木和幸] 대원, 우겐 왕축 환경보전연구소 배속의 사이토 준[斉藤潤) 대원 등도 동행했다.

일주일에 이르는 행사 기간 중 다음 단계로 나아가기 위한 협력이 이루어져야 하는데, 전혀 협력을 시작할 기미가 보이지 않았다. NLC의 간부가 JICA를 향해 쏘아 보는 듯한 시선을 보낸 걸 나도 세코 직원도 뼈저리게 느꼈다. 그런 가운데 전 절에서도 말한 대로 팹랩의 이야기가 동부의 칼리지에도 전해져 오는 것을 알았다.

삼드룹 종카르 현 데와탄에 있는 JNEC에는 간사이 대학이 수년 전부터 기계공학의 4년제 학부 도입의 제도 구축 지원을 실시해 오고 있어, 우리가 방문할 때 오가타 마사노리[緖方正則] 교수가 상주해 있었다. 문부과학성의 EDU-PORT JAPAN 응원 프로그램을 활용하여 2017년에 3D 프린터를 도입하고, 과학기술진흥기구(JST)의 사쿠라 사이언스 프로그램을 활용하여 교원과 학생 그룹을 일본에 파견한 실적도 있다.

이렇게 일본 정부의 다양한 구조를 현명하게 활용하는 것은 오가타 교수와 간사이 대학 간에 커넥션이 있기 때문일 것이다. 학생이나 교원이나 디지털 제품 만들기에 대한 열의가 높다고 느꼈다. JNEC의 과제는 인근, 특히 배후 산간지역에서 팹랩의 헤비 유저(Heavy User)를 예상하기 어렵다는 점일 것이다. 대학에서 주변 농촌부에의 아웃리치를 상당히 실시하지 않으면, 열린 디지털 공방이 되기 어려울 것이다.

한편 우리가 지도 세미나를 연 또 하나의 단과대학인 타시간 현의 쉐럽츠 대학은 학생들이 많이 보이는 칸룬마을과 그 위쪽에 위치해 농업부의 연구보급시설의 동부거점이 집적된 칸마취락 등 두 곳을 통해 어느 정도 규모의 팹랩의 사용자 수요를 기대할 수 있다. 하지만 거꾸로 학내 기존 학부와 팹랩의 시너지는 적은 게 아니냐는 우려도 나왔다. 만약 이 대학에 지역개발 코디네이터 역할을 할 자원봉사자를 배치해 주변 지역과의 교류 기회를 늘릴 수 있다면, 쉐럽츠 대학의 팹랩은 칸룬, 칸마뿐 아니라 현 내의 넓은 지역에 상당한 기여를 할 수 있을 것 같았다.

나는 동부 출장 중 틈틈이 JICA의 연수에서 일본의 지역 부흥의 현장을 보고 온 행정관의 근무지를 방문했다. 4명 정도 방문했는데 모두 일본으로 말하면 '현' 아래 '군'에 해당하는 '게오그'의 수석사무관 (GAO)으로, 선거에서 뽑히는 군수 '갑(gup)'과 부군수 '망미(mangmi)'를 지원하는 사무 쪽 책임자였다. 이들은 정부가 채용해 전국 각지에 배속되어 있다. 1개 게오그에서의 임기는 5년으로 알려져 있다.

그림 22 | 용풀라 공항의 언덕에서 쉐럽츠 대학 쪽을 내려다보다(출처: 야마다 코우지)

3월 8일에 내가 방문한 곳은 삼드룹 종카르 현 오론 게오그의 린첸 도르지(Rinchen Dorji) GAO이다. JICA의 청년 연수 '지방행정' 코스로, 작년 8월에는 후쿠이 현을 방문했다. 이 게오그는 동부 몽갈(Mongar) 현 웽가르에서 2010년대 중반까지 이루어지던 JICA의 원예 프로젝트의 보급 지원을 받았다. 그 당시 국도변의 지역 특산 판매소 '도로의 역'의 설치, 급수망, 감귤류 재배의 기술지도 등이 이루어졌다. JNEC가 있는 데와탄에서는 차로 약 1시간 거리다.

국도를 이용하는 통행인은 적어도 차량을 구입할 수 있을 만큼의 구매력이 있는 층이므로, 이들을 대상으로 한 판매가 이루어질 수 있는 연구가 필요하다. 생산자의 얼굴이 표시된 특산품을 소개하는 방법이나 보고 '오론 지역'이라고 인식하기 쉬운 판매소의 간판 등을 예로 들 수 있다. '브랜드 부탄'이 아닌 '브랜드 오론'을 생각해야 한다고 나는 린첸 씨에게 전했다. 총리의 구상대로 JNEC에 팹랩이 생기면, 현지 특산품의 라벨 개발이나 인쇄, 판매소의 간판 제작 등 지그미 남겔 공과대학(JNEC)과 연계하여 비즈니스를 추진하기에 좋은 지리적 조건일 것이다.

3월 9일에는 페마가첼 현 나농 게오그를 방문했다. 이곳 GAO인 카르마 원디는 청년연수 지방행정 코스에 참여해 지난해 11월 시마네 현 아마조[海士町]를 방문했다. GAO로서는 두 번째 부서로, 나농으로 이동해 온 지 올해로 벌써 6년째라고 한다.

나농은 부탄에서도 손꼽히는 최빈곤 지대로 카르마가 막 왔을 무렵에는 국도 접속 도로도 없고, 마을의 급수 상황도 불충분했으며, 화장실도 보급되지 않고 휴대전화도 안 되는 상태였다. 그러나 최근 6년간 상황이 크게 나아져 타시강~삼드룹 종카르 간 국도에서 게오그 센터로 내려가는 약 20km의 농로도 개통되고 급수망도 정비되어 있다. 마을 화장실도 100% 보급되었고, 지금은 수세식 화장실이 보급된 곳도 있다. 물론 휴대전화도 연결되었다. 그러나 해발고도는 600~2,000m로 높낮이 차이가 크다. 또 마을의 분산도가 현저한 지구도 있어, 카르마는 어느 지구의 전 세대를 호별 방문하는 데 5일이나 걸린 적도 있다고 했다.

이러한 고저 차를 이용해 농민에 의해서 몇 개의 생산자 그룹이 형성되고 있다. 낙농, 양계, 야채 재배, 유제품 가공 등의 생산자 조합이 있다. 타시강~삼드룹 종카르 간 국도변에 설치된 판매소 외에 약 10km 남쪽에 있는 나르훈 마을의 노점에서도 판마가 이뤄지고 있다고 했다. 이 나르훈 마을에는 이번 출장 중에 들를 기회가 있었다. 판매되는 특산품이 다른 곳에서는 찾아보기 힘든 독특한 물건이었다.

그림 23 | 국도변에 있는 나르훈 마을의 노점(출처: 야마다 코우지)

그중 눈길을 끈 것은 '자고리(Jaghori)'라고 불리는 흑설탕 덩어리로, 야구공 크기의 반구 모양 덩어리가 2개 묶여 팔리고 있었다. 이 자고리는 나농에서 채취한 사탕수수를 가공한다. 2개로 묶어서 팔리는 데는 종교상의 이유가 있는 듯했다. 이에 큰 반구 모양으로 되어 있는 이유를 카르마 씨에게 물으니, 현지의 목각 기술로는 그러한 형틀밖에 할 수 없기 때문이라고 한다. 특별한 이유는 없었다. 카르마는 패키징과 시장 확보가 문제라고 호소했다. 나는 이 목형은 생산자에게는 편리할지 모르지만 소비자에게는 1개가 너무 크므로 작게 나누어 판매하든가, 다양한 형상의 작은 덩어리를 여러 개 넣든가 하는 식으로 연구하면 좋겠다고 이야기했다. 더불어 팹랩의 비닐 커터나 프린터를 사용하면 다양한 형틀을 만들 수 있을 뿐만 아니라 작은 봉지화나 라벨을 제작할 수 있다고 나는 카르마 씨에게 제안했다. 당장은 팹랩의 기자재를 본 적이 없기에 이해하기에는 어려웠을 테지만, 만약 나중에 JICA의 소장이 그때 이렇게 말했다고 해 준다면 기쁠 것 같았다.

시마네 현 오키 군 아마조에서 이루어진 JICA의 청년 연수에서 카르마와 그 외의 부탄의 참가자는 지역학의 필드 실천 프로그램으로 '지역의 보물찾기'를 했다고 한다. 그의 말에서는 GAO로서의 활동에도 활용하려는 의도가 엿보였다. 그는 나농에 부임해 온 직후에는 환경에 익숙해지는 데 애를 먹었지만, 지금은 이러한 환경을 즐기며 최빈곤 지역에서 일어나는 작은 발전에 기쁨을 찾는 눈치다. 가난한 땅이지만 없는 게 없다는 말도 인상적이었다. 이야기가 많이 앞서지만, 나는 약 1년 후인 2019년 2월에도 삼드룹 종카르와 페마가첼, 타시강을 방문했다. 그때는 게오그 센터가 아니라 페마가첼 현 종신 게오그의 돈사 마을을 전통공예품진흥기구(APIC)의 람 케산 초펠 CEO와 함께 찾았다. APIC가 지원하는 면화 생산 클러스터의 시찰이 목적이었다.

페마가첼 현에서는 40년 전까지만 해도 면화 재배가 광범위했다. 그러나 면화 재배는 노동집약도가 높고 토종 면화로 만드는 수제 의류도 화폐경제가 활발해지면서 외부에서 들어온 의류에 점점 밀리고 말았다. 그 결과 면화 재배는 돈사 지역 주변에서나 볼 수 있게 되었다. 이에 따라 APIC는 전통기술 보전을 위해 돈사 지역의 면화 재배 지원을 시작했다. 돈사 마을은 43가구, 이 중 현재 면화 재배 클러스터에 참여하는 곳은 23가구로 알려졌다. 람 케산 CEO에 따르면 더 늘어날 것으로 보인다.

이 지역의 과제는 세대주의 대부분이 여성이고, 게다가 모자 세대가 많은 편이다. 면화 재배 클러스터에 참가하는 세대의 대표도 상당수는 여성이고, 나머지는 고령의 남성이다. '클러스터'라는 말이 의미하는 바는 면화 재배부터 면실 뽑기(면과 실을 분리), 유면(소면), 방사, 베 짜기까지의 가치사슬이 역 내에서 완결되어 있는 것이다.

면화종도 지역에서 생산된 것으로, 인도에서 고도로 보급된 F1 종자와는 확연히 다르다. 질 좋은 종만을 선별해 계통을 보존하고자 하는 노력은 이루어지지 않고 있어, 채취된 면화의 품질이 일정하지 않다. 한편 각각의 공정에 대해 필요한 도구는 현지의 목수가 손수 만들었다. 하지만 이 마을의 목수는 고령화가 진행되고 있으며 후계자는 없었다. 면사기, 유면기, 직조기도 가까운 장래에 보수나 수리조차 할 수 없게 될 것이다.

APIC는 노동력 부족이 심화되는 이 지역에서 현재의 전통적인 기술이 지속 가능하지 않다고 판단하고, 노동 절약적인 신기술로 전동 면사기 3대와 유면기 한 대를 인도에서 수입해 게오그 센터의 다목적홀에 설치했다. 목화 수확기에는 확실히 사용되면서 일손을 줄이는 데 공헌하고 있다.

그리고 또 하나의 간소화가 필요한 공정이 방사라고 하며, APIC

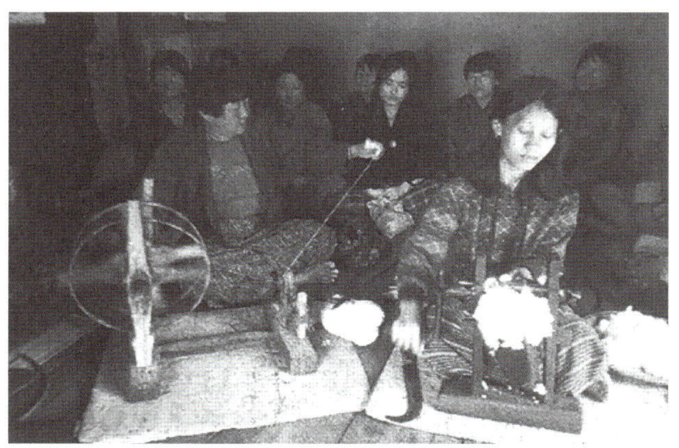

그림 24 | 전통적 도구를 이용한 면화 씨앗 취재와 얼레(출처: 야마다 코우지)

는 인도제가 아닌 일본제의 실뜨기를 도입하고, 이를 위한 지원을 JICA에 요청하고자 했다. 이에 나는 "그러한 것은 비교적 가까이에 있는 JNEC의 기계공학과에서 열심히 하게 합시다. JNEC에 팹랩이 생기면 이런 기계는 현지에서 제작할 수 있어요"라고 CEO에게 말했다.[27]

디지털 제품 만들기는 부탄의 전통 공예 보전에 한몫하는 좋은 스토리가 아닌가! 동부에 팹랩이 있으면 서부의 팀푸나 풍조린의 팹랩과도 제휴하면서 이런 독특한 메이킹 활동을 할 수 있을 것이다.

---

27 이 방문 시에 받아 온 면화와 현지에서 만들어진 실을 일본에 가지고 돌아가 지인을 통해서 일반 재단법인 보켄품질평가기구에서 품질평가를 받은 결과, 역시 미국면, 인도면 등과 같은 공업 생산용으로 재배·생산되는 면화와는 품종이 다르다는 걸 확인했다. "섬유 길이는 짧기에 기계방적에는 적합하지 않음"에서 "부푼 곳이 있고, 쿠션성을 볼 수 있으므로, 공업용이라면 탈지면, 부직포의 용도를 생각할 수 있다"고 평가해 주었다. 실에 대해서도, "최신예의 직물로 만드는 것은 어렵지만, 손으로 짠 것이라면 가능"으로, "굵은 부분과 가는 부분이 있어, 독특한 형태"라는 평가를 받았다. APIC는 이것을 기계방적에 걸겠다는 의향이 있지만, 우리가 무엇을 할 수 있는가는 향후 검토 과제이다.

일반 시민 사용자의 롤 모델이 필요하다?

　이전의 팹랩 부탄에 대해서도 조금 말해 두자. 개소식에 토브게이 총리가 출석한 것이 발단이 되어, 그 후에도 주요 각료나 각부 요인의 시찰이 끊이지 않는 상황이 되었다. 제4장에서도 잠깐 소개한 대로 개소식 후 일찍이 노르부 왕축(Norbu Wangchuk) 장관이 팹랩을 방문했고, 나아가 이 팹랩의 설립 인가를 실시한 주무관청인 노동인력부의 니마 상케이 첸포 노무장관도 방문했다. 노무장관은 3D 스캐너로 상반신을 스캔받고 그 흉상을 그 자리에서 3D 프린팅으로 받아 득의만면했다고 들었다. 국립부탄연구소(CBS)의 다쇼 카르마 우라 소장은 잠시 짬을 내어 팹랩에 다녀갔다. 팀푸 시의 킨레이 도르지 시장도 방문하여, 시내 노르진람 대로에 설치할 수 있는 횡단보도용 신호등을 만들 수 없겠느냐고 직원에게 과제를 주고 갔다.

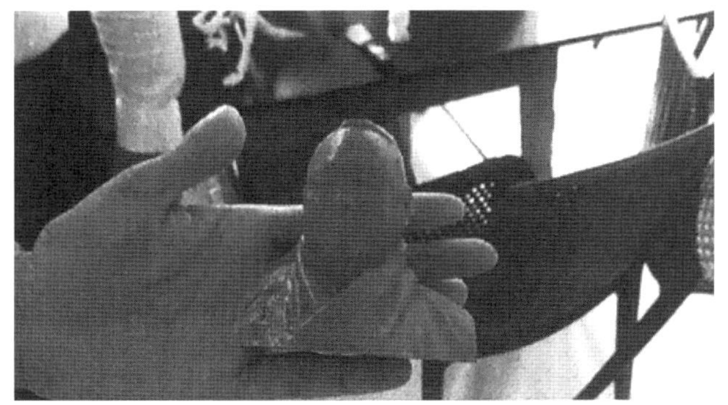

그림 25 | 3D 스캔을 바탕으로 인쇄된 노동 인재상(출처: 야마다 코우지)

이런 VIP 접대는 대표팀 마담 카르마와 체왕이 주로 했다. 마담 카르마는 재무를 포함해 팹랩의 경영과 섭외를 맡는다. 정부 요인과 커넥션이 있어, 기술 측면을 제외한 정부 기관과의 조율이나 외부 이벤트 대응에서는 그녀가 전면에 나선다. 반대로 기술 측면에서 설명이 필요한 경우에는 체왕이 주로 담당한다. 염원하던 개소가 이루어지면서 체왕은 부탄 체재 기간을 길게 잡을 수 있었다.

반복적으로 설명하지만 팹랩 부탄은 노동인재부 산하의 직업훈련 시설로서 설립 인가를 받은 민간 사업자이다. 팹랩의 공작기계는 사용자가 자유롭게, 많은 경우는 무료로 사용할 수 있는 것이 장점이다. 따라서 사용자에게 이용료를 징수한다는 형태로의 현금 흐름을 기대할 수 없다. 세계적으로도 민간의 독립 채산으로 지속적으로 운영되는 팹랩은 많지 않다. 대부분의 경우 다른 곳에서 어떠한 사업 수입을 얻어 그것으로 운영한다. 팹랩 부탄은 노동인재부나 교육부의 연수 위탁이나 외부에서 반입되는 사업소의 간판이나 레스토랑 메뉴, 신상품의 생산 주문으로부터 수입을 얻고 있다.

마담 카르마와 체왕은 개소 후에 비정기적으로 견학 온 방문객들로 인해 지쳐 있는 날이 많았다. 그래서 JICA 관계자를 비롯한 일본인을 안내할 때는 내가 그들을 대신해 팹랩 시설 설명을 하기도 했다. 부탄인의 VIP에게 내가 가이드한 적도 있다. 내방객을 가이드하거나 방문한 사람으로부터 나중에 이야기를 듣거나 했을 때 나는 반드시 물어보았다. "스스로 뭔가 만들어 볼래요? 팹랩의 원칙은 스스로 만드는 거예요." 그리고 질문받은 사람은 대개 이렇게 대답하며 나의 제의를 일축했다. "바쁘기에 할 수 없을 것 같네요." 그럴 때마다 이해되면서도 이런 생각이 든다. '나도 바쁘지 않은 건 아닌데….'

위에서 움직이면 아래도 움직이는 이 나라에서는 리더가 어떤 행동 변혁을 보일지가 상당히 중요하다. 그 행동이 습관적으로 지속되면 국민에게 메시지로 전해진다고 한다. 토브게이 총리나 다쇼 카르마 우라와 같은 사람이 자신의 랩톱을 가지고 와서 여기서 CAD 디자인에 단시간이나마 참여해 주면 상당한 임팩트가 있을 듯했다. 영향력이 강한 롤 모델의 출현은 그래서 꼭 필요하다.

영향력은 작지만 일본의 개발협력 실시기관의 책임자가 CAD에 임하는 모습을 보이면 추종하는 사람이 있을지도 모른다. 나는 그렇게 기대하고 매주 토요일은 팹랩 부탄에 나갔다. 문과 출신의 토박이들도, 50대 중반에 접어든 나도 열심히 해 보려는 분위기다.

그러나 내가 관찰한 바에 따르면 자신의 랩톱을 가지고 방문하여 작업 책상에 걸터앉아 스태프에게 질문하면서 스스로 설계에 임하는 일반 시민의 사용자는 거의 없었다. 진정한 의미의 팹랩이 되기 위해서는 '바쁘다', '공작기계는 모른다' 등으로 핑계를 대는 부탄인들이 "한 번 스스로 만들어 볼까" 하며 스태프에게 상담하러 방문하는 단계에 도달할 때까지 기다리지 않으면 안 된다.

히트 프레스에서의 좌절

팹랩 부탄과 메이킹은 결실을 맺지 못했다. 많은 사람이 한 번은 방문해 주지만, 재방문은 좀처럼 없었다. 팹랩을 통해 가속화할 수 있는 시작품 아이디어가 몇 개 있었으나 그곳만으로 주체적으로 움직인다고 할 수는 없었다.

그래서 좌절된 시작품도 있다. 한 예가 히트 프레스(열 압연기)다. 이 아이디어의 발단은 2017년 3월 내가 새벽 4시에 기상해서 일과인 전날 활동 일기를 다 썼을 때였다. 페이스북의 포스트를 통해 JICA의 나이토 도모유키[內藤智之]가 필리핀의 청년해외협력대원의 현지 활동 동영상을 소개하는 것을 보았다.

보홀 섬 주립대학에 배속된 디자인 대원 다카기 시로[高木史郎]가, 선배 대원이었던 도쿠시마 유타카가 개설어 진력한 팹랩 보홀의 시설을 이용해 히트 프레스의 시작품을 만들었다. 보홀을 방문해 다카기 씨와도 안면이 있는 나로서는 이전부터 아는 이야기이긴 했다. 지금은 그것이 협력대를 끝내 보홀에 온 스기야마 아키코[杉山明子]가 대표를 맡고 있는 지적장애인의 단체 '보홀-일본지적장애인협회'에 배치되어, 폐기 플라스틱을 이용한 컬러풀한 제품의 개발·판매로 연결된다고 한다.

나는 이 이야기에서 한 가지 아이디어가 번쩍 떠올랐다. 소내륙국 부탄에도 쓰레기 문제는 심각하고, 팀푸나 푼촐링 등 도시의 교외에 있는 쓰레기 처리장은 가득 차 있다. 분명 폐기 플라스틱의 재이용은 훌륭한 솔루션이 될 것이었다. '직업훈련 학교에 배속된 대원이 긴 여름방학 동안 검토 및 시범을 보게 하고, 다른 시니어 자원봉사자가 배치되어 있는 장애인 직업훈련센터 '닥쵸(Draktsho)'에서 쓰면 이에 가까운 모델을 만들 수 있지 않을까?'

보홀에서 다카기가 했던 것처럼 팹랩 부탄이 문을 열면 히트 프레스의 가능성은 더욱 높아진다. 개발에 드는 비용은 대원 현지활동 지원비로도 좋고, 직업훈련 학교 차원에서 추가 비용을 들여, 메이킹 활동을 지원할 수 있다.

이것은 부탄의 폐기물 문제에 대한 자그마한 대책이 된다. 재료의 구입 원가는 거의 안 들기 때문에, 닥쵸의 재무 상황의 개선으로 연결된다. 장애인의 활력소로도 이어질 것이다. 닥쵸에는 지적장애를 가진 아이가 많이 오지만, 쇼핑용 비닐봉투를 가위로 석둑석둑 자르거나 그것을 철판 위에 깔아 놓고 프레스하는 식의 단순 작업은 그들도 하기 쉽다.

물론 대책을 찾았다고 해도 제작 기간을 생각하면 완성은 2018년일 것이다. 2018년으로 예정되어 있는 부탄 청년해외협력대 30주년 기념식의 큰 목표로 할 수 있을지도 모른다. 일거삼득이다. 이것을 스케일 업해서 부탄 각지에서 매년 열리는 축제의 회장에 설치하는 가설 화장실의 조립용 소재로라도 쓰일 수 있으면, 더욱 활용의 폭은 넓어진다.

나는 다른 것도 잊고, 이 아이디어에 매달렸다. 닥쵸를 끌어들일 수 있는 이야기라 닥쵸를 지원하는 영국인 여승 아님 페마(에마 슬레이드)에게도 아이디어를 공유했고, 출근 후 사무실 직원 몇 명에게도 이야기해 이와 관련한 행동에 대한 양해를 구했다. 게다가 쿠르탄(Khuruthang) 직업훈련 학교에 배속되어 있던 가메가와 소이치로[龜川創一郎] 대원에게도 연락을 취했다. 가메가와는 즉시 필r핀의 다카기 씨에게 연락해 히트 프레스 제작에 필요한 부품을 부탁으로 구할 수 있는지에 대한 조사를 개시했다. 가메가와로부터는 진행 경과를 몇 번인가 보고받았지만 아무래도 어렵다고 했다.

핵심은 열을 가해 프레스하기 위한 2장의 철판을 입수하는 것이었다. 열을 균등하게 골고루 돌리지 않으면 프레스한 플라스틱에도 불균형이 생긴다. 풍조린 교외의 파사카 공단에 철판을 만들 수 있는 공장이 있을 것이다, 파로의 농기계화센터(AMC)라면 철판 가공을 할 수 있을 것이다 등 가메가와에게 여러 사람이 정보를 주었지만 확실한 것이 없었다. 가메가

그림 26 | 팹랩 보홀에서 2016년 당시에 시작품으로 만든 히트 프레스(출처: 야마다 코우지)

와 군의 근무지인 쿠르탄에서는 떨어져 있고, 그도 자신의 업무가 있기 때문에 일이 진척되기 어려웠다.

거기에 추가된 어려움은 앞에서 서술한 JICA의 예산 핍박 문제였다. 가메가와의 근무지가 겨울방학에 들어가 움직이기 쉬워진 2017년 12월부터 이듬해 1월까지 대원 현지활동 지원비에 대해서도 삭감 검토 지시가 떨어졌다. 2018년이 부탄협력대 30주년이므로 기념사업을 실시하고자 특별예산 조치를 9월에 협력대 사무국 관리인들을 만나 받아 냈다. 이것이 히트 프레스 프로젝트를 진행시키는 근거가 되고 있었지만, 이 허락도 백지화되었다. 이듬해인 2018년도 예산 계획 부분에서도 상상 이상의 혹독한 평가가 이루어졌다.

가메가와와 마찬가지로 직업훈련 학교에 파견되었던 와타나베 마사노부 대원의 임기는 2018년 7월까지였다. 이 계획의 주력이 되어 줄 것으로 기대했던 두 대원의 임기 종료가 다가온 것이다. 예산 목표도 서지 않는 가운데 나는 히트 프레스 시제품을 포기할 수밖에 없게 되었다.

팹랩 부탄의 개소 당시 라브텐이 이동 화장실의 시작품을 만든다고 언론에서 발언한 바 있다. 이후 나도 팹랩에 갈 때마다 진척 상황을 지켜봤지만, 역시 고열을 골고루 전달하는 철판 제작으로 고전하는 모습을 볼 수 있었다. 이들은 파로의 AMC에 요청했으나 이곳 공작기계의 일시적 이용에는 AMC 측의 양해를 구하지 못해 좌초된 상태였다. 팹랩이 있다고 다 되는 게 아니다. 소재의 입수 상황에 따라 만들 수 없는 것도 있고, 아날로그 공작기계가 필요한 제작 공정도 있다.

토브게이 총리의 일본 방문

　　JICA의 새로운 기술협력 프로젝트 전망이 전혀 열리지 않은 채 2018년도가 되었다. 새해는 체링 토브게이 총리와 담초 도르지(Damcho Dorji) 외무장관의 방일과 함께 막이 올랐다. 일본 방문은 4월 10일부터 14일까지 일정으로 이뤄졌다. 2014년 6월 말의 일본 방문때는 경작기나 전기자동차의 공여를 요청했다는 토브게이 총리가 이번 방문에서는 무엇을 말할지를 두고 우리는 남몰래 기대하고 있었다. 보류되어 있던 채택이 끝난 프로젝트의 조기 실시라든지, 팹랩의 이야기를 기대한 것이다. 그러나 결국 아베 총리와의 정상회담과 담조 도르지 외상과 고노 다로 외상회담에서도 팹랩은 나오지 않았다.

　　이번 방문에는 토브게이 총리가 자신의 집권 기간 중 뒷받침해 준 주요 원조국에 대한 감사의 의미가 담겨 있었다. 정권의 임기는 2018년 8월 초순까지로, 늦어도 10월 말까지 부탄은 총선거에 돌입한다. 총리가 이끄는 국민민주당(PDP)이 우위인 것으로 알려지긴 했지만, 선거 결과는 뚜껑이 열릴 때까지 알 수 없다. 차기 정권에 소금을 보내는 지원 요청을, 지금부터 하는 것에 대한 위험도 느꼈는지도 모른다. 총리는 일본 체류 중 공식 회담에서 새로운 지원 요청에 대해서는 전혀 언급하지 않았다.

도쿄 정상회담의 향방을 팀푸에서 초조하게 지켜보던 나에게 있어서 이 결과는 2018년도 내 새로운 프로젝트의 실시 가능성이 완전하게 닫혔다고 인식하지 않을 수 없었다. 풍조린 CST에 제2의 팹랩을 만들겠다는 구상은 이로써 완전히 원점으로 돌아갔다.

제6장

2018년 여름의 캐거
(2017년 12월~2018년 9월)

공격적으로 활동하는 팹랩 부탄

2017년 연말 즈음의 어느 토요일, 당시 진행하던 검도 복제품 제작을 계속 진행하고자 나는 아침에 아파트를 나와 팹랩 부탄으로 향했다. 제이슨을 붙잡고 조언을 구할 생각이었다

미리 그에겐 간다고 전했지만 가 보니 분위기가 여느 때와 달랐다. 입주한 건물 앞의 주차장이 가득 차 있어 나는 건물 부지 내에 들어가지 못하고, 근처 노상에 주차해야 했다. 집회라도 하는 걸까 하며 팹랩 문을 열었더니 대부분의 스태프가 안쪽에 모여 있었다. 화상회의를 하는 것 같지는 않았다. 만약 그렇다면 화상회의 화면 주위에 둘러앉아 있었을 것이니까.

"오늘은 오전 중 특별 세미나를 열고 있으므로, 들어 주세요."

회의장을 관리하던 체왕의 말에 나도 의자를 가지고 구석 자리에 앉았다.

들어 보니 강사는 덴마크에서 온 연구자로, 과제 해결에 과학기술의 적용이라는 테마로 이야기하고 있었다. 네팔 테라이(Terai) 평야에서 강사 팀이 실시하는 태양광발전에 의한 지하수를 퍼 올리는 방식의 급수라든지, 히트 펌프의 원리 같은 이야기였다.

"도입 시 수혜 지역주민과 대화 프로세스", "지역주민을 통한 유지관리시스템을 어떻게 만들었는가", "현지에서 구할 수 있었던 것 혹은 구할 수 없었던 것은 무엇인가" 등 듣고 있던 이용자로부터 상당한 질문이 나왔다. 정부 주최의 행사 등에서는 좀처럼 만날 수 없는 풍경으로, 나는 그 활발한 의견교환에 감탄했다.

그림 27 | 팹랩 부탄에서 라이트닝 토크(Lightning Talk)(출처: 야마다 코우지)

과연, 팹랩의 사용자 기반을 확대해 그 지식이나 능력을 높여 가기 위해서는, 이러한 외부 전문가를 불러서 토크 이벤트도 할 필요가 있다. 이런 걸 라이트닝 토크(Lightning Talk)라고 한다는 건 나중에 알았다. 이번에는 분명히 체왕의 덴마크 커넥션이 큰 역할을 했다. 나는 이런 곳에 일본인 연구자나 기술자, 기업가가 와서 라이트닝 토크로 이야기해 주면 좋겠다고 생각했다.

검토가 지연되는 풍조린의 제2의 팹랩에서는 더 적극적으로 도입할 수 있는 시스템이다. 장소가 과학기술칼리지(CST) 구내인 만큼 외국인 연구자의 방문이 잦고 학생들은 대부분 학교 기숙사에 거주하기에 휴일에도 참여할 수 있다. 그곳에 JICA의 프로젝트 전문가나 자원봉사자들이 와서 짧은 프레젠테이션을 해 준다면 더욱 좋을 듯하다.

CST에서 JICA의 프로젝트가 성공리에 추진되면 프로젝트가 허브가 되어, 그러한 라이트닝 토크를 기획해 나가면 좋겠다. 팀푸에서 팹랩 부탄이 해 주고 있다면, 내친김에 풍조린이라도 해 달라는 것도 좋다. 나는 그런 것을 생각하면서 그날의 세션을 방청하고 있었다.

팹 2.0

　예산 긴축을 위해 방어전을 펴면서도 "상대국의 신뢰를 손상시키지 말라"는 JICA 본부의 지시에 2018년 전반까지도 여전히 쫓기고 있었다. 당시 체왕과 팹랩 부탄의 자세는 더욱 공격적이 되었다. 팹랩에서 그를 만날 때마다 나는 그들의 활동 진행 상황을 들었는데, 언제부터인지 그는 팹 2.0이라는 용어를 자주 사용하고 있었다.

　여전히 화제가 확산 기미에 정착되지 않은 영어로, 깊게 파려고 해도 나의 질문에 한가운데의 대답이 돌아오는 경우는 적었지만, '팹 2.0(Fab 2.0)'이라는 것은 팹랩의 공작기계를 사용해 향후 설치할 팹랩의 공작기계를 복제하는 것을 말하는 듯했다. 바꿔 말하면 팹랩에서 팹랩을 자기 증식시키는 것이다. 이는 세계적으로도 부탄이 처음 시도하는 것이라고 그는 설명했다.

　팹 2.0은 원래 체링 토브게이 당시 총리의 아이디어라고 한다. 2017년 7월 팹랩 부탄 개소식 때 총리는 팀푸에 1개라고 하지 말고, 각 현에 1개씩 두면 좋겠다고 기조연설에서 분명히 말했다. 또한 총리는 팹랩 부탄이 정부 주도가 아니라 민간 주도로 진행했다는 점에서 높은 점수를 주고 있었다. 이를 복제하는 작업의 실시도 민간 주도로 이뤄져 정부가 예산을 투입하는 것이 아님을 시사하고 있었다.

듣고 있던 나는 '각 현 1개'는 정치적 선언으로, 몇 군데의 팹랩 설치 정도라면 정부 예산 없이 외국에 원조를 요청해 올 것이라고 예상했다. 실제로 총리가 지시한 것으로 알려진 동부 3개 대학에 대한 팹랩 설치 예산은 EU의 에라스무스 프로그램에 자금 지원을 신청한 상태다.

토브게이 총리는 상당히 이른 단계어서 체왕과 동료들에게 팹 2.0의 조기 실현을 공식 요청한 것으로 알려졌다. 대응 기간은 12개월이며, 달성 기한은 '2018년 7월'로 설정되었다. 그 말인즉 팹랩 부탄 개소와 거의 동시에 숙제가 건네진 것이다.

이 기한은 총리의 임기 종료와도 겹쳐 있었다. 결과적으로 이런저런 사정으로 인해 미달된 채 임기를 마치게 되었고, 다쇼 토브게이가 이끄는 국민민주당(PDP)은 2019년 9월 경선에서 패배해 정권 운영에서 손을 떼게 되어 불문에 부쳐지게 되었다. 만약 실현되었다면, 총리는 자신의 성과로서 높게 어필했을 것임에 틀림없다.

총리에게서 숙제를 받은 팹랩 부탄은 2017년 가을부터 2018년 상반기까지 팹 2.0을 목표로 활동에 매진했다. 체왕은 팹 2.0이 진행되면 팹랩 공작기계를 더 저렴한 가격으로 만들 수 있다고 거듭 말했다. 그 예가 3D 프린터나 CNC 소형 밀링머신, 레이저 가공기 등의 자체 제작이다.

3D 프린터가 3D 프린터를 낳는다는 발상은 '렙랩(Rep Rap)'이라

는 자기 증식기 개발 프로젝트가 영국에서 시작된 2005년에 이미 세상에 존재했다. 금속 부품이나 마이크로컨트롤러 아두이노(Arduino), 스테핑 모터 등 지금은 수입에 의존해야 할 구성 부품들이 있지만, 수지로 성형할 수 있는 부품은 기존 3D 프린터로 해결이 가능하다. 그것들을 조립해 가면 데스크톱 3D 프린터는 부탄에서도 완성될 것이다.

이 기법으로 팹랩 부탄제의 첫 3D 프린터 시작품을 완성시킨 것은 소남 데이카와 지그미 초덴이라는 여자 두 명이었다. 팹랩 부탄이 발족할 때부터 스태프로서 이 둘은 재빨리 3D 프린터 담당으로 지명되어 3D 데이터 조작에 대한 경험치를 자꾸자꾸 높여 갔다. 내 경우에는 3D 디자인 소프트 Fusion 360의 조작법을 이 둘 중 하나를 붙잡고 가르쳐 달라는 일이 많았다.

그림 28 | '팹 여자' 소남과 자작 3D 프린터(출처: 야마다 코우지)

이 둘은 내방객에게 3D 프린팅을 설명하고 외부 이용자의 상담에 응해 주는 한편, 렙렙형 3D 프린터 시작품을 서서히 진행시켜 팹 2.0 의 구성 기계를 최초로 완성시켰다. CNC 소형 밀링머신에 대해서도 그녀들이 복제에 힘을 쓴 덕분에 달성 기한까지는 어떻게든 시작품을 완성시켰다.

문제는 레이저 가공기였다. 레이저 가공기의 구성 부품 중에서도 수지 계열의 것은 팹랩으로 3D 프린팅이 가능하지만, 형틀이나 레이저 기계, 집광계의 부품 중에는 수입하지 않으면 구할 수 없는 것도 있었다. 그중에는 수송에 세심한 주의가 필요한 물품도 있다 보니 조달·반송만으로도 어려움에 봉착하여 조립 작업이 자주 중단되었다. 내 경우에는 달성 기한으로부터 반년 이상이 늦어져 완성을 보지 못한 채 이임의 날을 맞이해 버렸다.

그림 29 | 제작 중인 레이저 가공기에 대해 설명하는 체왕(출처: 야마다 코우지)

마담 카르마의 덴마크 방문

2018년 4월 하순부터 약 4주간 팹랩 부탄 대표 마담 카르마가 유럽을 방문했다. 체왕의 도움을 받았던 탓인지, 대부분이 덴마크 체류 일정이었다. 마담 카르마는 UNDER BROEN이라는 코펜하겐의 팹랩과의 인적 네트워크 구축부터 시작해, 재생에너지를 이용한 지속 가능한 솔루션을 제공하는 컨설팅 기업 베타에너지사, 비보 시의 애니메이션 제작 스튜디오, 세계적인 펌프 제조기업 그런포스(Grundfos)사, 덴마크 남부의 유기농 농장, 덴마크 TV, 로스킬데(Roskilde) 대학교 등을 방문했다. 향후 팹랩 부탄 사업 확충에 필요한 에너지, 수자원 개발, VR(Virtual Reality, 가상현실), 농업 등 다양한 분야의 지식을 얻기 위한 네트워크 구축 목적의 여행이었음을 알 수 있었다.

마담 카르마가 귀국한 뒤 체왕이 작성한 팹랩 부탄의 사업개요 설명 자료를 읽으면 덴마크 방문 사진과 방문 기관의 로고가 풍성하게 보인다.

그림 30 ┃ 코펜하겐의 메이커 스페이스를 방문하는 마담 카르마(출처: Fab Lab Bhutan)

마담 카르마는 자신감과 별개로 어떻게든 현상을 타개하고자, 스스로 할 수 있는 일은 해 보자는 자세가 강했다. 기술적인 것은 주위에 맡기고 자신은 부탄의 개발 과제를 스스로 극복할 수 있는 젊은이를 키우고 싶다는, 높은 곳을 바라보는 발언을 자신 있게 하고 있었다.

그림 31 ┃ 덴마크 국영 TV의 micro:bit 프로그램 제작 현장을 시찰하는 마담 카르마
(출처: Fab Lab Bhutan)

그녀의 여행에는 또 하나의 성과가 있었다. 그녀가 코펜하겐의 베타에너지사를 방문했을 때, 영국에서 멀리 떨어져 있는 손님 한 명이 그녀를 찾아왔다. pi-top사의 기술 어드바이저 조 켈리였다. 초염가 오픈 소스 랩톱 '파이 톱 3(pi-top[3])'의 패키지를 가지고 방문하여, 동석한 덴마크 주재 부탄 대사관의 페마 초덴 대사를 통해서 pi-top[3]가 한 대, 팹랩 부탄에 증정되었다. 이것도 곧 밝혀질 체왕의 선물이었다.

토쿠시마 씨가 소개해 준 pi-top

"pi-top은 도쿠시마 씨가 부탄에 소개해 준 것이다."

pi-top에 대해 말할 때 체왕은 이 소거말을 반드시 붙인다. 팝랩 부탄의 전망이 불투명했던 2016년 가을, 체왕과 나는 게이오 대학의 쇼난 후지사와 캠퍼스(SFC)에서 도쿠시마 유타카와 와타나베 도모아키 선생을 만났다. 그때의 자세한 사항은 제2장에서 소개했지만, 이때 토쿠시마 씨는 자작한 랩톱 PC 이외에 또 하나, 패키지에 포장된 탁상형 조립식 컴퓨터, pi-top CEED도 가지고 왔다.

언뜻 보면 선반 위에 놓을 수 있는 디지털 탁상시계처럼 연한 녹색 케이스는 세련된 느낌을 자아냈는데, 여기에 키보드나 마우스를 연결해 PC로 사용할 수 있었다. 토쿠시마 씨는 방문지에서 이것을 보여주고, pi-top CEED는 스스로 조립하는 것이라고 했다. PC의 심장부인 CPU는 매우 작았는데, 이 정도라면 40달러 정도밖에 되지 않는다고 강조했다.

"PC는 상자에 불과합니다. 중요한 것은 CPU뿐입니다."

도쿠시마 씨의 말이 지금도 인상에 남아 있다. 케이스 부분은 설계 데이터가 공개되어 있어, 웹에서 다운로드를 받으면 현지에서도 맞춤 제작이 가능하다는 것이다.

pi-top CEED의 CPU는 그 이름이 시사하는 대로 Raspberry-Pi, 통칭 '라즈파이'이다. 나는 도쿠시마의 이 프레젠테이션을 옆에서 보고, '그렇다면 디스플레이와 키보드, 마우스를 준비해 두고 나머지는 라즈파이만 있으면 PC를 할 수 있겠구나' 하고 생각해, 실제로 집에서 PC를 조립했다. pi-top CEED는 디스플레이와 CPU로 구성되어 있는데, 여기에 키보드를 추가하여 랩톱으로 한 pi-top의 모델도 있다고 들었다. 그것이 pi-top[3]이다.

짧은 도쿠시마의 부탄 방문 속에서 나의 pi-top에 관한 이해는 그 정도에 머물렀다. 그러나 그 후 나는 이 "상자 부분은 설계 데이터가 공개되어 있다"는 말의 의미를 실감하는 사건에 휩쓸렸다.

내가 당시 사용하던 랩톱은 T사의 일본 제품으로 부탄 부임 직전에 구입했다. 하지만 구입 다음 날에 기동할 수 없게 되어 갑자기 아키하바라의 T사 수리 창구에 반품하는 처지가 되었다. 수리 후에는 순조롭게 이 랩톱을 이용하여 논문 투고나 신문 기고, 매일의 일기나 블로그, 페이스북의 갱신 등을 반복했다. Fusion 360을 이용한 3D 데이터 작성도 이 노트북으로 작업했다.

하지만 내 키보드를 두드리는 빈도가 너무 많아서인지, 아니면 두드리는 힘이 너무 강해서인지, 사용 시작 1년 만에 A키가 벗겨졌고, 얼마 뒤엔 K키도 벗겨졌다. 어쩔 수 없이 나는 2017년 12월에 일시 귀국했을 때 다시 아키하바라를 찾아가 T사 수리 창구에서 수리를 의뢰했다. 단순히 떼어낸 키를 다시 붙이기만 하면 될 줄 알았던 나에게 창구 대응 스태프의 믿을 수 없는 한마디가 기다리고 있었다.

"아 이거 키보드 다 바꾸어야 합니다."

그것밖에 선택지가 없다면 그렇게 할 수밖에 없다. 그리고 일주일 만에 수리를 마치고 청구된 금액은 무려 3만 엔을 넘겼다.

마담 카르마의 덴마크 방문을 페이스북을 통해 보다가 pi-top이 갑자기 궁금해진 나는 2018년 5월 초 급히 pi-top사의 홈페이지를 알아보기로 했다. 거기에 게재되어 있던 최신 기종 pi-top[3]의 출하 가격을 보고 나는 다시 놀랐다. 라즈파이 3 동봉 모델에서도 약 320달러, 즉 CPU를 제외한 랩톱의 케이스 부분과 부속품뿐이라면 300달러로도 여유 있게 구입할 수 있었다. 20만 엔 가까이 든 나의 일본제 랩톱은 본체 가격은 물론 키보드도 교체해야 했기에 pi-top[3] 본체를 구입하는 것보다 비쌌다. 뿐만 아니다. pi-top은 오픈 소스이므로, 만일 키보드의 키를 못 쓰게 될 경우 부품의 데이터를 다운로드하여 3D 프린터로 인쇄 재생할 수 있다. 현지에서 어느 정도는 수리가 가능한 것이다.

이건 어쩌면 대단한 일이 아닐까? 제1장에서도 소개한 것처럼 내가 처음으로 '팹랩'이라는 말을 알게 된 2013년 10월의 JICA 사내스터디에서 게이오 대학 SFC의 다나카 히로야 선생은 '아이 1명에 랩톱 한 대(OLPC)'라는 운동을 두고, 이때 동시에 연구 개발이 진행되던 100달러 랩톱 'XO'의 경우 망가지면 부품을 현지에서 생산하고 교환하는 설계 사상이 구현되지 않는다는 문제점을 지적했다. 다나카 선생은 현지에서 생산 가능한 시설의 아날로그로서 팹랩을 언급했지만, 이 녹색 pi-top은 부품의 현지 생산이 가능한 오픈 소스의 랩톱으로서 세상에 나와 있어, OLPC의 XO를 대신하는 킬러 콘텐츠가 될 수 있었다.

마담 카르마의 귀국 후 그가 개척한 pi-top사와의 연결고리를 배경으로 체왕은 그 어느 때보다 "매번 랩톱 완제품을 수입할 수 없다. 현지에서 만들 수 있다"라고 큰소리 쳤다. '팹 2.0'의 랩톱판이다.

교육부는 학교 교원의 이직률이 높은 것을 오래전부터 문제 삼아 교원 유치를 위한 다양한 방안을 2018년 7월부터 시작되는 제12차 5개년 계획에서 검토하고 있었다. 그중 하나가 각 교원에게 노트북을 한 대 주는 것이었다. 교육부는 이 방침을 실행하기 위해 랩톱의 대형 발주를 하려 했지만 체왕의 소리가 전해져, 외국 메이커제 완성품의 발주는 보류하기로 했다.

pi-top은 STEM 교육의 길을 연다

　더구나 pi-top의 가능성은 단순히 랩톱의 현지 생산에 길을 터주는 데만 의의가 있는 것이 아니다. 마담 카트마의 덴마크 방문 중 나는 내 스스로도 pi-top을 입수해 조작해 볼까 하고 생각했었다. 이대로라면 pi-top이 부탄에 들어오는 것은 시간문제로, 작은 나라이기에 이때에 일어날지도 모르는 순차적인 보급에, 일본인이 뒤처지게 될 수도 있다. pi-top을 최초로 부탄에 보급한 사람은 일본인이지만, 같은 일본인으로서 그리고 그 이전에 보급한 장본인 도쿠시마의 지인으로서 나는 pi-top의 보급에 참여할 필요가 있었다. 그래서 마침내 구입을 결정했다.

　대망의 pi-top[3]은 5월 8일 생각보다 빠르게 나에게 도착했다. 입수와 동시에 해야 하는 것은 조립 작업이었다. 동봉한 설명서의 내용도 그다지 어렵지 않아, 조립은 하룻밤 사이에 끝났다. 슬라이드식 키보드를 채택해 이 키보드를 앞으로 슬라이드하면 내부 모듈러 레일에 접근할 수 있다. 이 모듈러 레일의 왼쪽 끝에 라즈파이 3을 끼운다. 조립 중 힘든 것은 이 라즈파이 3의 마운트뿐이다.

나는 즉시 기동해 보았다. pi-top의 OS는 '폴라리스'라고 불리는 독자적인 것이지만, 구글의 지메일, 드라이브, 유튜브, 웹 브라우저로서 크롬, 마이크로소프트의 오피스와 완전히 호환되어 있는 문서 작성, 표계산, 그리기 등의 소프트웨어, 3D 프린팅용 소프트웨어 등이 내장되어 있다. 여기에 매사추세츠공대(MIT) 미디어랩이 개발한 어린이용 비주얼 프로그래밍 언어 스크래치(Scratch)가 내장되어 있고, 전자공작용 프로그래밍 플랫폼 pi-top CODER가 마련되어 있다. 랩톱 PC로서 기능뿐만 아니라 STEM 교육(과학, 기술, 공학, 수학)을 위한 학습 플랫폼 역할도 했다.

스크래치를 이용하면 마우스와 키보드로 작성한 프로그램이 실제로 디스플레이상에서 어떻게 동작하는지 확인하고, 시행착오를 반복하면서 프로그래밍을 학습할 수 있다. 일본에서도 2020년도부터 초등학교에서 프로그래밍 교육이 도입되지만, 이 경우 학교에서 사용될 가능성이 가장 높은 것이 이 프로그래밍 소프트웨어라고 알려져 있다.

그리고 pi-top[3]에는 '발명가 키트'라 불리는 전자공작과 하드웨어 DIY에서 빈번히 사용되는 전자부품이 세트로 부속되어 있으며, 이러한 부품을 이용해 모듈러 레일상에서 다양한 전자공작을 체험할 수 있다. pi-top CODER를 사용하여 프로그래밍을 하고, 실제로 자신이 제작한 전자공작이 어떻게 동작하는지를 확인할 수 있다.

이러한 시행착오를 반복해 사용자는 스스로 컴퓨터 사이언스나 기본적인 전자장치의 폭넓은 지식을 얻어 갈 수 있다. 음악 신시사이저 소닉 파이(Sonic Pi)와 로봇 제작을 위한 앱도 내장되어 있다.

pi-top[3]은 단순한 염가 랩톱이 아니다. 키보드와 디스플레이만의 사용에 그치지 않고 STEM 교육의 학습 플랫폼으로서의 가능성을 보유하고 있었다. pi-top사는 원래 라즈파이 기반 랩톱을 3D 프린팅한다는 목적으로 2014년 영국 학생들이 설립한 스타트업 기업인데, pi-top CEED와 원본 pi-top 생산을 목적으로 클라우드 펀딩을 실시해 430만 달러를 조달하여 화제가 되었다.[28] pi-top사는 이 STEM 학습 플랫폼의 세계 전개를 착착 진행하고 있다. 2017년 말 현재 80개국 이상, 총 1,5000개 이상의 학교에 랩톱이 도입되었다.[29]

---

[28] "Learn to code startup pi-top pulls in $4. 3 M to fund a global edtech push." Tech Crunch, 2016년 11월 3일.
https://techcrunch.com/2016/11/03/learn-to-code-startup-pi-top-pulls-in-4-3m-to-fund-a-global-edtech-push/

[29] [28] "Pi-Top이 하드웨어와 소프트웨어 학습용 새르운 랩톱을 발표", Tech Crunch Japan, 2017년 10월 14일.
https://jp.techcrunch.com/2017/10/14/20171013pi-top-outs-a-new-laptop-for-budding-coders-and-hardware-hackers/

pi-top 연수는
팝랩 부탄의 핵심 사업 중 하나로

마담 카르마의 귀국 후 pi-top사는 팝랩 부탄에 대해 10대의 pi-top[3]의 무상 공여를 결정했다. 드디어 pi-top사의 부탄 진출이다.

나는 휴일에 과할 정도로 출근하여, 소화하지 못한 대체 휴가 일수가 너무 많이 남아 있었다. 적어도 하루 정도는 권리를 행사하지 않으면 직원들에게 폐를 끼칠 것 같아 7월 6일(금)에 휴가를 내기로 했다. 이 날 팀푸 테크파크와 팝랩 부탄이 pi-top의 워크숍을 공동 개최한다고, 테크파크의 페이스북에 사전 공지가 올라왔다. 과연 소프트웨어 스타트업의 비즈니스 인큐베이션 시설이다! 이런 경우 사전 고지는 팝랩보다 테크파크가 훨씬 빠르다.

이 시점에서 pi-top 현물을 부탄에서 소유하는 것은 나밖에 없을 것이라고 생각했다. 오늘은 pi-top 개념 설명뿐일까 하고 생각하며 회의장에 들어서니 과연 마담 카르마는 pi-top 7대를 런던의 pi-top사에서 기증받아 가지고 왔다. 심지어 이 회사의 기술 어드바이저 조 켈리도 와 있었다.

　　7월 1일부터 15일까지는 부탄의 교육기관들이 모두 짧은 여름방학에 들어간다. 학생들의 마음이 해이해지지 않도록 하기 위해 학교 수업과는 다른 학습 기회를 학생들에게 제공하고자 전국 곳곳에서 다양한 과외 프로그램이 실시되고 있었다. 게다가 학교 운영자 측의 지명으로 각 학교의 학교장이나 해당 과목의 성적 우수자 등도 참여한다.

그림 32 | pi-top[3]으로 전자 공작을 하는 중고생들(출처: 야마다 코우지)

　　이날의 pi-top 워크숍도 같은 위치에서 팀푸 고교생 약 30명이 불안한 얼굴로 개회를 기다리고 있었다. 회의장 안에는 시게 도르지 테크파크 CEO가 어린아이를 데리고 와 있었고, 왕립부탄대학(RUB) 본부의 간부도 있었다.

　　테크파크 세미나홀은 초만원이어서 무더위가 걱정이었다. 회의장은 테크파크이지만, 테크파크의 스태프는 시가이 CEO를 포함해 참가자 측에 앉았다. 설명은 조 켈리가, 지원 역할은 팹랩 부탄의 마담 카르마와 제이슨과 난다 등이 도와주었다.

참가자들은 2인용 테이블 2개를 합해 만들어진 7개의 '섬'으로 나뉘어 착석했으며, 각 섬에는 pi-top[3]이 한 대씩 배치되었다. 나도 pi-top[3]을 가져왔기 때문에 나의 섬만은 2대가 배치되었다. 진행된 워크숍은 pi-top 입문이라기보다는 pi-top CODER를 이용한 코딩 연수였다. 실제로 모듈러 레일에 브레드보드를 마운트하고, 여기에 각종 전자 부품을 꽂아 pi-top CODER로 쓴 코드로 실제 LED 램프가 점등하는지, 점멸시키려면 어떤 코드를 추가하는지, 소등시키려면 어떻게 하는지, 점멸 간격 조정을 코드로 어떻게 표현하는지 등을 실제로 해 보는 게 목적이었다.

고등학생들은 묵묵히 작업했다. 라즈파이를 기반으로 한 전자 공작의 입문으로, 책을 읽고 머릿속으로 익히는 것보다는 실제로 움직여 보면서 시행착오를 겪으며 기억하는 편이 알기 쉬울지도 모른다. 참가한 한 고교생은 조 켈리와 팹랩 부탄의 스태프가 가이드해 준 내용을 곧바로 이해하고 빠르게 전자부품의 마운트와 코드 기입, 미세 조정 등을 진행시켜 나갔다. 반면 그 속에 섞인 아저씨는 조 켈리 등의 설명을 따라가기도 힘들었고, 최근 노안이 진행되어 디스플레이상의 세세한 코드를 읽을 수 없어 큰 고전을 면치 못했다.

테크파크에서 반나절 워크숍을 마친 뒤 팹랩 부탄 일행은 조 켈리를 안내하고 학교 교육 커리큘럼 개발과 교원 연수를 담당하는 파로의 정부 기관 왕립교육평의회(REC), 남부 츄카(Chuka) 현의 아레카(Areca) 초등학교에서 같은 pi-top 워크숍을 열었다. 그들의 수중에 있던 pi-top[3]

은 7대였다. 이것도 조 켈리가 런던에서 휴대 기재로서 반입한 것으로 그 후에 공수로 나머지 pi-top[3]도 부탄에 드착했다고 들었다. 별도 발송의 경우 부탄의 수취인은 경유지에서의 통관 수속에 덧붙여 파로공항에서 통관 수속에 어려운 점이 많았다. 팹랩 부탄은 비영리단체(NPO)지만 관세를 면제받을 때는 부탄 정부와 갈등을 빚는 경우가 많다.

pi-top[3]을 사용한 코딩 연수는 이후 팹랩 부탄의 핵심 활동으로 성장한다. 전기통신에 대한 지식이 있는 난가가 pi-top 부문의 리더가 되었으며, 이후에도 국내 각지에서 중고생들 대상으로 코딩 연수를 기획·운영해 나갔다.

부탄의 교육기관이 긴 겨울방학에 들어가는 12월에는 방학 기간 중 돌아온 대학생들을 대상으로, 팹랩 부탄이 이전 입주한 스타트업 센터 연수실에서 일주일간 응용편 연수도 주최했다. 여전히 1인 한 대를 쓰기에는 pi-top[3]의 수가 부족했지만 참여한 학생들이 휴대하거나 팹랩이 소장한 랩톱을 사용함으로써 이를 해결했다. 내장된 프로그래밍 언어 파이썬(Python)도 이용해 교육이 이루어졌다.

나도 5일째 현장에 있었다. 풍조린의 CST나 데와탄의 JNEC에서 온 학생이 "이거, 재미있으니까 신학기가 시작되어도 여기에 남아 공부하고 싶다"라고 한 말이 인상적이었다. 난다는 2019년 2월, 팹랩 부탄으로부터 지명되어 단신으로 영국에 가서 런던의 pi-top사를 방문해 약 4주간 직무 훈련(OJT)를 받고 왔다. 동사가 개발한 제4세대의 pi-top 'pi-top[4]'의 조작과 pi-top을 구현한 다양한 프로토 타입의 제작 가능성에 대해 배우고, 인적 네트워크를 확대하고 돌아왔다.

JICA의 전략 재검토 –
팹랩 부탄에 공식적으로 접근

팹랩 부탄이 공격적으로 활동하던 이 무렵 JICA 쪽에서는 새로운 기술협력 프로젝트가 원점으로 돌아가 있었다. 8월 말 마감인 2019년도 기술협력 요청 조사 과정에서 재도전을 하게 된 것이다.

한편 4월 도쿄 도부게이 총리가 일본을 방문했을 때는 반대로 아베 총리 측에서 "일본은 부탄에 대해 지금까지 청년해외협력대원과 시니어해외봉사단을 약 600명 파견했다. 그리고 향후 부탄에서 수요가 예상되는 경찰 등의 분야에 추가 봉사단 파견을 검토한다"[30]고 일본에서 보도되었다. 그에 대해 토브게이 총리는 "고맙다"며 감사의 말을 전했다. 나는 여기서 '경찰 등'의 '등'의 내용이 신경이 쓰였다. 거기에 근거해 우리는 새로운 자원봉사의 필요 시간을 진행하지 않으면 안 되었다.

조사해 보니 거기에는 '방재'라는 것도 포함되어 있었다. 나중에

---

30 "일·부탄 정상회담", 외무성 HP.
    https://www.mofa.go.jp/mofaj/s_sa/sw/bt/page4_003919.html

말하겠지만 나는 이 시기에 4박 5일간 네팔 카트만두 개인 여행에서 돌아왔다. 개인 여행이라면서 카트만두 체류 중 네팔 혁신 랩과 네팔 커뮤니테레라는 2개의 공방을 약속 없이 방문해 인맥을 쌓았다. 모두 2015년 4월의 네팔 대지진 후에 디지털 제작의 필요성을 느낀 선진국의 NGO가 긴급 인도 지원을 통해 현지화시킨 디지털 공방이다. 재해 시 인도 지원의 현장에서 디지털 공작기계가 어떻게 활용되는지, 그것이 부흥 국면에 들어가 있는 현재 어떠한 형태로 운영되는지를 보고 싶었다. 부탄에서 대지진이 발생했을 경우 디지털 공작기계를 통한 긴급 대응은 필요해질 것으로 생각했다.

지금의 팹랩 부탄에는 재해 발생을 의식해 방재 상품이나 재해 시 구명 구급 용구의 시제품 개발에 착수하는 스태프가 없다. 그렇다면 그러한 시작품의 제작을 그들과 함께 일하는 '방재' 분야의 일본인 자원봉사를 팹랩 부탄에 파견하는 것이 하나의 대안일지도 모른다. 그래서 나는 5월 24일 자원봉사 사업담당소 직원 2명과 함께 마담 카르마와 라브텐을 찾아가 팹랩 부탄에 대한 협력대원 파견을 제안해 보았다.

그 무렵 팹랩 부탄에는 2명의 외국인 인턴이 재직하고 있었다. 한 명은 2017년 팹랩 개설 직후부터 내 목검 복제품 제작을 지원해 준 영국인 제이슨이다. 그는 골판지로 만든 안전 헬멧과 목제 백개먼(Backgammon) 게임 키트 그리고 콤부차(kombuha) 배양을 비롯해 비즈니스의 싹을 부탄에 심으려고 했다. 그의 실습 기간은 1년이며 2018년 8월에는 귀국할 예정이었다.

다른 한 명은 같은 해 3월부터 4개월의 예정으로 와 있던 덴마크인 아즈병이다. 대학에서 기술인류학을 전공했다는 그는 팹랩에서 프로토 타입 제작을 조언하며 드나드는 사람들의 행동을 관찰하고 질문을 반복했다. JICA 소장의 위치가 아니었라면 사실 나도 해 보고 싶었던 것이다. 그도 7월에는 실습 기간을 마치고 고향으로 돌아갈 예정이었다. 그가 머지않아 대학으로 돌아가 그 성과를 논문으로 정리할 날이 기다려진다.

나는 마담 카르마에게 외국인 메이킹 마니아가 장기 체재하면 제이슨, 아즈병과의 협동 경험은 물론이거니와 부탄인 스태프와 교류해 새로운 아이디어도 생길 것이며, 이는 팹랩의 스태프나 출입하는 사용자의 역량 향상과도 연결될 거라고 말했다. 그녀는 JICA가 일본인 자원봉사자를 파견해 준다면 당연히 대환영이라고 즉답했다. 동석했던 라브텐도 찬성하여 3D CAD를 알려 주는 사람이 있다면 대단히 고맙겠다고 덧붙였다.

나는 협력대원을 1명 팹랩 부탄에 포함시킴으로써 커뮤니케이션 문제로 인해 좀처럼 진전되지 않았던 현지 JICA 관계자에 의한 팹랩 활용도 나아질 것으로 기대하고 있다. 직종은 '방재'로 활동의 중심은 방재 물품, 구명 구급 물품의 개발이나 팹랩의 재해 시 긴급대응능력 강화에 있지만, 그 이외의 메이킹에도 힘써야 한다. 일본과 부탄의 메이킹 마니아 사이의 중개 역할을 해 주는 것이 나의 바람이다.

체왕이 최초로 쓴 풀뿌리 무상자금 협력 요청서에서도 팹랩 부탄에 협력대원을 받아들이자는 아이디어는 언급되어 있다. 나는 그 당시

팝랩 자체의 개설 전망도 불투명하고, 요청서의 내용도 상당히 '담긴' 것
이라고 생각하고 있었으므로, 협력대원의 요청에 대해 JICA 측에서 언
급하는 것은 피해 오고 있었다. 하지만 1년 반이 경과하고 팝랩 부탄이
확실히 일어선 지금의 나는 이렇게 협력대원의 배속에 대해 그들에게
제의하고 있다. 어쩐지 입바른 말을 하는 자신에게 쓴웃음을 지으면서
이 무렵부터 나는 JICA와 팝랩 부탄의 연결을 강화하기 위한 대책을 더
생각하고자 방향을 틀었다. 이 협력대원의 파견 요청에 대해 부탄 측의
서류 절차는 순조롭게 진행되어 2018년도 협력대 가을 파견 모집에 무
사히 게재되었다.[31]

---

[31] 이 청년해외협력대 파견 요청은 2020년 6월 현재까지도 이뤄지지 않고 있다. 처음 두
차례 모집 때는 지원자가 없었고, 2019년 가을 모집에서 첫 합격자를 냈지만 이번에 합
격자가 사퇴했다. 2020년 봄 모집에서 재도전을 추진하던 중 신종 코로나 바이러스 감
염 확대로 전 세계 파견 대원의 일시 대피가 결정되던서 신규 채용도 무산되었다.

FAB17 유치 결정!

그런데 pi-top[3]을 이용한 코딩 연수의 현장에, 내가 '절친'라고 말하던 체왕이 등장하고 있지 않은 것을 눈치챘는가? 토쿠시마가 처음으로 부탄에 소개한 pi-top CEED를 부탄 내 도입까지 연결하는 근거를 만든 것은 확실히 체왕이지만, 2018년의 봄부터 여름에 걸쳐 팹랩 부탄에 가도 체왕을 보기는 힘들었다. 특히 코딩 연수장에서는 전혀 모습을 드러내지 않았다.

이 시기 그는 무엇을 하고 있었을까? 사실 그는 pi-top과는 다른 중대한 미션을 짊어지고 있었다. 그것은 팹 2.0의 연장선상에 해당하는 팹랩 부탄의 '공격적인 활동'의 한쪽이라고 해도 좋다. 이 시기는 나 자신도 JICA의 예산 압박문제에 대한 대응이라든가, 4월 정상회담의 후속 조치라든가, 단기 출장으로 와 있던 관계자의 지방에서의 급한 보고서에 따른 긴급대응 등에 쫓기고 있어 체왕의 행적을 정확히 파악하지 못했다. 그래서 내가 보고 들은 범위 안에서만 그의 공적을 소개하고자 한다.

2018년 7월 16일부터 22일까지 프랑스 툴루즈에서 제14회 세계 팹랩담당자회의(FAB14)가 개최되었다. 11일부터 13일까지 파리에서 열린 팹 시티 서밋까지 합치면 열흘 이상 세계인의 축제다. FAB14에는 세계 각지에서 1,200여 곳의 팹랩 대표자가 집결했다. 참가자 수는 연인원 3,000명이나 된다. 당시 체왕은 팹랩 부탄을 대표해 프랑스에 머물고 있었다. 매년 세계팹랩담당자회의에서는 3년 후의 개최지도 결정된다. 체왕은 지난 2021년 7월, 제17회 대회(FAB17)를 부탄으로 유치하기 위해 현지에서 홀로 뛰고 있었다.

전 세계에서 부탄을 포함한 8개의 팹랩이 유치에 입후보했다. 7월 21일에 이루어진 기획 프레젠테이션에 근거하는 참가자 투표의 결과, 개최국이 부탄으로 결정했다. 귀국 후 체왕은 부탄 정부 관계자를 서둘러 방문해 FAB17 개최를 위한 협조를 요청하고 다녔다. 그 일환으로 26일에는 마담 카르마와 함께 나에게도 왔다. 지금까지 팹랩 부탄과는 접점이 있던 사무직원 와카바야시, 세코, 크리슈나도 동석해 이구동성으로 FAB17 유치 성공을 축하했다.

유치 결정의 무대 뒤에 대해 체링이 이렇게 가르쳐 주었다. 내가 2016년 11월에 전국지 《쿠엔셀》에 투고한, 부탄이 팹랩을 가지는 것에 대한 의의와 관련한 논고 '부탄을 메이킹의 나라로'를 인용해 유치 어필을 한 듯하다. 사실이라면 대단한 이야기다. 여기까지 흐름을 만드는 데 나도 나름 기여했다는 이야기가 된다. "다소가 어디에 있든 2021년 7월에는 주빈으로 부탄에 부를 테니 기조강연 좀 해 주세요."

체왕은 나를 두고 다쇼라고 부른다.

그림 34 | FAB14 회의장에서 부탄 유치 프레젠테이션을 하는 체왕(출처: Fablab)

하지만 이제부터가 큰일이다. FAB17 개최 기간 중 전 세계에서 무려 3,000명의 메이킹 마니아가 몰려든다. 이는 부탄이 과거에 국내에서 호스트한 국제회의로서는 단연 최고의 규모이다. 단순히 제작 인력을 늘리거나 공작기계의 배치를 증강하는 것이 아니라 외국인 3,000명을 한꺼번에 수용할 수 있는 숙박 시설을 확보해야 한다. 농촌의 민가에서 홈스테이하는 민박은 부탄에서도 증가하고 있지만, FAB17의 메인 회의장으로부터 너무 멀면 꺼려질 것이다. 이동을 위한 교통수단도 필요하다. 지혜를 써서 부탄이 가진 수단을 총동원하지 않으면 도저히 실현될 수 없을 것이다. 동시에 JICA에서도 CST에서의 공학교육 강화 프로젝트가 예산 핍박의 여파로 좌절되는 것은 큰 문제가 된다. 늦어도 FAB17까지는 '팹랩 CST'가 시작되지 않으면 모양이 나지 않는다. 풍조린에 제2의 팹랩이 있으면 수도 팀푸에 모여드는 사람을 어느 정도는 분산시킬 수 있다. 또한 FAB17 사이드 이벤트 유치도 가능하다.

232

차기 수요 조사에서는 이 기술협력이 확실히 채택되어야 한다. 게다가 FAB17에 주빈으로 불린다면, 나 자신도 그때까지 상당한 스킬을 향상시키지 않으면 면목이 서지 않는다. 나는 큰 부담감을 느꼈다.

국제로봇경연대회 첫 출전!

또 하나의 큰 사건은 FIRST 글로벌 로보틱스 챌린지에 출전한 것이다. FIRST(For Inspiration and Recognition of Science and Technology)는 과학기술 보급을 목적으로 미국에서 설립된 비영리단체로, 매년 국제로봇경연대회를 개최하고 있다. 2018년 8월 15일부터 18일까지 멕시코시티에서 열린 대회에는 전 세계에서 192개 팀이 참가했다. 이 가운데 첫 출전한 부탄팀도 포함되어 있었다. 젊은이 세 명으로 편성된 부탄팀은 팹랩 부탄이 앞장서 인선되었고, 마담 카르마와 체왕이 멕시코시티까지 여행을 인솔했다.

이 국제 로보콘 출전은 그해 5월경부터 팹랩을 찾을 때마다 화제에 올랐다. 팀 리더는 팹랩 스태프인 린췬 치텐으로 일찌감치 낙점되었다. 작은 전차와 같은 체격의 린췬은 2017년 7월 팹랩이 출범하면서 비교적 빠르게 스태프로 합류했다. 고교 졸업 후 그는 대학에 진학하지 않고 팹랩에서 물건을 만드는 게 더 재미있다며 그대로 눌러앉았다. 부탄에서는 옥외비행이 금지되어 있는 드론을 다운로드한 외국의 오픈 소스·데이터를 기초로 팹랩에서 자작하여 만든 시험 제작기 '카르마 드론'을 노르부 왕축(Norbu Wangchuk) 교육부장관 앞에서 날려 장관들을 놀래킨 강자이기도 하다.

이후 인선을 통해 학급 12(일본의 고등학교 3학년에 해당) 재직 중이던 우겐과 우메슈가 선발되었다. 세 명은 그 후 팹랩에서 시제작 제작을 위한 집중 교육을 받았으며, 더욱이 주최자 FIRST에서 보내져 온 로봇 제작 키트를 기초로 설계하고 테스트하는 과정을 반복하며 단기간에 순식간에 경험치를 높여 갔다.

그리고 맞이한 본 프로그램. 독특한 긴족의상 차림으로 개회식에서 주목을 끌었다. 첫 출전한 부탄팀은 예선 라운드를 5승 2패의 호성적으로 돌파해 결승 라운드에 진출했다. 승리를 결정지었을 때 이들의 '와하하(Wahaha)' 춤은 부탄의 전통 스포츠인 양궁이나 크루(Dart)에서 정곡을 찌를 때 선수 모두가 명중을 기리는 의미로, 이 또한 장내의 갈채를 받았다. 결승 라운드는 예선 탈락한 팀원도 진출 팀 지원에 가담할 수 있는데, 부탄팀도 2개국의 협조를 얻어 맞붙었다. 8강까지 갔지만 최종 순위는 17위였다. 하지만 192개 팀 중 17위이다. 그것도 첫 출전이다. 이 좋은 성적이 보도되자 부탄이 발칵 뒤집혔다. "부탄 대단해!", "부탄도 하면 돼!", "할 수 있는 여건만 만들어지면 부탄도 잠재 능력을 발휘할 수 있다는 것을 그들은 증명했다" 등 칭찬의 물결이었다. "이것을 가능하게 한 팹랩 부탄은 대단하다"라는 소리도 높아졌다.

그림 35 | 린쥔 군을 기수로 부탄팀 입장(출처: Fablab Bhutan)

그림 36 | 부탄팀이 제작한 '드럭봇(Druck Bot)'(출처: Fablab Bhutan)

‘전국 15곳에 팹랩을’ 구상의 근거

　그렇게 부탄팀 일행은 의기양양하게 귀국길에 올랐다. 다만 이 시기 부탄에서는 하원이 해산하고 선거전에 돌입했으며, 9월 15일 경선을 치르는 4개 정당은 국제무대에서 눈부신 활약을 펼친 부탄팀과 접촉할 경우 정치적으로 이용한다고 받아들여질 수 있었다. 부탄 선거관리위원회도 “대중을 동원하는 집회는 노(NG)”라고 통보하고 있다.

　9월 5일, 나는 뉴델리 일본대사관의 풀뿌리 무상자금협력 담당관인 와다 마리코[和田真理子] 씨(니시무라 코코 씨의 후임)를 팹랩 부탄으로 안내했다. 활동을 개시한 팹랩을 일본대사관 쪽이 방문하는 것은 이번이 처음이었다.

　풀뿌리 무상자금 협조 요청은 여전히 살아 있지만 위상은 달라지고 있었다. 팹랩 부탄 설립을 위한 초기 설비투자가 아니라 설비 확장을 위한 추가 투자이다. 이 점은 와다에게도 일찍이 전했다. FAB17 유치, 국제 로보콘 상위 입상이라는 팹랩 부탄이 지금까지 올린 실적은 프로젝트 심사에서 플러스 요소가 될 것이다.

그때 나는 체왕으로부터 국제 로보콘 표창식의 프레젠테이션을 의뢰받았다. 다음 날인 6일 오후 나는 다시 팹랩 부탄으로 향했다. 벌써 회의장은 파티용 장식으로 가득했고 스태프 일동이 이제나저제나 행사 시작을 기다리고 있었다. 부탄팀의 세 명 중 우메슈는 대학 진학을 위해 인도 벵갈루루로 떠났다. 우겐은 부모와 함께 시상식장에 와 있었다. 주빈의 당연한 역할로서 나는 부모님께도 인사하고, "좋은 아드님을 두셨네요"라고 축하 인사를 건넸다.

팹랩 부탄으로 돌아가면 린췐은 스태프 중 한 명이지만, 그는 이 날의 주역이라 프레젠테이션 세팅에 분주하면서도 그의 표정에는 성취감에 힘입은 자신감 같은 게 느껴졌다. 선거기간 중 대규모 집회는 열 수 없는 제약상 참가자는 20명 정도였다. 부탄팀원 세 명과 인솔의 마담 카르마, 체왕에게는 로보콘을 주최한 FIRST로부터 입상증명서가 발행되어 참가상 티셔츠와 함께 내가 한 사람 한 사람에게 주었다. 이어 부탄팀의 역량 향상을 지원한 팹랩 부탄의 스태프 한 사람 한 사람에게도 그 공헌을 기리는 감사장을 전했다.

증정식 후 로보콘에서 경합을 벌인 부탄팀 세 명이 현지에서 촬영한 동영상을 선보이며, 로보콘 회장과 경기 모습을 이야기해 주었다. 벵갈루루의 우메쉬도 스카이프로 참가했다. 생각해 보면 2년 전인 2016년 9월, 체왕은 '팹랩이해관계자회의'를 개최해, 팹랩을 어떻게 만들까 논의하고 있었다. 그로부터 1년 만에 팹랩 부탄은 일어섰고, 다시 1년 만에 국제 로보콘 출전에 성공했다. 2년 전에 체왕이 부른 '이해 관계자' 가운데 남은 건 그와 나 둘뿐이지만, 결국엔 부탄에 새로운 큰 흐름을 만들 수 있지 않았나 생각한다. "서로, 잘 여기까지 노력해 올 수 있었네"라고 나는 체왕에게 치하의 말을 걸었다.

그림 37 ｜ 국제로봇콘테스트에서 건투를 빌다(출처: 야마다 코우지)

하지만 체왕은 이때 쉴 새 없이 다음 단계로 접어들고 있었다. 이들의 감독관청인 노동인력부에서 전국 15곳에 팹랩을 만들려면 얼마 정도의 예산이 필요한지 추산해 달라고 한 것이다. 노동인력부는 2018년 여름의 팹랩 부탄의 쾌거에 주목해, STEM 교육을 정부의 제12차 5개년 계획의 중심으로 삼은 듯했다. 동성 소관의 직업훈련 학교는 전국 각지에 7교 있다. 여기에 RUB 산하 단고대와 교육부 산하 기술교육 프리미어 스쿨 몇 곳을 합쳐 모두 15곳을 전국에 배치한다는 구상이다.

그러나 노동인력부에는 거기에 드는 예산 총액을 추산할 수 있는 직원이 없다. 그래서 그 작업을 통째로 체왕에게 지시한 듯하다. 그가 추산 작업에 착수하던 8월 말, 나는 체왕으로부터 메일을 받았다. 그는 "JICA는 어디에서 팹랩 개설 지원을 할 예정인가"라고 물었다. 나는 "풍조린의 CST"라고 즉답했다. 덧붙여 "파로에 개설하려면, 파로교대보다는 봉데 지구의 농기계화센터(AMC)에 병설하는 것이 좋다"라는 의견을 주었다.

이렇게 그는 강행공사로 이 작업을 진행해 로보콘 시상식 직전인 9월 2일, 예산서와 사업제안서를 노동인력부에 제출했다. 마담 카르마가 내게 보내 준 사본을 보면 사업제안서에는 전국 15곳에 팹랩을 설치하는 데 있어 팹랩 부탄이 어떤 서비스를 제공할 수 있는지가 중점적으로 그려져 있다. 그 목적은 초·중등교육에서 대학교육에 이르기까지 디지털 제작의 보급, 스타트업의 역량 강화였다. STEM 교육의 보급과 민간기업 육성을 위한 전문 서비스 제공을 내걸고, 이를 위해 MIT 비트아톰센터와 연계하여 6개월의 제작 집중 연수 '팹 아카데미(Fab Academy)'의 부탄 운영, 영국 pi-top사와 연계하여 학교 학생들을 위한 프로그래밍 교육의 운영, 나아가 FAB14에서 아이디어를 차용해 왔다고 생각되는 섬유와 디지털 제작을 융합한 '패브릭 아카데미(Fabric Academy)'의 운영 등이 거론되고 있었다.

체왕이 지금까지 구축한 국내외 네트워크를 풀 활용해, 그것을 매개체로 하여 팹랩 부탄을 이러한 연결의 플랫폼이라고 평가하는 구상이라고 나는 이해했다. 그가 추산한 전체 예산은 2023년 6월까지 5년간 2억 5500만 눌트럼(Ngultrum, 부탄 통화)(약 4억 엔)이었다. 그중 국내 15개 신설 팹랩 기자재 조달에 1억 4700만 눌트럼(약 2억 3200만 엔)이 투입되었다. 단순 계산으로 한 개당 1550만 엔이 배분된다. 이는 팹랩 설치에 있어서 충분한 금액이라고 할 수 있다. 팹랩 부탄에 배분되는 직원 인건비는 1690만 눌트럼(2662만 엔)으로, 이에 따른 현안이었던 이들의 경영 상황은 상당 부분 개선될 전망이다.

반면 각 랩의 인력 인건비와 운영 경비는 축적되지 않았다. 기존 교육기관에 대한 병설이므로 추가 인력 배치는 필요 없다고 생각한 것일지도 모르지만 그래도 재료 조달과 같은 경상 비용은 들지 않을까? 또 15곳이 구체적으로 어디인지는 사업제안서에 명시되지 않았지만 한 번에 모두 설치하고 각 랩의 인스트럭터에 더한 연수는 팹랩 부탄이 도맡아 실시한다는 전제로 쓰여진 것 같았다. 단계적 도입이라는 시나리오는 예정되지 않은 듯했다.

팹랩 부탄은 9월 바베사 지구의 주상복합건물 지하 1층에서 창잠톡 지구의 경제부 스타트업 센터로 이전을 완료했다. 나는 2017년 4월 스타트업 센터 건설의 진척 상황을 확인하고 팹랩 입주를 제안했지만, 완공은 예상대로 반년 이상 늦어져 개소식이 열린 것은 2018년 6월 24일이었다. 개소 후 한동안 나는 센터 뒤의 베이커리숍에 점심 빵을 사러 가는 김에 몇 번인가 상태를 들여다보았지만 입주자도 드물고, 환경은 좋을지 모르지만 결국 사용되지 않는 것은 아닐까 걱정했다.

그러나 여름의 한바탕 열풍이 지나가자 팹랩 부탄은 만반의 준비를 갖추고 스타트업 센터에 입주했다. 가까스로 자리를 잡은 형태였다. 여기서도 팹랩 부탄의 핵심은 STEM 교육의 보급과 스타트업 기업의 지원이라는 두 가지 형태가 될 것으로 예상된다. 팹랩 부탄은 드디어 풀가동 태세에 들어가려 하고 있었다.

제7장

팹랩에 연결
(2018년 6월~2019년 1월)

네팔에서 배운 인도적 지원과 디지털 제작

5월 3일부터 7일까지 나는 휴가를 얻어 개인 용무상 네팔 카트만두로 갔다. 나의 JICA 해외 주재원 경험은 1995년 네팔 부임에서 시작되었다. 그때 나는 자택에서 가정부를 고용했다. 열악한 환경에서 우리는 아이를 가졌지만 얼마 지나지 않아 유산을 경험했다. 다행히 1998년 1월, 우리는 아이를 다시 가질 수 있었다. 딸이었다. 어느덧 그 아이는 무사히 성장해 2018년에 스무 살 생일을 맞았다. 즉 이는 축하 겸 여행이었다.

이 여행에는 또 다른 목적도 있었다. 내가 부탄에 부임하기 직전, JICA 연구소가 주최하던 '개방형 혁신과 개발(Open Innovation and Development)' 연구회의 스터디 그룹에서 2015년 4월 25일에 네팔에서 발생한 진도 7.8의 대지진 직후, 재해지에 디지털 공작기계를 반입한 미국의 NGO가 있다고 들은 적이 있었다. 커뮤니테레 인터내셔널(Communitere International)이라는 이름의 이 단체는 2010년 아이티 대지진, 2013년 필리핀의 태풍 재해 당시 피해 지역에 공작기계를 들여와 잔해를 재건용 건설자재로 가공하는 활동을 하고 있다고 했다.

여행 출발 전에 인터넷 검색을 해 보니 커뮤니테레 인터내셔널은 철수했고, 네팔 현지 활동은 현지 단체 네팔 커뮤니티(Nepal Communitere)가 설립해 계승하는 듯했다. 조금 더 검색해 보니 네팔 대지진 재해지의 요청으로 설립된 또 다른 단체를 발견할 수 있었다. 바로 네팔 이노베이션 랩(Nepal Innovation Lab, 이하 N-Lab)으로 국제 NGO 월드비전(World Vision)과 또 다른 국제 NGO인 필드 레디(Field Ready)가 각각 자금과 기술을 지원하고 있었다.

미국에 본사를 둔 필드 레디는 재해 직후에 디지털 공작기계를 반입하고 현장에서 필요한 것은 현장에서 만들게 하는 활동을 세계 각지에서 실시해 온 단체다. 한 예로 시리아의 분쟁지에서는 빌딩에 깔린 이재민을 구출하기 위해 자전거용 공기 펌프로 부풀리는 간이 에어백을 사용했는데, 이는 현지의 재료로 제작한 것이다. 검은 방석 같은 에어백을 천장과 바닥 사이 틈에 미끄러지게 한 뒤 펌프로 공기를 밀어 넣어 부풀게 한다. 1장으로 5t을 들 수 있으며 2장을 겹치면 더 높이 들어 올릴 수 있다. 현지에서 입수 가능한 재료로 만들기에 평시에는 이것이 비즈니스가 될 수 있다. 에어백은 하나하나 검사를 해 영국 표준 BSEN13731:2007을 통과하고 있음이 확인되었다.

마찬가지로 재해지나 분쟁지에서 즉시에 필요한 것을 그 자리에서 만들기 위해서 필드 레디는 현장에 3D 프린터와 태양광발전기를 세트로 반입한다. 예를 들면 급수를 위한 비닐 호스가 2개 있고 이것을 연결하여 사용하고 싶은 경우 구경이 다르면 잘 연결할 수 없다. 그럴 때

양자의 구경을 버니어 캘리퍼스로 계측해, 스케치에서 3D CAD 소프트웨어로 데이터를 불러와, 이것을 3D 프린터에 보내 인쇄하면 접속 기구는 곧바로 사용할 수 있다.

2016년 5월에 이스탄불에서 개최된 세계 인도주의 서미트에는 일본 정부뿐만 아니라 JICA도 출석해 '인간의 안전 보장'을 키워드로 자신의 대처를 어필하고 있었을 것이지만, 필드 레디는 이 서미트에서 인도적 지원의 현지화·혁신이라는 어젠다를 내세워, 국제 여론의 형성에 주도적 역할을 담당하고 있다.

5월 4일 아침, 스마트폰의 지도 안내게만 의지하여 나는 카트만두 시내를 흐르는 바그마티강(Bagmati River)의 남안, 자와라켈(Jawalakhel) 지구에 있는 N-Lab을 방문했다. 주택가 안에 담장으로 둘러싸인 3층짜리 독채였다. 건물을 지키는 경비원도 있어 도저히 시민에게 열려 있다고는 생각되지 않았다. 약속이 없이 방문한 나는 경비원과 서툰 네팔어로 교섭해 직원을 연결해 달라고 부탁했다. 'JICA 부탄 사무소장'의 명함을 보이면서 "나는 부탄에서 온 팹랩 부탄의 심부름꾼이다"라고 약간의 거짓말도 섞어 어필했다. 'JICA'보다 '부탄'이 어필된 듯하다. 곧바로 안으로 통과시켜 주었다.

응대해 준 사람은 차리세(Chalise)로 월드비전 명함에는 '프로그램 조정원'이라고 적혀 있었다. 잠시 서서 배경을 설명하다가 필드 레디에서 파견되었다는 영국인 이노베이션 어드바이저 벤 브린(Ben Breen)도 자리를 함께했다. 2, 30대처럼 보이는 그는 다소 내성적인 듯했고, 느린 영어를 구사했다. 3D 디자인 전문가라는 람 찬드라 타파(Ram Chandra

Thapa)도 뒤늦게 찾아왔다.

　방문 목적에 대해서 나는 이렇게 설명했다. 2010년에는 인도의 다질린 시킴(Darjeeling Sikkim), 2015년에는 네팔 그리고 올해 초에는 인도 아삼에서 대지진이 일어났다. 이들과 맞닿아 있는 부탄 서부가 대지진과 무관할 리 없다. 실제로 2009년 9월에는 부탄 동부에서 대지진이 발생했고, 이를 계기로 대지진이 일어나면 어떻게 될 것인가 하는 논의는 최근 부탄에서도 이야기되고 있다. 2015년의 네팔 대지진은 정체된 부탄의 논의를 불러일으켰다. 그러나 언제 올지도 모르는 대지진에 대비해 유사시 누가 어떻게 움직일지, 무엇이 병목현상을 유발하는지, 국제 구호물의 경우 어떠한 체제로 받아들일지, 국제공항이나 국경에서 어떻게 재해지까지 수송할지, 구체적인 것은 아무것도 정해져 있지 않았다.

　만약 수도 팀푸에서 직하형 지진이 일어난다면 설령 국제사회가 긴급 인도적 지원을 하더라도 파로국제공항의 이착륙 용량과 쉽게 벼랑이 무너지는 사태가 일어나기 쉬운 파로~팀푸 간 국도의 취약성이 걸림돌이다. 구호물자가 시기적절하게 재해지에 전달되지 않는 위험은 네팔과 비교해도 높다. 원래 계곡을 누비며 착륙 태세에 들어가야 하는 파로국제공항에는 특별한 조종 자격을 가진 조종사만 조종 허가를 받을 수 있다. 전세기로의 부탄 입성은 곤란하다.

　네팔에서 N-Lab과 필드 레디의 경험은 부탄에게는 매우 큰 도움이 된다. 지금 부탄에는 팹랩이 하나 생겼지만, 거기에 방재 상품이나 재해지에서의 구원 활동에 필요한 다양한 기구를 만들고자 하는 스태프는 없다. 가능하면 필드 레디를 부탄에 초대하고, 네팔에서 재해 후에 그들이 한 일에 대해서 부탄의 재해 대책 관계자나 팹랩 부탄의 관계자에게 소개할 수는 없을까? 눈을 반짝이며 나의 설명을 들은 벤 브린과 람 찬드라는 "꼭 가고 싶다. 절차를 상의해 나가자"고 말해 주었다.

그러고 나서 벤 브린의 안내로 N-Lab 시설을 견학했다. 건물 2층에는 필드 레디의 디지털 공방과 3D 프린터가 자리를 잡고 있었다. 그곳에 랩톱을 조작하는 외국인 전문가가 2명 있었다. 필드 레디가 반입한 3D 프린터는 4대 있으며, 그중 한 대가 태양광발전기라며 세트로 현장으로 가지고 나간다고 했다. 2층 방은 따로 3개가 있고, 하나는 필드 레디의 사무실, 나머지 2개는 N-Lab의 스태프와 외부 기업가가 월드비전이 네팔 테라이평원에서 구현할 목적으로 저비용 하천 수위 모니터링 시스템의 개발에 대응하는 워킹 스페이스로 사용되고 있었다.

3층에서는 UNOPS(유엔 프로젝트 서비스기관)가 N-Lab 직원과 함께 지진 후 가옥 재건 현장의 원격 데이터 수집·모니터링 시스템 '필드 사이트(Field Site)' 개발에 힘쓰고 있었다. 우수한 건축사를 일부러 현장에 보내지 않아도, 현지의 모니터링 요원이 현장에서 데이터를 모아 실시간 송신하는 것으로 건설 오류를 줄여 필요한 지시를 내릴 수 있는 구조다. 이러한 현장 구현을 예정하는 연구 개발 프로젝트에 필드 레디는 기술적 조언을 하고 있었다.

1층의 주방 겸 식당과 넓은 거실은 회의실로 사용되고 있었다. 워크숍 등은 이곳에서 열린다. 이 건물 뒤로 돌아가면 마당에는 별도의 작업실이 있었고, 그곳에는 이들이 제작한 간이 에어백을 네팔에서 구할 수 있는 재료를 이용해 시제품을 만들고 양산하는 작업이 진행되고 있었다. 테스트 결과 1장에 4.75톤을 들 수 있다고 했다.

　“네팔 정부는 전국에 간이 에어백을 설치하기로 결정했고, 우리가 지금 그 양산 작업을 맡고 있다.”

그림 38 ┃ 시리아에서 테스트를 끝낸 간이 에어백을 보여 주는 벤 브린(출처: 야마다 코우지)

　이는 민간기업에 머지않아 이전될 예정이라고 벤 브린은 밝혔다. 이렇게 해서 재해 상품이 민간 비즈니스로도 발전해 나간다는 것을 배웠다. 여기서는 그 밖에도 플라스틱이나 3D 테스트 프린팅의 실패작을 분쇄한 후 3D 프린터의 필라멘트로 가공할 수 있는 기계를 준비시켜, 피난민을 위한 저비용 주택의 플라스틱 절연체 시작품이나 솜사탕의 원리를 이용한 플라스틱으로부터 양모 모양의 폴리머 ‘폴리플로스(Polyplus)’를 만드는 장치, 모래와 자갈, 플라스틱을 원료로 한 보도 정비용 블록의 제작이 이루어지고 있었다.

250

네팔의 메이킹 마니아들이 모이는 장소

오후에는 역시 약속 없이 잠시켈(Jhamsikhel) 지역에 있는 네팔 커뮤니테레를 찾았다. 토크 이벤트에 참가한다는 구실 아래 일찍 도착해 예정 부지 안을 견학했다.

내가 네팔에 주재하던 1990년대 후반에 내가 살던 집도 이 근처에 있었다. 하지만 지금 그들의 사무실이 있는 이 부지에 옛날에 무슨 일이 있었는지는 기억나지 않는다. 넓은 뒤뜰을 가진 민가였던 듯하다. 건물의 메인은 2층으로 여러 기업이 입주해 있었고, 1층에는 카페와 네팔 커뮤니테레 사무실이 들어서 있었다. 사무실 자체의 규모는 크지 않았다. 건물은 안뜰을 가지고 있고, 이를 둘러싸고 있는 개별 룸에는 기업들이 입주해 있었다. 마치 민간 비즈니스 인큐베이션 시설과 같은 분위기다.

깜짝 놀란 것은 뒤뜰이었다. 화물선으로 운반되는 화물 컨테이너가 블록처럼 2단으로 쌓여 각각 코워킹 공간과 메이커 공간, 상점, 로봇 협회 사무국, 회의실, 봉제 작업장 등으로 이용되고 있었다. 철공을 다루는 작업장도 가장 안쪽에 마련되었고, 그 옆 마당에는 정글짐 용접 작업을 하는 서양인이 한 명 있었다. 디지털과 아날로그를 조합해 거의 뭐든지 만들 수 있는 환경이었다.

재해 직후의 긴급 원조로 구호물자가 반입되고 그대로 방치된 컨테이너를 활용해, 다양한 사람이 출입할 수 있는 혁신(innovation) 공간으로 이용하고 있었다. 이런 활기찬 공간은 아직 부탄에는 없다.

그림 39 ┃ 지진 재해 발생 시의 구호물자 컨테이너를 재활용한 네팔 커뮤니텔 사무실(출처: 야마다 코우지)

네팔 커뮤니테레에서는 매월 첫째 주 금요일 저녁에 토크 세션이 개최되고 있었다. 6장에서도 소개한 라이트닝 토크다. 이날은 최근 카트만두에서 택시 호출 앱을 개발하고자 사업을 확장 중인 '살라티(Sarathi)'의 CEO 라뷔 싱겔이 사업개발 경험을 이야기했다.

네팔이든 부탄이든 JICA의 업무에서는 정부의 관리를 상대하는 경우가 많기에, 이런 비즈니스 스타트업의 교과서와 같은 젊은 사람들이 열심히 듣고 때때로 자극적인 의견도 내보내는 이곳의 분위기는 매번 새롭다. 어떤 면에서는 다른 훌륭함이 느껴진다. 이곳 사람들은 네팔인 같지 않다. 모두 토비도 쓰지 않고 펀자브 드레스도 입지 않았다. 또한 폴로 티셔츠에 청바지 차림이다. 내 기억에 있는 네팔인과는 거리가 멀다.

그림 40 | 네팔 젊은 기업가의 라이트닝 토크(출처: 야마다 코우지)

회의장을 좌식 의자로 둥글게 둘러싸고 앉은 참가자는 약 20명으로 한 사람 한 사람의 자기소개를 들으면, 모두 배경은 제각각이다. 그래도 대부분 창업에 관심이 있거나 창업한 상태였다. 이런 젊은 사람들이 앞으로의 네팔을 짊어질 것이다.

네팔 커뮤니테레 입주자들은 그다지 참여하지 않으며 대부분 외부에서 이 토크 행사를 목적으로 왔다. 라이트닝 토크가 이상적인 모습으로 발전한 것 같았다. 안타깝게도 잔해를 가공해 건설 자재로 재활용한 경험이 있는 사람을 현지에서 만날 수 없었다. 그러나 그 이상의 견문을 익히고, 나는 부탄으로 귀환했다.

여기서부터는 여담이다. 네팔 커뮤니테레에 방문했을 때 그들이 '카트만두 미니 메이커페어(KMMF)' 주최를 계획하고 있다는 사실을 알게 되었다. 메이커 페어는 문자 그대로 '메이킹 마니아들의 축제'로, 일본에서도 매년 5월에 교토, 8월에는 도쿄에서 대규모로 개최되고 있다. 이해 KMMF는 네팔에서 개최되는 첫 메이커 페어였고, 행사장도 이 네팔 커뮤니테레의 영내에서 아담하게 진행되었다. 마침 그 시기는 부탄에서도 팀푸 체추(축제)의 연휴여서, 시간을 내어 나는 9월에 카트만두를 다시 방문했다.

이때도 N-Lab에 가서 벤 브린을 방문했다. 그는 주사침 처리기(disposer)를 만들었다며 보여 주었다. 의료의 현장에서는 주사 후의 침의 처리 과정에서 의료 종사자가 상처를 입는 케이스가 많은 것을 알게 되어, 전극에 침을 연결하면 스파크가 일어나 순식간에 녹아 버린다는 처리장치를 시범 제작했다. 재료는 근처 파탄(Patan) 백엔 숍에서 조달했다. 간이 에어백 양산은 계속 진행 중이며, 연내 네팔 13개 군의 47개 도시, 총 57개소에 배치될 예정이라고 귀띔해 줬다. 또 다른 직원은 긴급의료 현장에서 필요할 것 같은 경구 보충수액을 태양광으로 따뜻하게 하는 작은 장치를 3D 프린터를 이용해 만들어 봤다며 보여 주기도 했다.

어떻게 그러한 제작의 요구를 찾아내느냐고 물으니 N-Lab의 스태프는 때때로 근처 병원에서 의견 청취를 하고 있다고 했다. 일이 벌어지고 나서 현장에서 필요한 물건을 만들어 현장에 반입한다고 해서 반드시 사용해 준다는 보장이 없다. 예상되는 이용자나 수혜자와 평상시부터 연락을 취해, 시작 단계부터 공동 창조 프로세스를 밟아나가면 제품에 대한 신뢰감이 생겨 유사시에는 곧바로 사용할 수 있게 된다.

9월 22일 KMMF 첫날 개막식에는 교육과학기술부 기리라지 포카렐(Giriraj Pokharel) 장관이 주빈으로 찾아와 드론을 날리고 네팔 국기를 상공에서 게양하는 퍼포먼스를 벌였다. 외교단으로는 스폰서로 나선 영국국제개발부(DFID)의 네팔 상주 대표가 와 있었다. 아프리카, 필리핀, 독일, 영국 등 외국 참가자도 눈에 띄었다. 이들은 대부분 '이그나이트 토크'라 불리는 제한 시간 5분 동안 20장 이내의 슬라이드로 프레젠테이션을 하는 프로그램의 참가자이다. 팹랩 부탄에 공작기계를 제공한 미국 솔리드웍스사도 행사장에서 만났다. 조만간 부탄에도 간다고 했다. 개막식을 마치자마자 안뜰에서 시작된 이그나이트 토크 제1세션은 디지털 기술의 가능성에 관한 것이었는데, 인상적이었던 것은 메이커넷 얼라이언스의 영국 연구자 앤 로우(Ann Lowe) 교수의 토크였다. 공급망 연구자인 그는 최종 제품 가격의 60%는 유통 비용으로, 디지털 기술이 유통을 중단시킴으로써 결과적으로 현지에서 생산한 제품 가격이 더 저렴할 수밖에 없다고 호소했다.

2일째에는 인도적 지원과 디지털 기술이라는 테마로 세션이 열렸다. N-Lab의 벤 브린도 시간 제한이 있는 '이그나이트 토크'라고는 생각되지 않는 느슨한 영어로, 필드 레디의 활동을 소개하고 있었다. 회의장에서는 잇달아 새로운 드론이 날았다. 네팔에서는 드론이 대유행인 듯, 직접 만든 드론을 전시해 농업이나 인프라 감시 등 다양한 용도로 이용이 가능하다고 홍보하는 기업인이 많았다. 그 외에 발전이나 탈곡, 세탁

그림 41 ┃ 카트만두 미니 메이커 페어 개회식. 드론이 대유행(출처: 야마다 코우지)

등 목적에 따라 자전거에 장착하는 다양한 부속품을 개발해 사업화하는 기업가도 있었고, 학교를 순회하며 과학 실험 시연을 벌이는 스타트업도 있었다. 인도의 빅얀 아쉬람처럼 공작기계를 동원해 자급자족을 실천하는 네팔 학교로 부스(Booth)를 만들어 출전했다.

KMMF는 네팔의 변화를 강하게 느낄 수 있는 페스티벌이었다. 국내외 제작에 힘쓰는 사람들이 연결되는 장이었다. 이웃나라 네팔의 이러한 열기를, 나는 남은 임기 동안에 가능한 한 부탄과 연결하고 싶다고 생각했다.

필드 레디를 부탄으로 부르다

사적으로 카트만두를 두 번 방문해 네팔의 제작 커뮤니티와의 접점을 만들어 온 나를, 팹랩 부탄의 체왕은 페이스북에서 계속 팔로우하고 있었다. 둔바 3D 웍스의 비슈누를 부탄에서 발굴했을 때와 같이, 체왕은 내가 페이스북으로 올리면 그 인물에게 연락을 하는 것이다.

체왕은 필드 레디의 사례에서 보듯 긴급 인도적 지원 현장에서 쓰여질 디지털 제작에 대해, 전혀 의식하지 못했고, 팹랩 부탄의 활동 속에서도 포함되지 않았다는 것을 깨달았다. 체왕은 네팔의 벤 브린이 아닌 필드 레디 영국 지부에 접근한 듯했다. 필드 레디의 부탄 초빙은 내가 카트만두에서 벤 브린을 만났을 때에 제안한 것으로 나는 뻔뻔스럽게도 부탄 입국을 위한 초청 비자는 JICA 사무소에서 발급을 하기 때문이다"라고 이야기했었다. 그러나 2017년도 후반에 나타난 JICA의 예산 압박의 영향은 이 무렵까지도 계속되고 있어, 당당하게 "초청 비용은 JICA에서 부담한다"라고까지는 말할 수 없었다.

그 부분을 커버해 준 것이 체왕이었다. 필드 레디 측은 부탄 입국

경비에 대해서는 "자비로라도 가겠다"는 전향적인 자세였다. 부탄 체류 기간 중 숙박 및 이동수단 비용 부담과 초빙 비자 발급을 팹랩 부탄 측에서 부담하기로 하면서 체왕은 필드 레디의 11월 초청을 갑자기 결정해 버렸다.

이렇게 해서 일정 조정의 주도권은 팹랩 측에 쥐어졌다. 그러나 원래 긴급 인도적 지원 현장에서 디지털 제작이라는 의식이 팹랩 부탄에는 없었기에, 체왕과 마담 카르마가 중심이 되어 편성한 프로그램 안에는 팹랩 부탄의 사업 소개로 일관되어 있었다. 유사시 대응이 요구되는 부탄의 민관 관계자들—각 정부 기관, 팀푸 시, 경찰, 미디어, 통신 사업자, 병원, 국제기구 등—을 한자리에 모아 디지털 기술을 활용한 부탄 내에서 초동 대응에 대한 인식을 키우려는 목적은 없어 보였다.

9월에는 도쿄의 국제긴급원조대(JDR) 사무국의 히라노 준이치가 부탄으로 출장을 와서 내무문화부재해관리국(DDM) 중앙지령실에서 일본의 JDR 시스템 설명회를 열었다. 대규모 재해 발생 시에 이해 관계자가 될 만한 정부 및 민간 기관이 거의 그 자리에 모였다. 이 설명회를 통해서 우리는 부탄 측의 누가 어떠한 역할을 하는지, 누구와 어떻게 사귀어 가면 좋을지를 대략 파악할 수 있었다.

그래서 나는 마담 카르마와 교섭하여 필드 레디 초청 기간 중 하루를 JICA에 양보받고 여기서 정부 관계자를 위한 계발 세미나 제2 라운드를 개최하기로 했다. 마찬가지로 풍조린의 과학기술칼리지(CST) 워크숍도 JICA의 주도로 해 달라는 요청을 하고, 담당으로 와카바아시 야스타 직원과 크리슈나를 지명했다. 이 둘이 준비한 11월 13일의 정부 관계자를 위한 보급계발세미나는 부탄의 재해 대응 측 관계자에게 희망과 불안 모두를 가져다주었다. 불안이란 대지진이 발생할 경우 국제사회에서 온 물자는 시기적절하게 재해지에 도달할 가능성이 높지 않아, 자신들 나름의 초기 대책을 취해야 한다고 느끼는 것이다. 반면 희망이란 그러한 초기 대응에 팹랩이나 디지털 공작 기술이 공헌할 수 있는 여지가 상당히 크다는 것을 알게 되었다는 점이다. 세미나 초반 필드 레디의 사업에 대해 소개한 앤드루는 긴급 인도지원 물류에 관한 매우 중요한 문제로 2015년 4월 네팔 대지진 때 발생했던 일을 소개했다.

네팔 피해 지역에는 양동이가 부족했는데 당시 국제 구호물자 중 양동이 제작을 인정받은 업체가 파키스탄에 있었다. 파키스탄에서 네팔로 양동이가 전달되면 좋으련만 국제사호 네트워크의 견해는 그렇지 않았다. 납품된 양동이는 화주의 구호물자 창고로 공수되어 거기서 다른 필요한 구호물자와 함께 컨테이너에 적재되고, 이것이 인도의 공항까지 운반되어 트럭에 옮겨 쌓이고, 그것이 육로로 네팔에 들어가 재해지까지 도착한다. 이렇게 되면 공수와 육상 수송을 합쳐 화물 수송에는 상당한 손실이 있다. 비용도 그만큼 들고 이산화탄소 배출량도 늘어난다. 시기적절하게 재해지에 도착하지 않고, 막상 도착해도 현장에서 필요한 요구를 충분히 만족시킨 사양의 것인지도 알 수 없다.

"단순한 양동이입니다. 현지에서 곧바로 구할 수 있다면 좋은 것이 아닌가요?"

앤드루는 DDM 긴급 중앙 사령실에 모인 관계자 약 30명에게 이렇게 물었다.

행사장에서 필드 레디는 3D 프린터를 이용해 네팔에서 제작한 핀셋, 겸자, 청진기 등 의료 기구와 구명 기구들을 소개했다. 이런 건 3D 프린터가 있으면 현장에서 만들 수 있다. 또 양동이나 세라믹 버너 캡 등은 3DEDM으로 틀을 만들면 현지에서 생산할 수 있다.

그림 42 | 필드 레디가 현장에서 3D 프린팅한 부품들(출처: 야마다 코우지)

그림 43 | 스케치에서 3D 데이터를 작성하는 필드 레디의 팀(출처: 야마다 코우지)

"평상시부터 준비하면 현지에서 민간 섹터를 키울 수도 있다는 것이지요."

앤드루의 이야기를 들으면서 나는 카트만두에서 벤 브린이 들려 준 간이 에어백 이야기를 떠올렸다. 오찬을 겸해 진행된 오후 세션에서는 필드 레디가 네팔에서 들여온 컴팩트한 3D 프린터로 3D 프린팅을 시연했다. 그를 통해 필드 레디가 실제로 현지를 방문해 어떤 활동을 하는지를 살펴볼 수 있었다.

캐러밴들이 있는 마을을 방문해 그곳의 보건소에서 망가진 의료 기구를 수리한다고 하자. 그때 캐러밴의 멤버는 계측기를 꺼내 망가진 부품의 치수를 계측한다. 그리고 휴대한 스케치북으로 부품의 일러스트를 손으로 그려 거기에 계측한 치수도 쓴다. 여기에서는 3D CAD 디자인 소프트웨어를 사용한 작업이 된다. 소프트웨어의 스케치 기능을 활용하여 부품의 일러스트에서 3D 데이터를 만들어 간다. 데이터가 완성되면 다음은 3D 프린팅이다. 부품의 크기와 모양에 따라 다르지만, 람 찬드라의 시연으로는 솜씨 있게 작업이 진행되어 무려 계측 시작 30분 만에 망가진 부품을 복제하는 데까지 성공했다.

"익숙해지면 이 정도에서 끝낼 수 있어요."

람 찬드라는 자신만만하게 말했다. 그는 3D 데이터 작성을 몇 번이나 반복하며 경험치를 올렸고, 데이터 작성과 3D 프린팅으로 네팔에서 사업을 일궈 냈다.

3D 프린터 한 대만으로도 창업은 할 수 있다. 내가 2017년 11월 부탄텔레콤 주최 세미나에서 "풀세트 제작 공방만이 유일한 길은 아니다"고 했던 말을 실제 구현된 사례가 네팔에 있었다.

"전기를 구할 수 없을 때 어떻게 해야 하나요?"

참가자로부터 질문이 날아왔다.

"태양광발전 장치를 캐러밴에 가지고 가야 합니다."

필드 레디는 태양광 이외에도 고장난 자동차의 탑재 배터리 등을 전원으로 하는 시스템을 벌써 개발하고 있었다.

3D 프린터가 불상을 적층 인쇄하다

　이날 참석한 재해 긴급대응 인력 대부분이 디지털 기술과 재해 대응이 결합될 것으로 생각하지 않았다. 지금까지 재해와 관련하여 팹랩 부탄을 생각하지 못했고, 대부분의 참석자는 3D 프린터를 보는 것이 처음이었다.

　눈치 빠른 벤 브린 – 람 찬드라 콤비는 오후 세션이 시작되자마자 불상의 3D 프린팅을 시연했다. 적층 인쇄가 어떻게 진행되는지를 보여 주기 위해 불상을 예로 든 것이다. 이는 회의장에 취재차 와 있던 부탄 국영 TV(BBS)의 카메라맨에게는 절호의 피사체였던 것 같다. 다음 날 밤의 BBS의 뉴스에 3D 프린팅의 풍경과 앤드루와의 인터뷰를 담은 3분간의 긴 보도가 나왔다.

　부탄은 지리적 조건상 잦은 홍수나 지진 위험에 노출되어 있다. 그러한 예측할 수 없는 사태에 대해 재해 전 대비는 구명 구급 활동의 중추적 역할을 한다. 3D 프린팅과 같은 디지털 공작

기술이 긴급 인도 원조에 어떻게 적용될 수 있는지를 배우기 위해 13일 수도에서 세미나가 열렸다. 재해 발생이라는 긴급사태에 의료나 그 외 시급히 필요한 기구를 바로 구할 수 있는 능력을 평상시에 갖추는 것이 중요하다.

국제 NGO 필드 레디의 글로벌 이노베이션(innovation) 어드바이저, 앤드루 람에 의하면, 디지털 공작 기술이란 컴퓨터 제어의 기계에 관한 기술이라고 한다.

"우리는 목재나 금속을 자르거나 플라스틱을 성형해 필요한 것을 만드는 데 때로는 손을 쓰고, 때로는 수동 공작기계를 쓰고, 때로는 전동 공작기계를 사용합니다. 보다 복잡한 것을 만들거나 독특한 성형이 필요하게 되었을 경우에는 컴퓨터 제어의 기계가, 필요한 것을 적절한 질이나 복잡한 레벨로 완성시켜 줍니다. 디지털 공작 기술은 그러한 노력을 지원해 주는 것입니다."

필드 레디에 따르면 재해 발생 현장에서 물건을 만드는 것은 단지 신속성이나 간편성 외에도 보다 저렴하게 만들 수 있다는 장점이 있다. 필드 레디가 제작한 의료 기구와 기타 구명 기구들이 당일 참가자들에게 소개되었다.

"우리가 만든 것의 대부분은 의료 장비나 의료 기자재의 예비 부품입니다. 의료기기의 아주 작은 것이 하나라도 망가졌을 경우에도 우리는 그것을 수리할 수 있는 것입니다"라고 람은 말한다.

"저는 태아 관찰경이나 핀셋, 사람의 귓구멍을 보는 내시경 등을 제작했습니다. 꽤 광범위한 도구를 만드는 것이 가능합니다.”

세미나에는 재해관리국이나 JICA, 팹랩 부탄을 비롯한 많은 이해 관계자가 참석했다. 재해관리국은 이 같은 새로운 혁신이 재해 후 구명구급 활동을 더욱 촉진시켜 줄 것으로 기대하고 있다고 밝혔다. 디지털 공작 기술은 재해관리국이 정리하는 방재 계획에도 통합될 전망이다(후략).[32]

각 현, 각 게오그(군)의 수준으로 계획수립이 진행되고 있다는 ‘재해관리계획’이지만, 그러한 이야기를 듣고 나서 벌써 2년 이상이 지났는데도 아직 공표되지 않았다. 주변인을 통해 들은 바로는 팀푸 시의 재난관리계획은 존재하는 것 같지만, 대지진이 일어났을 때 우리가 어디로 대피해야 하는지에 대한 확실한 정보는 없는 상황이다.

만약 대지진이 발생하고 수많은 사상자가 발생한다면 국제사회는 긴급 인도적 지원에 나설 것이다. 그러나 신속하게 구호물자가 재해지에 전해진다는 보증은 없다. 물류에 소요되는 비용은 꽤 크다. 현지에서 구호물자나 의료 활동, 구명구급 활동에 필요한 기자재를 현지에서 만들어 쓰는 능력이 그 나라에 있다면, 그 물자의 생산 비용은 타국에서 생산해 재해지까지 수송하기 위한 비용을 포함한 외국 원조물자의 조달 비용 총액보다 상당히 싸게 먹힐 수 있다. 이는 국제사회에도 큰 장점이다.

---

32 “Exploring digital technologies to assist in post disaster rescue operation” BBS, 2018년 11월 14일. http://www.bbs.bt/news/?p=106795

디지털 공작 기술을 부탄인이 몸에 익힘으로써 고가의 긴급 인도 지원 물자를 뒤늦게 받기보다 값싸고 시의적절한 물자 조달을 현지에서 할 수 있어야 한다. 국제 구호물자의 품목은 정해져 있어 현장에서 새로운 품목이 급하게 필요해질 경우에 신속하게 대응할 수 없다. 반대로 실제로는 필요하지 않은 것도 공여될지 모른다. 디지털 공작 기술이 있으면 1개라도 현지에서 제작할 수 있다. 디지털 공작 기술은 지금까지 국제사회가 계속해 온 긴급 인도적 지원 방식에 혁신적인 변화를 가져올 가능성이 높다.

팹랩 부탄이 필드 레디와 연결됨으로써 이제까지 팹랩에서는 그다지 의식되지 않았던 재해 시의 자신의 역할에 대한 자각도 하게 되었을 것이다. 또 지금까지 유엔이 리드해 시뮬레이션 등이 이루어져 온 부탄의 대지진 발생 시 긴급 원조의 대책 측면에서도 도움을 줄 것이다.

그리고 이야기는 긴급 인도 지원에 머무르지 않을지도 모른다. 전통적인 개발협력 방식조차 크게 변화해 갈 가능성이 있다. 부탄뿐만 아니라 어느 개발도상국에서나 그렇겠지만, 외국의 원조로 공여된 고가의 의료 기자재가 스페어 부품 입수 문제로 사용 불능 상태에 빠지는 경우가 많다. 의료 기자재는 아무리 정성스럽게 사용해도 5년, 10년이 경과하다 보면 부품에 금이 간다. 그러나 그 무렵에는 제조업체의 기자재 부품도 더 이상 제조되지 않을 가능성이 높다. 이 문제는 내가 JICA에 들어간 1990년대 전반부터 지적되고 있었지만, 근본적인 해결책을 찾아내지 못한 채 30년 가깝게 흘러 왔다.

개인적으로는 기자재를 납입한 제조업체가 이 기자재에 대해 제조를 중지할 경우 적어도 부품의 3D 데이터를 오픈하는 조건을 부과한다든가 하는 방법을 공여하는 원조국·기관 측에서 검토할 필요가 있다고 생각한다. 플라스틱 부품이라면 3D 프린터로 복제품 제작이 가능하다. 나는 금속제 부품은 금속 3D 프린터가 아니면 어려울지도 모르겠다고 생각하지만, 실제로는 정도나 강도가 고레벨의 것이 아니면 치수를 재서 거푸집을 만드는 것만으로 복제품을 제작할 수 있을지도 모른다. 필드 레디를 부탄에 초빙하고 얻은 가장 큰 수확은 이러한 상황을 이해했다는 것이다. 세계를 둘러봐도 필드 레디와의 접점을 만든 JICA의 해외 사무소는 부탄이 최초라고 생각한다. 앤드루는 연락사무소가 존재하는 나라의 경우 재해 대응능력을 강화하는 측면에서 협력해 나가고 싶다고 이야기했다. 필드 레디도 머지않아 부탄에 거점을 만들고 싶다고 앤드루는 말했다. 그날이 기대된다.

이후 필드 레디 관계자 세 명은 사무소의 와카바야시·크리슈나 콤비의 일정 조정으로 11월 18, 19일 풍조린으로 이동해 CST에서도 공학 교육 관계자를 위한 보급계발세미나를 열었다. 여기에는 방재·커뮤니티개발연구센터라는 지진·홍수 재해 대책을 중심으로 하는 연구 기관이 병설되고 있어, 제2의 팹랩이 현안인 JICA 기술협력을 통해 여기에 병설되면 재해관리 분야에서의 디지털 제작은 당연히 관심 분야가 될 것이다.[33]

---

[33] 필드 레디의 네팔에서의 활동 경험을 정리해 나는 전국지 《쿠엔셀》에 새로운 논고를 기고했다. "Disaster and Digital Fabrication: Implication of 2015 Earthquake in Nepal." Kuensel, 2018년 11월 21일.

팹랩은 절대 붕괴되면 안 돼요 –
구글에서 온 메시지

필드 레디와 더불어 또 하나, 내가 팹랩 부탄에 연결한 것이 구글이다. 구글은 전 세계에 있는 사원으로부터 매년 자원봉사를 모집해, 개발도상국에의 투어를 주최하고 있다. 약 10일간 개발도상국에 체류하여, 처음 며칠은 자원봉사 활동을 하고, 나머지 기간에는 자유롭게 여행한다.

8월 말 어느 날, 나는 구글의 자원봉사 코디네이터라고 밝힌 카티자(Kateeza)라는 여성으로부터 메일을 받았다. 구글 싱가포르사의 매니저 마일스에서 JICA 부탄 사무소의 야마다와 연락을 취하라고 했다는 것이었다. JICA의 부탄 사업 중에 구글이 가진 지식을 단기간에 보탤 수 있는 활동은 없는지, 있으면 구글 사원의 자원봉사자를 JICA에 파견하고 싶다고 했다.

내가 마일스와 만난 것은 2017년 11월, 대학원 후배였던 미즈노 요시야스[水野由康]가 부탄으로 가족 여행을 왔을 때였다. 마일스는 미즈노의 사위로, 초대를 받아 팀푸 시내의 리스토랑에서 함께 저녁 식사를 했다. 그때 구글 맵의 부탄에서의 활용법에 대해 논의했다.

나는 당시 JICA 관계자가 종종 개에게 물리는 피해에 대해 뭔가 대책을 강구하지 않을까 모색하고 있었다. 개 제거 초음파 발신기는 개가 싫어하는 음역과 사람이 싫어하는 음역이 일부 겹쳐서 개 제거에 사용하면 사람마저 기분이 나빠지는 경우가 있었다. 지구메 도르지 왕축(Jigme Dorji Wangchuck) 국립레퍼럴병원에는 매일 15~20명의 외래환자가 개에게 물려 백신 접종을 위해 온다는 이야기를 듣고, 병원에 부탁하여 한 달 동안만 외래환자에게 자신이 물린 곳을 지도상에서 그려 달라고 했다. 500명 이상의 샘플을 채취할 수 있으면, 꽤 신뢰성이 높은 리스크 맵을 만들 수 있을 것이다. 그 지역을 특정해서 그 자리에 다다랐을 때만 개 제거 초음파 발신기를 켜면 어떨까 생각한 것이다. 거기서 직면한 것은 팀푸에는 정확한 지도가 없다는 점이었다. 할 수 없이 우리 사무직원들은 구글 맵 지도를 몇 장 찍어 낸 뒤 이를 풀로 붙여 병원으로 가져갔다.

다음에 직면한 것은 외래환자 자신이 물린 장소를 지도상에서 가리킬 수 없는, 즉 지도를 읽을 수 없다는 것이었다. "어디서 물렸습니까?" 하고 물으면 "팀푸"라고 대답하는 경우가 너무 많았다. 질문자가 장소를 특정하기 위해서는 몇 번 더 질문을 해야 했다. 하지만 이래서는 너무 시간이 많이 걸린다. 마침내 우리는 이 접근법도 포기했다. 그런 화제를 제공하면서 구글 맵도 좀 더 팀푸 시내의 랜드마크를 지점 등록하면 사용하기 쉬운 지도가 되지 않을까 하는 이야기를 했다.

마일스는 그때의 대화를 기억해 주고, 카티자가 부탄으로 자원봉사 파견을 검토하는데, JICA의 야마다라면 흥미를 나타낼 것이라고 생각한 듯하다. JICA 사업으로 도와 드릴 일이 없느냐고 물어 만약을 위해 사무소 내에서 의견을 모집했고, 세코 에이조 씨가 내준 아이디어와 나의 복안을 맞추어 카티자에게 답변했다. 그때 팹랩 부탄에 연결해 두는 것도 묘안이라고 생각해, 체왕에게 양해를 구하고, 카티자에게 팹랩을 소개했다.

구글의 자원봉사자 수용은 필드 레디 직전인 11월 5일부터 7일까지 이뤄졌다. 참여한 직원 자원봉사자는 12명에 달하며 왕립부탄대학(RUB) 본부, 로열팀푸칼리지, 팀푸 테크파크 등 여러 정부 기관, 교육기관 등으로 나뉘어 두세 명의 팀으로 방문하여 컨설팅 과정을 거쳐 과제 해결을 위한 솔루션을 제공한다. JICA 사무소에 온 사람은 도쿄에 근무하는 치쿠라 다이스케[千倉大介]와 시드니에 근무하는 불릿으로 첫날은 지도정보시스템(GIS)이나 구글 어스의 JICA 사업에서의 활용에 대해 연수와 상담회를 가졌다. 2일째에는 치랑(Tsirang) 현에서 농산품 시장가격 정보를 문자로 농가에 전달하는 서비스를 개발하고 싶다는 현 IT 담당관의 상담을 받았다.

자원봉사 프로그램 마지막 날, 카티자가 갑자기 내 사무실을 찾아왔다. 급한 방문이었지만 나는 1인 소장실로 그녀를 맞아들였다. 그녀는 전날 밤 방문한 팹랩 부탄을 극찬하고 팹랩을 소개해 준 데 대해 나에게 감사의 뜻을 전하고 싶어 왔다고 흥분한 표정으로 말했다.

그림 44 | 구글 자원봉사자와의 교류(출처: Fablab Bhutan)

"부탄에는 지금까지 몇 번이나 왔었지만, 입뿐만이 아니라 손을 움직여 정말로 변화를 일으키려는 부탄인을 처음 봤어요."

이에 나는 "저도 똑같이 느꼈어요"라고 대답했다.

"어디서 그런 아이디어가 나왔나요?"

이에 나는 부탄 부임 전부터 입에 달고 있던 아이디어라며 그간의 경위를 간단히 설명했다.

"팹랩은 절대 망가트리면 안 돼요" 하며 그녀는 계속 말했다.

"카르마는 팹랩의 스태프에게 있어서는 모친과 같은 포용력이 있는 존재이지만, 공작기계는 몰라요. 한편 당신은 아버지적인 위치에 있어요. 부모가 정신을 차리지 못하면 팹랩은 지속되지 못해요. 둘 중 하나가 빠지면 안 돼요. 둘 다 필요해요."

나는 그렇지만 임기가 앞으로 4개월 정도 남았다고 고백했다. 그러자 당신이 부탄을 떠나더라도, 지원은 계속하기를 카티자 씨는 간절히 원했다.

그녀는 이번 부탄에 와 있던 사원 자원봉사자 12명 전원을 팹랩 부탄에 데려가, 그 활동을 보여준 듯하다. 이어 휴가를 마치고 직장으로 돌아가면, 팹랩에서 본 것을 주위 직원과 공유할 것이다. 상사에게도 잘 전달하라고 당부한 것으로 알려졌다. 이런 형태로 구글이 관심을 가지게 된 것은 기대하지 않았던 기쁨이다.

구글 자원봉사자의 부탄 파견은 앞으로도 계속될 것이다. 지도 정보와 만들기를 조합하는 것은 부탄의 사물인터넷(IoT)의 첫걸음이라고 생각한다. 분명 그들은 매번 팹랩 부탄을 방문해 그 역량 강화에 한몫을 할 것이다. 한편 나는 그녀의 대답을 떠올렸다. 이임한 후 나는 어떻게 지원해 나갈 수 있을까? 카티자는 부탄으로 돌아와 컨설턴트로 개업이라도 하면 어떻겠느냐고 말했지만, 나로서는 쓴웃음을 지을 수밖에 없었다.

JICA의 기획 이벤트에 팝랩 부탄을 부르다

　2018년 가을부터 겨울에 걸쳐 JICA는 현지에서 예년 이상으로 많은 중요한 이벤트를 개최했다. 비록 예산 압박은 있었지만 확보되지 않은 예산을 활용하여 신규 사업이 제대로 시작되지 않았음에도 존재감을 드러내고자 했다.

　11월 26일, 2018년도 청년연수 '지방행정' 코스 참가자 8명이 시마네 현 아마죠에서 연수를 마치고 귀국했다. 이 타이밍에 맞춰, 연수의 성과 보고를 주 목적으로 한 지역의 부흥 세미나를 팀푸 시내의 호텔에서 열었다. 이 세미나는 JICA가 수년간 추진해 온 일본의 지역 부흥 대책을 정리하여 알리기 위해 다양한 협력 관계자를 결집한 것으로, 조각 직후의 신정권에서는 도르지 체링 공공사업부 장관이 주빈으로 왔으며, 그 밖에도 신임 국회의원이 몇 명 참석했다. 하객들은 모두 세미나 종료까지 현장에 남아 있었다. 참가자가 100명 이상으로 지금까지 JICA가 부탄에서 개최한 세미나로는 최대 규모의 이벤트가 되었다.

　귀국 연수원이 소개한 낙도·카이시쵸 지역의 매력도를 높이기 위한 대책이나 도쿠시마 현 가미카츠쵸의 '채색' 사업의 종가어(Dzongkha, 티베트 버마어파 언어)판 소개 비디오의 상영, 기술협력사업 '전국종합개발 계획 2030 계획조사'의 제3회 일본 연수 참가조가 시찰하고 온 야마나시 현 하야카와조[早川町], 오이타 현 우사시[宇佐市], 미야자키 현 니시메라촌[西米良村], 미야자키 현 아야죠[綾町] 등 4개 현의 대책 소개, 그리고 전년도의 청년 연수로 아마죠[海士町]를 군 행정관(GAO)에 의한 액션플랜 실시 진행 상황의 소개 등이 계속되었다.

그림 45 | 가미카쓰죠[上勝町] '채색' 사업의 존카어판 소개 비디오 상영(출처: JICA 부탄 사무소)

마지막 세션은 이런 일련의 JICA 프로젝트의 카운터 파트였던 정부 부처의 대표자 세 명과 JICA 사무소장의 지방 활성화에 관한 패널 토론이었다. 마지막 패널리스트로서 나는 일본의 지역 부흥의 경험으로부터 부탄의 지방 활성화에 대해 말할 수 있는 것으로 "학교와 지역 교류의 확충", "도시 주민과 농촌 주민의 교류의 확충", "팹랩의 전국 설치"의 3가지를 들었다.

이 세미나에는 팹랩 부탄에서 4명이 참가했다. 팹랩 같은 생산 가능 시설이 지방에 있으면 완제품을 사지 않고도 현지에서 만들 수 있고, 고장나면 부품만 제작할 수도 있기 때문어 청년 창업과 고용 기회가 생길 수 있다고 강조했다. 사무소가 직영으로 실시한 이벤트뿐만 아니라 JICA의 개별적인 프로젝트 차원에서도 팹랩 부탄과의 연결고리는 강해지고 있었다. 과학기술협력(SATREPS)은 모든 프로젝트에서 연구 개발 대상기술의 사회 구현을 지향하고 있으므로, 본질적으로 현지 팹랩의 디지털 기술과의 친화성이 높다고 본다

조금 다른 이야기지만, 2017년 5월부터 부탄에서 시작된 SATREPS 프로젝트 '조적조 건축 지진 위험 평가와 감재 기술 개발'에서는 2018년 5월 현지 활동을 대비하여 '방재를 위한 드론' 스터디 그룹을 조직했다. 스터디에는 프로젝트 멤버인 재난관리국(DDM) 외에 팹랩 부탄 린쥔, 토목 분야 협력대원 등 32명이 참가했다. 이날 일본 방재과학기술연구소 이노우에 히로시[井上公]가 네팔 대지진과 필리핀 마욘 화산(Mayon Volcano) 조사에 드론을 활용한 사례를 소개하고, 직접 만든 기기의 샘플도 선보였다. 프로젝트 대표인 카르마 체링 DDM 국장(당시)도 찾아와 부탄에서 많이 발생하는 산불 초기 조사에 드론을 응용하는 것에 비상한 관심을 보였고, 이에 방재 관계자를 위한 드론 실기 연수 개최 요청이 있었다. 다만 최근 부탄에서는 드론 비행에 관한 규제가 강화되고 있어, 무허가 국외 반입 시 공항에서 벌금을 부과받게 된다. 수입 허가 절차도 복잡해진 탓에 시간도 오래 걸려, 드론 조작 연수는 본서 집필 시점에서는 아직 실현되지 않았다.

이 과학기술협력(SATREPS) 프로젝트에서는 재해 감소로 이어지는 내진화 기술을 부탄에서 보급하기 위한 교재 개발도 진행하고 있다. 그 일환으로 10월 3일에는 DDM과 나고야 시립대학이 공동으로 일반 시민 가상현실(VR) 교재 시제품 체험회를 열었다. 아쉽게도 이때는 팹랩 부탄의 사람들을 초청할 수 없었다. 현재 팹랩에서는 츄카직업훈련학교와 공동으로 수도공사 훈련용 VR교재 개발을 진행하고 있었다.

그림 46 | SATREPS 프로젝트의 지진 재해 VR 체험회(출처: JICA 부탄 사무소)

향후 방재 분야 협력대원이 팹랩 부탄에 파견되면 학교, 관공서 건물, 병원 등에서 다양하게 일어나는 지진을 가상 체험하고, 지진 시 올바른 대피 방법 등을 게임 감각으로 배울 수 있을 것이다. 그런 점에서 VR 교재 개발은 SATREPS 프로젝트에서 팹랩이 계승해 실시할 가능성이 있다.

제8장

굿바이 부탄
(2019년 3월)

신정권의 본격 가동

3월 1일, 와타나베 고조[渡部光三]가 새로운 JICA 부탄 사무소장에 임명되었다. 나는 부탄에서 귀국사령장을 받았다. 이것으로 나는 형편상 소장은 아니었지만, 신임 소장이 부탄에 도착할 때까지 약 2주간, 소장 대행으로서 일을 했다.

2월은 이임 인사로 지방을 방문했다. 친분이 있던 많은 현청에서 지사를 예방했고, 동부의 지그미 남겔 공과대학과 쉐럽츠 대학의 학장도 재방문했다. 쉐럽츠에서는 아침의 대학 전체 집회에서 특강을 했다. 5장에서도 잠깐 언급했듯이 페마가첼에서는 면화 재배 클러스터를 방문해 면화와 면사 샘플을 받아 왔다.

부탄 주재 생활 3년째에 접어들면서 썩 몸 상태가 좋지 않았다. 차로 이동하는 시간만 쓸데없이 긴 국내 출장을 일주일 단위로 소화하다 보면 후반부에는 꼭 가슴이 아팠다. 엉뚱하게 국내외를 누볐던 2월의 일정에서는 상당한 어려움이 있었다. 무사히 끝나서 안심했다.

3월은 조용히 수도에서 보냈다. 이사 준비를 하면서 3년간 써 놓은 논문과 《쿠엔셀》 기고, 핵심 연설의 읽기용 원고 등을 한 권의 책으로 묶는 작업도 끝내야 한다. 업무 쪽도 새 소장의 도착을 기다려 주지 않는다. 3월에는 봄방학을 이용해 일본 손님들이 집중적으로 방문한다. 방문객을 접대하면서 그동안 진행된 행사에서는 소장 대행으로 연단에 올랐다.

그 뒤 일정으로 와카바야시 고타[若林康太] 직원과 크리슈나가 일본에 출장을 갔다. 오는 3월 6일 도쿄에서 열리는 '전국종합개발계획 2030 계획조사'(이하 전국종합개발계획)의 성과보급세미나에 도르지 체링 공공사업장관이 참석하기로 했다. 계획대로라면 소장 자신이 장관을 수행해야 하지만 소장 교대기였기에, 도쿄에서의 접대는 와타나베 신임 소장에게 맡기고 부탄에서는 2명에게 수행하도록 했다. 도르지 체링 장관은 원래 공공사업부 엔지니어였다.

2016년 9월에 종료한 JICA의 기술협력사업 '도로 경사면 관리 마스터플랜 조사 프로젝트'에서는 일본인 전문가팀의 카운터 파트 중 1명이었다. 그러던 것이 부탄협동당(DNT)의 영입으로 공무원을 조기 퇴직하고, 동부 타시간 현 멜라 사쿠텐 선거구에서 입후보했다.

네 당이 벌인 9월 15일 경선에서 로타이 체링 당수가 이끄는 DNT는 득표수 1위를 차지했고, 체링 토브게이 전 총리의 국민민주당(PDP)은 3위에 그쳐 경선 탈락이 결정되었다. 각 선거구에서 전 야당인 부탄조화당(DPT)과의 결선투표에서 DNT는 DPT의 텃밭인 동부 선거구를 무너뜨리는 데 성공해, 하원 47석 중 30석을 얻어 집권했다.

개각에 즈음하여, 로테이 체링 당수는 당선 의원 중에서 각 부처의 근무 경험자를 장관 후보로 리스트 업 했다. 많은 부처의 장관 후보자 예상이 시민들의 소문으로 화제에 올랐으나, 공공사업 장관에 대해서는 누가 될지 전혀 알 수 없었다. 결과적으로는 역시 공공사업부 경력자 중에서 인선이 이뤄졌고, 39세의 도르지 체링 의원으로서는 비상이 걸렸다. 새 각료 중 두 번째 젊은이였다.

로테이 체링 총리의 새 정부는 조각 후 11월을 정권 출범의 축제 분위기 속에서 보냈다. 12월은 건국기념일과 총리의 인도 방문, 해가 바뀌어 1월은 국회 회기로 꼬박 보냈고 2월은 새해, 국왕탄신일 연휴 등이 이어졌다. 내정 면에서 대책도 더해져 외교르 간신히 동력을 살린 것은 3월부터로, 다른 각료의 외국 방문도 그 무렵부터 시작되었다. 그런 가운데 공공사업장관의 방일은 새 정부 출범 이후 각료들의 일본 방문 제1호가 된다.

첫 방일 장관,
팹랩 간다니시키초를 방문하다

JICA는 연수 예산을 사용하여 장관을 초청했다. 일정 편성도 JICA 주도로 진행되었으며 JICA 본부에서 열린 전국종합개발계획 세미나 참석 이외의 일정도 주로 와카바야시 직원이 전국종합개발계획 전문가팀에 아이디어를 제공해 도내 체재 일정 중에 편성하도록 했다.

그중의 하나가 "장관에게 팹랩을 알린다"라는 것이었다. 도쿄 도내에는 팹랩이 4개 있다(오오타, 세타가야, 칸다니시키초, 시나가와). 총리를 포함해 의사 출신이 많은 신정권의 각료 중에서도 팹랩 부탄에 방문한 적이 없는 장관이므로, 국외라고 해도 이것을 기회로 팹랩을 방문하는 것은 나아가서는 국내에서의 팹랩 지원으로 연결될 것이라고 우리는 기대했다.

전국종합개발계획의 기본 이념은 균형 있는 국토 개발이다. 지방에서 수도로의 인구 집중을 억제하고 각 지역이 그 특징을 살리면서 발전을 이룩하기 위한 환경으로, 어떤 공간 이용이 바람직한 것인지를 전국종합개발계획은 그 장기 비전을 제안하는 문서로 정리될 예정이었다. 2016년 12월 JICA의 개발조사형 기술협력으로 시작되던 당시부터 나는 "지방에 팹랩이 있으면…"이라는 발언을 종종 해 왔다.

국도나 지방도, 국내 공항, 쓰레기 처분장, 교육기관, 농지에 공업단지 등 한정된 국토 안에 무엇을 어떻게 배치할지는 논의가 시작되었고, 국가의 동서 간 연결성을 좋게 하기 위해서 도로, 터널이 필요하다는 이야기도 나왔다. 그러나 부탄 내 물리적 이동이 더욱 원활해지면, 이번에는 인구가 농촌 지역에서 도시로의 집중이 진행되지 않을까. 면 농촌이 소외되지나 않을까 하는 걱정이 들었다.

반대로 통신 인프라의 접속성을 강화하고 제작 촉진의 거점을 각 지역에 배치하면, 물리적인 접속성을 중심으로 생각하는 공간 이용의 선위(Priority)를 큰 폭으로 바꾸게 된다. 폐기물을 포함해 지역의 자원을 보다 유용하게 활용해, 지역 안에서 자원이 순환하는 구조를 생각하는 것으로 연결될 것이다.

장관은 출신이 동부 멜라 사쿠텐으로 자신의 선거구와 주변 지역을 어떻게 발전시켜 갈지도 생각하지 않으면 안 된다. 지역자원의 활용이나 지역의 과제 해결, 지역의 발전에 어떻게 기여할 수 있을까 등을 방일을 기회로 생각해 보면 좋겠다고 우리는 그렇게 생각했다.

방문지를 도내의 팹랩으로 한 것은 바쁜 대신의 일본 체류 일정 문제로 그렇게 하지 않을 수 없었던 것이다. 그러나 방문지가 어디든 지역자원의 활용이나 지역의 과제해결 맥락에서 일본 전체를 조감하여, 지방의 제작 동향에 대해서도 말씀해 주시면 고맙겠다고 생각했다.

그런 나의 기대를 팹랩 칸다니시키초의 이노우에 게이스케[井上 惠介]는 멋지게 따라 주었다. 부탄 장관의 방문 허락을 전문가팀으로부터 타진한 이노우에는 부탄이라는 국가에 관해서는 아무런 정보가 없어 선입견을 갖지 않고 자연스럽게 받아들이기로 했다.

그 독특한 민족의상을 어디서 많이 본 것 같았는데 곰곰이 기억을 떠올려 보니 지난 2016년 8월 중국 선전(심천)에서 열린 제12회 세계팹랩담당자회의(FAB12)의 팹 시티 세션 때였다. 팀푸 시가 팹 시티에 참여하겠다고 선언한 킨레이 도르지 시장의 비디오 메시지를 이노우에는 관객의 한 사람으로 회의장에서 보고 있었던 것이다.

2016년에 시부야에서 칸다로 이전해 온 팹랩 칸다니시키초는 오피스 거리에 있는 작은 디지털 공방이다. 일반 사용자에 대한 공개는 주 1일, 금요일 오후로 한정하고 있지만, 이용은 기본적으로 무료라서 자유롭게 사용해도 좋다고 했다.[34] 운영 비용 마련을 위해서 디자인이나 아트 테스트를 실시한 제품을 주문 제작하고 채산성을 맞추기 위해 일반 사단법인도 설립한 상태였다.

보통 토요일은 문을 닫지만, 장관이 방문한 3월 9일에는 특별히 랩을 열어 응대해 주셨다. 장관은 정주국의 차드와 JICA 사무소의 와카바야시와 크리슈나 그리고 전문가팀의 이케다를 동반하고 오후가 지나서야 팹랩을 방문했다. 민족의상 차림의 장관과 차드를 보고 부탄인임

---

34 단 자유롭게 사용할 수 있는 대신 사용자에게는 자신이 만들고 싶은 것에 대하여 사전에 해당 프로젝트의 내용이나 구입을 '실시 프로젝트 제안서'에 기입·제출하도록 했다. 내용을 확인하는 사전조정제도를 취하고 있다. 사용자와의 소통을 위한 도구라고도 할 수 있다.

을 금방 알 수 있었지만, 정장 차림의 크리슈나만은 일본인이라고 생각
했던 모양이다. 선물로 말린 송이와 동충하초차를 받았다. 부탄 선물의
정석과도 같은 물품이었다.

각종 디지털 공작기계에 둘러싸인 작은 공방의 중심에는 최대 7
명이 앉을 수 있는 코워킹 테이블이 놓여 있다. 일행은 이곳에 걸터앉아
긴 책상 끝에 놓인 디스플레이로 브리핑을 했다. 부모의 일로 소년기를
북미에서 길게 보낸 이노우에는 영어도 잘하는 편이라, 팹랩 칸다니시
키초의 사업뿐만이 아니라 일본에서의 팹랩의 동향을 분석하여 알기 쉽
게 설명했다. 도시형 팹랩만 봐서는 충분하지 않을 듯하여 부탄의 사정
과 비슷할 것 같은 규슈의 '팹랩 미나미오구니마치'와 '다이나믹랩'을 예
로 들어 그 활동을 소개했다.

팹랩 미나미오구니마치는 구마모토 현 아소 군 미나미오구니마
치에 있다. 유명한 오구니삼나무를 사용한 독재 가공이 두드러지는 팹
랩이다. 2017년에 인구 감소가 진행된 지역으로 대형 CNC 우드라우터
'ShopBot'과 레이저 가공기를 통해 현지 목재를 가공하고 가구나 액세
서리를 제작한다. 그리고 그 작품의 판로를 개척하기 위하여 주변 커뮤
니티와 연결되어 지역자원을 다양한 형태로 전개하고, 지역 내에서 순
환시키는 활동을 하고 있다.

다이내믹랩은 가고시마 현 사쓰마반도 내륙 미나미사쓰마 시 긴
포쵸[金峰町]의 산중에 있다. 폐교를 빌려 교사 한 동과 그 부지를 통째
로 팹랩으로서 이용하고 있다. 폐기물의 이용, 자연의 힘을 이용한 기술
의 계승, 생태계를 풍요롭게 하는 것을 목적으로 기존의 인프라에 의존

하지 않고(오프그리드), 필요한 것은 스스로 만드는 것을 지향하고 있다. 특징적인 것은 지역의 풍부한 자연 아래에서의 서바이벌 캠프의 실시나 생물의 해체·조리 방법의 계승, 원주민 기술의 워크숍 등도 제공한다는 점이다.

이들을 예로 들며 이노우에는 강조했다.

"지역에 따라서 과제도 다르고, 팹랩 설립의 경위도 각각 다릅니다."

간다니시키쵸의 팹랩만 봐도 참고되는 부분이 있다. 각지의 팹랩이 입지 여건과 처한 환경에 따라 다양한 특색을 내고 있다는 점을 강조하고 싶었다. 중요한 것은 각각의 팹랩이 그 지역의 특징을 반영해 공작 기계를 구성하고 사업을 펼치는 것이다. 장관은 그 메시지를 조용히 듣고 있었다.

그림 47 │ 팹랩 칸다니시키쵸를 방문한 장관(출처: JICA 부탄 사무소)

장관은 팹랩 칸다니시키쵸에서 제작된 작품을 하나하나 손에 놓고 주의 깊게 살펴보았다. 특히 그가 흥미를 보인 것은 차세대 전동 휠

체어 WHILL의 Type C 모델의 축전지용으로, 3D 프린터로 시제작한 브래킷(bracket, 벽이나 기둥 등으로부터 돌출시켜 축 등을 지지할 목적으로 사용하는 것)이었다. 전동 휠체어는 좌석에 앉는 사용자의 체중도 지지해야 하기 때문에 강도를 높이고, 기존 모델보다 무게를 줄여 운반을 용이하게 하게 만들었다. 팹랩 칸다니시키쵸에서는 마을 공장과 협업하고, 거푸집 제작 전의 구조 디자인을 3D 프린터로 실시해 왔다.

장관은 이 시제품을 보고 팹랩의 시설로 이렇게 복잡한 것을 제작한 것에 대해 놀라워했다. 이노우에와 함께 장관 접대에 동석한 우메자와 히로아키[梅澤陽明]는 "팹랩을 통한 국가 만들기를 목표로 하려는 부탄의 의지를 장관 일행으로부터 느꼈습니다"라고 말했다. 나는 '일본도 더 움직여야 한다'고 생각했다.

귀국 후 공공사업부 전용의 출장 보고서를 정리한 정주국의 채드는 장관의 팹랩 칸다니시키쵸 방문을 아래와 같이 적고 있다.

"팹랩은 비록 작은 사무실이라도 창조적 아이디어와 콘셉트를 만들어 내는 매개체가 될 수 있다고 느끼게 해 주었다. 그것은 미래의 세계란 어떤 모습인가를 보여 주고, 혁신과 일자리 창출을 매개로 할 수 있는 컴팩트한 포럼의 한 유형을 우리에게 보여 주고 있었다. 부탄에는 팀푸에 팹랩이 설립되어 있지만, 더 많은 비슷한 시설이 전국에 있는 것이 바람직하다. 부탄에서 그러한 팹랩 배치가 성공하면 우리가 그동안 수입에 의존했던 것들을 3D 프린터의 도움을 받아 국내에서 이루어지게 할 수 있을지도 모른다."

도르지 체링 장관은 5월 1일에 팀푸의 팹랩 부탄을 방문했다.

야마다 코우지 씨 덕분에

　한편 신임 소장의 부탄 입성을 앞두고, 수도에서 부재중 역할을 맡고 있던 나에게도 마지막 큰 무대가 기다리고 있었다. 부탄 정부와 유엔이 2년마다 한 번씩 공동 개최하는 개발협력기여원탁회의가 3월 13일과 14일 팀푸 시 북부 국제회의장에서 열린 것이다.

　원탁회의는 부탄에 대해 다양한 지원을 하는 원조국이나 국제기구의 대표자들이 집결해 부탄 정부 측으로부터 그 개발계획과 정책 방향에 대한 설명을 듣고, 향후 수년간 실시할 부탄 지원의 개요를 선보이는 장이다.

　14회째를 맞는 이번 원탁회의는 새 정부 출범 직후이자 12차 5개년 계획 시행 첫해인 만큼 국가 향후 5년간의 방향을 결정지을 고위급 논의의 장으로 주목받았다. 특히 UNDP(유엔개발계획)는 슈타이너 장관이 뉴욕에서 탑승하고, 그동안 유엔 상주 대표가 겸무하던 UNDP 부탄 사무소 소장 자리에는 구보타 아즈사가 임명되었는데, 원탁회의 직전 부탄에 부임해 언론의 주목을 받았다.

유엔 주최이기도 하지만, 현지 사무소를 둔 양국 간 협력실시기관 소장에게는 압박감을 주는 회의이기도 했다. 2017년 3월 제13차 원탁회의에서는 일본 정부 대표가 외무성에서 참석했고, 나는 뒷좌석에 앉았다. 자연스럽게 발언 기회도 주어지지 않았다. 유엔의 각 전문 기관의 본부에서 온 출장자가 자신의 전문 분야가 개발에 얼마나 중요한가를 서로 어필하는 장소가 되는 것을, 나는 초조해 하면서 뒷좌석에서 보고 있었다.

이런 경험을 바탕으로 나는 제14회 원탁회의를 향해서 꽤 이른 시기부터 부탄 정부에 로비 활동을 진행시켜 현지를 모르는 출장자에게 마음대로 말할 수 있도록 하지 말고, 개발협력기관의 현지 대표가 발언할 수 있는 장소를 제대로 마련해 주었으면 한다고 호소해 왔다. 이런 호소의 영향 때문인지 이번에 주최자는 ㄷ 자형 원탁의 앞줄에 JICA의 자리를 내어주었다.

그림 48 ┃ 제14회 개발협력기증자원탁회의, 맨 앞에 서(출처: 야마다 코우지)

기후변화와 방재에 대한 패널 토론에서도 등단 요청이 있었다. 이에 나는 기후변동대책 담당 농업장관과 재해대책 담당 유엔 WFP(세계식량계획) 소장, 유럽 기후변화기금 대표와 함께 단상에 올랐다. 현장에서 보고 온 것을 중심으로 나는 내 이야기를 했다. "원조되어 부탄에 온 것을 제대로 사용하자, 새로운 원조는 그 후에 생각해야 한다"는 메시지를 발신했다. 원탁회의의 각 세션은 테마에 따라서 부탄 정부 대표로부터 대처 방침 설명을 먼저 듣고, 이후에 플로어가 오픈되면 출석자가 발언해 나가는 식이다.

둘째 날 제1세션은 거시경제 상황과 소규모 영세산업 진흥시책에 관한 것이었다. 여기서 두 번째 등단자로 부탄 정부의 대책을 보고한 사람은 중앙은행 격인 왕립통화청(RMA)의 양첸 조겔 부총재였다.

당연히 이야기의 중심은 RMA가 주도하여 2018년 1월부터 시행된 '섹터융자제도(PSL)'일 거라고 생각하면서 나는 그녀의 프레젠테이션을 듣고 있었다. 양첸과는 RMA가 PSL를 도입한 이후 몇 번이나 이야기할 기회도 있었지만, 소규모 영세산업 진흥으로 JICA가 실시하고 있는 협력의 이야기 등이 주로 논의되었으며, 팹랩에 대해 이야기한 기억은 없다.

그런 그녀가 디지털 기술과 '인더스트리 4.0'에 대해 이야기했을 때 나는 '이런!' 하고 생각했다. 한술 더 떠서 그녀는 'JICA의 코우지'가 팹랩을 부탄에 소개했다고 언급했다. 이후에 나는 지명받아 "고맙다"라고 감사의 뜻을 표명했다.

그 순간 회의 참석자들의 이목이 나에게 쏠렸다. 국제연합 주도의 회의 석상에서 JICA의 특정 인물에 대한 감사가 말해지다니! 지금까지 경험한 적이 없었다.

부탄 정부에서의 보고가 끝나고 플로어가 오픈되자, 팹랩에 대한 출석자들의 발언이 이어졌다. 아시아개발은행(ADB) 현지 사무소장인 젬은 앞으로 ADB도 팹 시설 확충에 자금을 지원할 예정이라고 밝혔고, 루돌프 유니세프 소장도 "거기는 대단하다"며 "외국에서 일부러 원탁회의 참석차 부탄을 방문한 사람은 모두 팹랩을 한 번쯤 방문해야 한다"고 말했다. 유니세프도 pi-top을 사용한 프로그래밍 교육의 보급으로 팹랩 부탄을 지원해 나갈 것임을 표명했다. 그것을 근거로 한 발언이었다.

그들의 발언을 듣고 나도 손을 들었다. 재무차관과 RMA 부총재의 발표를 연계해 디지털 제작이 확대되면 무역구조 변혁, 무역수지 개선에도 기여할 수 있다고 지적했다. 문득 2년 전 원탁회의가 생각났다. 그 무렵에는 제네바에서 온 ITU(국제전기통신연합)의 대표자가 빅 데이터의 중요성에 대해 말한 것이 고작이며, 디지털 기술과 제작을 이렇게 결부시켜 부탄을 바꾸어 갈 가능성 따위는 아무도 논의하지 않았다.

지금은 어떨까? 나의 입을 통해서가 아니라 주위 사람들의 입에서 튀어나오게 되었다. 지난 2년간 부탄은 크게 달라졌다. 그리고 이 트렌드의 원류 부분에, 제대로 JICA의 위치를 만들 수 있었다고 생각한다. 세션이 끝나고 출석한 몇 명으로부터 "축하한다"며 악수를 받았다.

제2의 팹랩, 드디어 길이 열린다

비록 3년간 활동했지만 JICA의 소장직을 역임하는 동안 팹랩 설치와 관련해서 아무런 액션을 취하지 못한 게 내내 마음에 걸렸다. 다행히 임기 막판에 좋은 소식이 날아들었다. 2년 만에 준비해 온 과학기술칼리지(CST) 공학교육 강화 프로젝트가 2019년도 신규 기술협력 프로젝트로 채택될 거라는 연락이 도쿄에서 들어온 것이다.

이 프로젝트에 대해서는 지금까지도 말해 왔으므로 부연 설명할 필요가 없다. 원탁회의 이후 도쿄에서 프로젝트를 담당할 이토 아쓰시[伊藤敦]가 부탄에 들어왔다. 그의 용건은 두 가지였다. 하나는 부탄텔레콤에서 시작된 사업계속계획(BCP) 수립 프로젝트 운영회의에 참석하는 것이었고, 다른 하나는 팹랩 부탄과 CST를 방문하여 협력 전에 예비 조사를 하고자 함이었다.

이토의 CST 방문에는 나와 와카바야시, 크리슈나 직원도 동행했다. CST는 학생과 교원을 위한 팹랩의 도입 세미나를 열어 주기로 했으며, 세미나에서 나에게 기조 강연을 요청한 것이다. 이 도입 세미나는 3

월 21일 전기통신학과(ECE), 정보통신기술학과(ICT) 학생과 교수 120여 명을 대상으로 CST에서 열렸다.

임기 마지막 풍조린행은 매우 수월했다. 2018년 7월 댐 츄카 우회도로가 개통되면서 이동하는 데까지 3시간 30분밖에 걸리지 않았다. 이 우회도로는 2010년경에 착공했으나 공사 기간이 늦어져 토브게이 총리의 정권 임기 말에 맞춰져 겨우 개통되었다. 2000년대 초 풍조린에서 활동하던 청년해외협력대 경력자들에게 묻자 당시에는 버스로 6시간 이상 걸렸다고 한다.

그에 비하면 풍조린은 정말 가까워졌다. 40분에 걸친 나의 기조 강연, 와카바야시로부터 "소장님의 생각을 이야기해 주세요"라고만 들었다. 지금까지 디지털 제작, 디지털 통신과 제작의 연결에 대해서 나는 여러 장소에서 다양한 발언을 해 왔지만, CST의 학생에 대해서 이야기하는 것은 처음이다. 나는 2017년 11월에 팀푸에서 열린 부탄텔레콤 주최 ICT 세미나에서 발표한 내용을 바탕으로 부탄이 디지털 제작에 매진해야 하는 이유, 팹랩이 맡은 역할 그리고 CST 학생들이 디지털로 만들어 가는 역할 등에 대해 이야기하기로 했다.

이것은 CST에 재학 중인 학생에게는 천재일우의 기회일 것이다. 나는 여기서 충분한 지식과 스킬을 몸에 익히면 당신들은 지금까지의 부탄에는 없었던 새롭게 일하는 방법을 제안해 나갈 수 있는 기수가 될 수 있다고 어필했다. 나의 기조 강연에 이어서 팹랩 부탄의 스태프 중 몇 안 되는 CST 졸업생인 난다가 pi-top[4]의 가능성에 대해 소개했다. ECE 4학년 졸업 제작 때 모르는 게 있으면 팹랩에서 상담을 해 주던 난다는 CST 학생들에게 선망의 대상이다. 또한 이 시기 인도에서 부탄에 들어가 있던 솔리드웍스사의 키쇼르(Kishore)가 자사 제품인 3D 디자인 소프트웨어를 소개했다. 솔리드웍스는 학생을 위한 소프트웨어 판매 할인을 실시하고, 부탄 시장 개척을 노리고 있었다. 팹랩 부탄 개설 시에 공작기계를 무상 공여한 것도, 그들에게 있어서는 선행 투자의 하나였을 것이다.

오전 세미나에 이어 오후에는 학생들이 3개 조로 나눠 pi-top과 3D 프린터, 레이저 가공기를 직접 조작하는 워크숍에 참가했다. 이 워크숍에서도 팹랩 부탄의 직원 여러 명을 불러 조작 설명을 주도했다. 체키 도르지 학장에게도 이임 인사를 드렸다. 공사를 포함해 총장을 몇 번이나 뵈었을까. 2016년 10월 CST 첫 방문 이후 나는 총 8번 풍조린을 찾았다. 덧붙여 팀푸에서도 만났다.

"이게 마지막 방문이라는 느낌이 전혀 안 드네요."

체키 학장은 웃는 얼굴로 그렇게 말했다. 한편 제6장에서도 소개한, 팹랩 부탄의 방재 분야 협력대원 파견에 대한 2018년도 가을 모집 결과가 청년해외협력대 사무국에서 사무소로 전해졌다. 응모자는 없었다.

그림 49 ┃ pi-top[3]을 응시하는 CST 학생(출처: JICA 부탄 사무소)

일본에는 팹랩이 19곳이나 있고, 팹랩이라고 부르지 않는 팹 시설의 수는 더 많다. 내버려 둬도 응모자는 어느 정도 있을 것이라고 대수롭지 않게 여겨, 일본 국내를 향한 홍보 노력을 게을리했던 것이 좋지 않은 결과로 이어졌다. 전혀 예상하지 못했다.

"전망이 어둡네요. DCAD나 CAM이 가능한 젊은이는 원하는 곳이 많고, 그들은 대체로 국내의 민간기업에 가 버리니까요."

사무국의 부탄 담당자의 말이다. 일본 정부의 공약 실현에 노력하는 것은 현지든 본부든 마찬가지이기에, 현지 사무소가 쓴 모집 내용이 안이하다고 일방적으로 말하는 것에는 납득할 수 없었다. '방재'라고 쓰면 자동적으로 그러한 분야에 관심이 있는 그룹에만 프로젝트 정보가 닿는다고도 했다. 왜 '자동적'일까? 우리가 요청 내용을 보고 특별한 홍보 노력을 해야 할 곳이 아닌가.

여기에는 뒷말이 있다. 3월에 다른 일로 부탄에 온 방재 전문가와 사무소에서 만났을 때 강평을 한 것이 이분이었다. 같은 지적을 반복적으로 받았기에 나는 정색하고 반박했다.

"이런 건 마음먹고 조금 더 기술을 익히면 저도 할 수 있습니다."

이리하여 이 요청은 자동적으로 다음번 모집으로 넘어가게 되었다.

부탄 사무소장을 퇴임하고 귀국한 지금 내가 일본에서 할 수 있는 것이라고는 해외의 팹랩에 적을 두고, 일본에서는 가질 수 없는 발상으로의 메이킹을 할 수 있는 전례 없는 기회를, 일본의 젊은 메이킹 마니아에게 널리 알리는 것뿐이다. 내가 이 책을 써야겠다고 생각한 이유 중 하나가 여기에 있다.

팹랩 부탄의 과제, 마지막 메시지

3월 23일, 나는 팹랩 부탄에 마지막 인사를 하러 갔다. 와타나베 신임 소장도 첫 팹랩 방문이었다. CST에서 디지털제작보급계발세미나에는 갈 수 없었던 마담 카르마와 체왕의 의뢰로, 나는 이날 팹랩의 스태프 전용으로 마지막 강의를 하기로 되어 있었다. 이들은 5월 말 동부 몽골에서 열리는 학교 대항 로봇경연대회 STEM 올림피아드 준비를 맡았고, 파로의 왕립교육평의회와 연락 조율 문제로 분주했다.

두 사람은 내가 CST에서 이야기한 내용을 알지 못했다. 또 2016년 11월 부탄텔레콤 주최 세미나에서 내가 이야기한 내용도 몰랐다. 이날은 나의 후임 신임 소장도 동석했으므로 내용은 2일 전에 CST에서 했던 것과 거의 같게, 부탄이 팹랩을 가지는 의미와 3년간 나와 팹랩 간의 행보를 이야기했다.

앞으로 국내 15곳에 팹랩을 만든다는 전날 밤의 국무회의 결정도 이 토크 세션 직전에 체왕에게서 들었다. 질의응답 시간이 오자 체왕이 이렇게 물었다.

"당신은 항상 우리 앞을 갔고 우리가 따라가야 했어요. 향후 팹랩 부탄의 과제란 무엇이라고 생각하십니까?"

그동안 체왕은 내가 개척해 온 비슈누나 빅얀 아쉬람, 필드 레디와의 관계를 나중에 팔로우해 관계 확대에 노력해 왔다. 나 자신도 관계 개척에 있어 '팹랩 부탄의 관계자'라고 자칭한 적이 있다. 그렇게 스스로 개척하고 나머지는 체왕에게 맡기는 방식을 의도적으로 많이 사용하고 있었다. 암묵적인 역할 분담이 두 사람 사이에는 분명히 있었던 것이다.

"그렇네."

나는 잠시 사이를 두고 이렇게 대답하기로 했다.

첫째로, 팹랩은 시민을 대상으로 열린 랩이어야 하지만, 직접 만들고 싶은 사람이 재방문으로 이어지는 결과는 내지 못하고 있다고 생각한다. 찾는 사람은 대부분 "이런 걸 만들어 달라"며 제작 자체를 위탁하기 위해 온다. "직접 만들어 보지 않겠습니까"라고 권해도 "나는 어렵다"거나 "나는 바쁘다"는 식의 변명이 뒤따른다. 전국에 15개나 팹랩을 만드는 건 좋지만, 일반 시민 중에서 사용자가 나타나지 않으면 열린 공방이라고 하기 어렵다.

두 번째로, 기술을 사회가 직면한 과제 해결에 어떻게 사용할까를 생각해야 한다. 시설 안에서 물건을 만드는 걸로 만족해서도 안 되고, 문제를 안고 있는 사람이 찾아오기만을 기다려도 안 된다. 밖에 나가 자신들을 둘러싼 지역사회가 어떤 문제와 과제에 직면했는지를 탐색하고 이해하는 노력이 지금의 팹랩 부탄에서는 아직 충분하지 않다.

세 번째로, 디지털 공작기계를 앞에 두고 주춤하는 일반 시민의 용기를 북돋워 잠재력 사용자로 키워야 한다. 과제 해결의 솔루션을 함께 생각하거나 사용자가 번뜩이는 것을 얻을 수 있도록 재촉하거나 성과를 높일 수 있는 협력자가 팹랩 부탄에서는 아직 육성되지 못하고 있다.

"공작기계의 조작을 알고 있고, 한편 사용자의 참여 욕구를 북돋을 수 있는 인재를 더 육성하지 않으면 안 되네."

이것이 대학 내 공학 전공 학생들을 인재로 육성하기 위해, JICA가 제2의 팹랩을 지원하려는 목적이기도 하다. 체왕은 처음 만났을 때부터 변함없는 중저음 목소리로 투덜거리며 이렇게 반박했다.

"확실히 팹랩 부탄은 일반 시민을 사용자로 끌어들이는 데에는 성공하지 못했지만, 우리가 STEM 교육을 추진하게 된 것은 중·고생이 일찍부터 과학기술이나 이과생에게 익숙해져 있으면, 장차 그것을 살릴 장소로서 팹랩에 와줄 것이라고 생각해서입니다. 그때는 일반 시민이 이용자가 되는 모습을 많이 볼 수 있겠죠."

그럴지도 모른다. 지금 이 나라는 노동인재부 소관이던 기술교육·직업훈련이 교육부의 학교 교육 커리큘럼에 이제 막 도입되는 과정에 있다. 지금까지 교실 강의 중심, 암기 중심이었던 학교 교육 커리큘럼이 이과 실험이나 일본의 기술 가정과 같은, 손발을 움직이며 생각하는 지점까지 도달했다. 해 보고 기억한다는 방향으로 약간이나마 전환될 여지가 있다. 일본에서는 당연한 일이지만, 부탄에서는 아직 당연하지 않다. 앞으로 부탄에서 STEM 교육의 중요성이 확산되고 있을지 모른다.

중고생에게 일찍부터 STEM 교육을 제공하는 것은 좋다. 하지만 그렇게 얻은 프로그래밍 인재의 경험을 직업훈련뿐만이 아니라 대학교육이나 사회에 나온 후에 어떻게 살릴 것인가? 부탄은 그것도 생각하지 않으면 안 된다.

토크 세션이 끝나고 나는 끝까지 들어 준 팹랩 부탄의 스태프 일동과 함께 기념 촬영을 했다. 마담 카르마에게는 발족부터 오늘에 이르기까지 팹랩 협력에 대한 감사와 향후에도 변함없는 우정의 증거로서 기념 방패를 증정받았다. 샵봇(ShopBot)과 레이저 가공기를 결합하여 만든 팹랩 부탄의 특별 제품으로 세계에서 하나뿐인 기념 방패였다. 이렇게 해서 나와 팹랩의 3년간의 여행은 끝을 맞이했다.

그림 50 | 팹랩 부탄의 동료들과 함께(출처: 야마다 코우지)

부탄의 미래, 국제 협력의 미래

'전국 15곳 팹랩'은 '누구도 소외시키지 않겠다'는 포석

나의 주재원 생활 3년간의 최고 도달점은 이임 직전인 3월 22일의 야간 각료회의에서 로테이 체링 내각이 2023년까지 국내 15곳에 팹랩을 설치한다고 결정한 것이다. 15곳의 설치 안까지는 알려지지 않았으나, 노동인력부 소관의 직업훈련 학교 몇 곳, 왕립부탄대학(RUB) 산하의 단과대학 몇 곳, 교육부 산하의 프리미어 스쿨 지정학교 몇 곳으로 구성되며, 동쪽은 타시간 현과 삼드룹 종카르 현까지 커버될 것으로 보인다. 기존의 교육기관에 병설되어 있는 것을 생각하면 검토 대상이 될 만한 교육기관이 없는 8현과 그러한 교육기관이 여러 개 있는 3현 간에 어떠한 조정이 이루어질 것이다. 어쨌든 토브게이 전 총리가 말한 "각 현에 팹랩을"이라는 목표에 가까워지고 있다본문에 언급한 대로 온 세상의 팹 시설에서 재무의 지속성은 과제로서 지적되고 있다. 독립 채산으로 NPO적 경영이 이루어지는 팹랩은 적다. 팹랩의 공공성을 생각하면 어느 정도의 공적 자금이 투입되는 구조를 생각할 필요가 있으며, 그 방법 중 하나가 기존의 공적기관에 병설하는 것이다.

부탄 정부가 지역 균형을 위해 직업훈련 학교나 단과대학을 지방에 분산 배치한 것은 그런 점에서 다행이다. 단 기존의 교육기관에 병설함으로써 각 랩이 입지하는 지역의 특성에 따른 기계의 라인업이 갖춰지기 어렵다는 점에서 나는 일말의 불안을 느낀다.

나는 팹랩이 다품종 적당량 생산에 적합하다고 지적했다. 판매 기회가 적은 것이라도 IT를 사용함으로써 아이템 수를 폭넓게 갖추거나 대상이 되는 고객의 총수를 늘려서 매출이 커지는 비즈니스 모델을 '롱 테일(Longtail)'이라고 하는데, 디지털 제작도 시장의 다양한 요구에 세밀하게 응할 수 있고 현지에서 즉시 만들 수 있다는 점에서 단일 팹랩도 롱 테일하게 대응할 수 있는 생산 시설이라고 한다.

그리고 그것이 전국에 분산 배치되면, 부탄이 가지는 다양한 롱 테일의 요구를 발굴해, 그 요구를 충족하거나 시스템의 구현으로 공헌할 수 있을 가능성이 현격히 높아진다. 한 사람 한 사람의 요구에 따라 커스터 마이즈한 작품을 만들 수 있다는 점에서 팹랩은 "누구도 남기지 않는다"라는 지속가능개발목표(SDGs)의 이념의 구체화에도 기여한다. 제작 마니아 사이에서는, 특히 '팹 시티(Fab City)'의 세계적 이니셔티브를 주도하는 팹랩 바르셀로나나 게이오 대학의 다나카 히로야 교수 등에 따르면 ‘지속 가능한 개발’이나 SDGs에의 공헌이 의식되고 있다.

본서에서는 상세하게 서술하지 않았으나 ‘팹 시티’란 “소비하는 모든 것을 생산하는 도시”라는 개념으로 지역자원의 역내 순환을 지향하고 있다.[35] 반대로 SDGs 주류화를 제창하는 사람들 사이에서 그 수단으로써 디지털 제작에 대한 주목이 높아지는 것 같지는 않다.

이렇게 해서 전국에 팹 시설이 생기고 그것을 누구나 이용할 수 있게 된다면 지방의 롱 테일 수요에도 즉시 대응할 수 있을 것이다. SDGs의 목표 달성을 위해 노력하는 사람들은 지방에 팹 시설이 있음을 기회로 여기고, 개개인의 다양한 니즈의 충족을 지원하는 수단으로써 해당 시설을 적극적으로 이용해야 한다.

처음에는 ‘야마다의 개인적 취미’라고도 불리는 부탄에서의 디지털 제작의 보급이었지만, 이는 JICA에 있어서도 기회이다. 선구자로서 한눈에 볼 수 있는 지금의 상황을 소중히 여기고, 지방의 치밀한 개발 요구에 응하기 위해서 전국의 팹 시설을 적극적으로 활용해 갔으면 한다. JICA는 지방에 현지 사무소도 없고, 출장을 갈 때에도 이동에 많은 시간이 걸린다. 이러한 제약을 극복하고 ‘누구도 소외시키지 않는’ SDGs의 이념 그리고 JICA의 미션에도 있는 ‘인간의 안전 보장’ 실현에 한 걸음이라도 다가가려면, 팹 시설의 일본 국내 네트워크와의 협업은 필수적이라고 생각한다.

---

35 ‘팹 시티의 현재’, 『MOMENT』 No. 1 주식회사 리퍼블릭, 2019년 06월.

단 이 국내 분산 배치는 각각의 팹 시설이 팹 시설로서 제대로 기능하는 것이 전제가 된다. 체왕의 구상은 팹랩 부탄을 중간 조직화하여 전국의 팹 시설에 인재 육성 서비스나 기술적 조언 등을 하는 것으로, 팹랩의 강사 자격 인정 등도 실시할 듯하다. 한편 연구 개발의 프런티어를 확대해 나가는 것은 각 교육기관의 노력에 맡기는 것처럼 보인다.

STEM 교육에 아트(Art)도 덧붙여 STEAM 교육이라고 명명된 부탄의 중고생이 진학하는 것이 대학이며, 그 높아진 동기부여를 지속적으로 발전시킬 수 있는 기회를 대학이 제공해 나가지 않으면 과학기술 인재로서 자라날 수 없다. JICA가 2020년에 공학교육 강화를 목표로 한 기술협력 프로젝트를 과학기술칼리지(CST)와 실시하는 것도 '전국 15곳'을 지원하는 인재를 배출함으로써 정부나 팹랩 부탄을 보완하고자 함이다.

○○×팹은 더 넓어질 수 있을 것

유감스럽게도 나는 임기 중에 팹랩과의 유대를 JICA의 전사적인 움직임으로까지 높이는 데에는 성공하지 못했다. 일부 직원과 관계자들은 그런 점을 감안해 JICA의 주최 행사를 팹랩 부탄과 연결하고자 의도적으로 대응해 주기도 했지만, 전통적인 개발협력의 중점 분야가 될수록 디지털 제작과 나의 담당 분야 또는 담당 프로젝트와의 관련성을 찾는 데에도 적지 않은 시간이 든다고 느꼈다.

노동집약적인 농업 인프라의 모니터링, 지도 정보의 활용 등 일본에서는 IoT(사물 인터넷)의 맥락에서 빈번히 언급되는 디지털 기술도 부탄에 오면 전통적인 기술이전의 틀에 넣어져 생각되는 경향이 있었다. 디지털 제작이 전통적인 개발협력과 만났을 때 새로운 혁신이 생겨나고, 전통적인 개발협력이 안고 있던 약점을 극복할 수 있다고 생각한다. 본문 중에서도 기술한 의료 기재의 예비 부품 이야기는 부탄뿐만 아니라 다른 개발도상국에서의 ODA 사업에서도 일어날 법한 것이다.

풀뿌리 무상자금 협력에서도 비슷한 문제가 발생할 수 있다. 부탄에서는 일본의 풀뿌리 무상자금을 통해 수송비를 조달하여, 일본 자치체의 사용 연한을 넘긴 중고 소방차나 쓰레기 수집 차를 현물 공여하는 사례가 많이 사용되고 있다. 팀푸 현에서 소방차의 출동 빈도는 비교적 높다. 겨울철에도 주 1회일 정도다. 일본의 기준에서 사용 연한이 지난 소방차라도 부탄이면 좀 더 오래 쓸 수 있다. 일본의 자치체, 부탄의 자치체 그리고 경찰(소방서 소관) 모두에게 좋은 윈윈(Win-Win)의 협력이다.

그러나 이 시스템을 통해 1990년대 전반에 공여된 소방차가 시간이 지남에 따라 펌프나 유압계의 시스템에 덜컹거림이 오고 있어, 예비 부품을 제공해 주었으면 한다든가 차라리 신차를 원조해 주었으면 하는 요망이 왕립 부탄 경찰에서 몇 번이나 전해지고 있다. 당시의 소방차나 쓰레기 수집 차의 예비 부품 등을 현재는 입수하기 어렵다. 세계 중고 부품시장에서 간신히 거래되는 현물도 있을지 모르나, 실제로 구입해 수중에 받아든 후에야 그 품질을 확인할 수 있다. 물론 부품의 3D 데이터는 공개되지 않았다. 하지만 겨우 움직이는 현재 상황에서 부품을 치수로 재서 3D 데이터를 만들어 두면 몇 년 안에 망가져 버려도 이 데이터에서 복제할 수 있는 것은 아닐까? 일본제 순정 부품 정도의 품질은 낼 수 없지만, 몇 년의 연명 조치는 취할 수 있을지도 모른다.

이러한 전통적인 개발협력의 딜리버리(Delivery)와 디지털 기술을 조합해 새로운 혁신(Innovation)을 낳는 접근 방법을 더 진행시키고자 한다면 부탄에 한정하지 말아야 한다. JICA도 전사적으로 'ㅇㅇ×팹'의 가능성을 검토해야 한다. 우리가 개발협력을 실시하는 거의 모든 개발도상국에 팹랩은 존재한다는 것을 전제로 해야 한다.

국제협력에 일본의 제작 마니아를

내가 부탄에 체류하는 동안 또 한 가지, 잘 실현되지 않은 것이 있다. 그것은 일본의 메이킹 마니아를 부탄과 연결하는 것이다. 2018년도 가을과 2019년도 봄, 두 번에 걸쳐 모집된 팹랩 부탄 배속 청년해외협력대의 경우 사정이 있어서 '방재'라는 직종을 모집하는 상황이 좋지 않았는지는 몰라도 응모자가 없는 상태가 계속되고 있다. 귀국해서 일본 내의 팹 시설을 몇 군데 방문하여 이야기를 들어 보니 그러한 모집이 있었다는 사실 자체를 몰랐다고 말하는 경우가 많았다. 알고만 있어도 각 시설이 보유하는 사용자 네트워크로 프로젝트 정보를 흘리는 것이 가능하다.

귀국 후 일본에서 만난 제작 마니아는 이구동성으로 "부탄에는 흥미가 있었지요"라고 말한다. 팹랩 가마쿠라의 와타나베 유우카에 따르면 지금 부탄은 붐이라고 한다. 제17회 세계팹랩담당자회의(FAB17) 개최지가 부탄이라서가 아니라 세계의 제작 마니아가 이전부터 부탄에 주목하던 것이 있었다.

히말라야의 내륙 소국의 정보는 좀처럼 들어오지 않지만, 사람들은 원래 지역의 자원을 잘 살려 지속 가능한 생활을 보내고 있던 것은 아닌지, 그것이 세계화의 물결에 노출되고 외국에서 들어오는 것에 좋지 않은 영향을 받기 시작하는 것은 아닌지, 그것을 막는 데 디지털 제작은 무엇인가 역할을 할 수 있는 것은 아닌지 등 거센필드 교수가 3년 전에 메일로 던진 문제 제기는 전 세계의 저작 마니아에게 전해지고 있었다. 새롭게 느껴졌다.

거센필드 교수가 주최하는 6개월의 제품 제작 집중 온라인 강좌 '팹 아카데미'의 일본 창구이기도 한 팹랩 가마쿠라의 와타나베에 의하면, 매년 1월부터 6월까지 강의하는 아카데미 졸업생을 대상으로 한 행사가 7월의 세계팹랩담당자회의에서 이루어진다고 한다. 매년 4~5명의 졸업생이 일본에서 배출되고 있는데, 그들에게 2년간 개발도상국의 과제 해결에 그 전문성을 유용하게 활용할 수 있는 기회를 체계적으로 제공하면 좋겠다는 생각이 든다. 적어도 대(對)부탄과 협력하는 과정에서 동기부여가 될 것으로 기대하고 있다.

부탄은 물론이고 팹랩과의 관련성 유무와 관계 없이 향후 파견 예정인 JICA 해외협력대[36] 후보생에게는 모름지기 2D CAD, 3D CAD,

---

36 2018년도에 청년해외협력대와 시니어 해외 봉사 제도가 통합되고, 청년해외협력대 사무국에서는 2018년 12월경부터 'JICA 해외협력대'라는 말을 사용했다.

레이저 가공이나 3D 프린팅의 조작 연수 등을 받게 하면 어떨까 하는 제안을 팹랩 칸다니시키초의 우메자와 히로아키[梅澤陽明]로부터 받았다. 후보생은 2년간의 파견에 앞서, 70일간의 집합 연수를 코마가네(나가노 현)나 니혼마쓰(후쿠시마 현)의 JICA 연수 시설에서 받게 되어 있다. 이 기간에 후보생 전원이 디지털 공작기계 조작을 경험할 수 있다면 어느 나라 팹랩에든 접근해 대원 활동에 필요한 각종 기구를 현지에서 제작할 수 있을 것이다.

FAB17에 주빈으로 불리는 날을 꿈꾸며

2022년 7월, 부탄은 FAB17을 호스트한다.[37] 부탄이 지금까지 외국인을 초청해 주최한 국제 행사로는 최대급으로, 불과 일주일 안에 전 세계에서 약 3,000명의 메이킹 마니아가 이 나라를 방문한다.

이는 2017년 일본인 연간 부탄 방문자 수(2,744명)를 능가하는 수치로, 그만큼의 방문객을 한꺼번에 집중해서 받아들일 수 있는 능력은 지금의 부탄에는 없다. 민박에 응할 수 있는 농촌 호스트 패밀리를 더 늘리는 등의 대처가 필요하게 될 것이다.

팹랩 칸다니시키초의 우메자와는 "그런 경우는 침대도 스스로 만

---

37 2019년 말 중국과 유럽에서 시작된 신종 코로나 바이러스의 감염 확대의 영향으로 2020년 여름 캐나다 몬트리올에서 개최 예정이던 FAB16이 연기되고, 부탄에서 개최 예정이던 FAB17도 2022년 8월로 연기되었다(2020년 7월 현재).

들어 잠자리를 확보하는 것이 어떨까"라고 이야기했다. 메이킹 마니아의 마인드를 슬쩍 본 듯하다.

수용 능력뿐만이 아니라 FAB17의 운영 자체가 팹랩 부탄의 소수 인원으로 괜찮은가 하는 점도, 매년 개최되는 FAB 회의에는 미국 MIT나 팹 재단으로부터 운영 지원팀도 더해지는 것 같으므로 어떻게든 처리할 수 있을 것이다. 2년 후의 이야기지만, 벌써 준비는 시작되었다고 들었다.

JICA도 그 무렵까지는 푼촐링 CST의 제2의 팹랩을 궤도에 올려놓고 있을 것이다. CST는 FAB17 개최에 협력한다고 확언하고 있으므로, FAB17 운영에 학생 자원봉사를 보낼 뿐만 아니라 JICA 사무소나 기술협력 프로젝트가 관련될 것으로 보인다. 여기에는 그랬으면 좋겠다는 바람도 섞여 있다.

한편 나는 귀국한 지금 관리직은 그만두고, 팹랩이나 부탄과도 접점을 찾아내기 어려운 일에 종사하고 있다. 조직 안에서의 인사이동이므로 어쩔 수 없는 것이지만, 이대로라면 체왕이 말하던 "FAB17에 야마다 씨를 주빈으로 초대하고 싶다"라는 이야기에 정작 내가 응하지 못하는 것은 아닌가 하는 강한 불안감도 느끼고 있다.

세계팹랩회의 개최지

목차	개최 연도	개최지
제1회(FAB1)	2005년	MIT(미국)
제2회(FAB2)	2005년	트롬쇠(노르웨이)
제3회(FAB3)	2006년	프리토리아(남아공)
제4회(FAB4)	2007년	시카고(미국)
제5회(FAB5)	2009년	푸네(인도)
제6회(FAB6)	2010년	암스테르담(네덜란드)
제7회(FAB7)	2011년	리마(페루)
제8회(FAB8)	2012년	메시대학(뉴질랜드)
제9회(FAB9)	2013년	요코하마(일본)
제10회(FAB10)	2014년	바르셀로나(스페인)
제11회(FAB11)	2015년	보스턴, 케임브리지, 서머빌(미국)
제12회(FAB12)	2016년	선전(중국)
제13회(FAB13)	2017년	산티아고(칠레)
제14회(FAB14)	2018년	툴루즈(이집트)
제15회(FAB15)	2019년	엘구나(이집트)
제16회(FAB16)	2021년	몬트리올(캐나다)
제17회(FAB17)	2022년	부탄
제18회(FAB18)	2023년	멕시코
제19회(FAB19)	2024년	체코공화국

　귀국한 후 수개월 안에 우리 집 가구가 연이어 부서지는 사태를 맞이했다. 입주한 지 15년이 지나고 아이도 성장한 지금, 입주 당시 구입한 가구가 망가진다는 것은 어쩔 수 없는 일이다. 아내는 바꾸자고 했지만, 나는 교체할 예정이다. 둘 다 플라스틱 부품 문제라 망가진 부분만 재서, 스케치 소프트웨어를 통해 3D 데이터를 만들면 가까운 공방에

서 수리 부품을 제작할 수 있지 않을까? 고사양이라면 어렵겠지만 이러한 생활의 불편을 조금 경감할 수 있고, 한편 돈이 덜 드는 작은 제품 만들기라면 나도 충분히 할 수 있을 듯하다. 가까이 다가오는 노후를 생각했을 때 가지고 있으면 좋은 기술일지도 모른다. 50살에 습관으로 시작했다고 말하면 58세 정년의 부탄 시니어에 대해서도 메시지가 될지도 모른다. 부탄에서의 3년을 되돌아보면, 형편없는 작품 아이디어도 꽤 많아 부끄럽기 짝이 없다. 부탄의 젊은이가 말하던 작품 아이디어도 이 책을 집필하는 과정에서 '저게 어떻게 되었을까' 하는 의문이 들곤 했다. 나 자신도 여러 사정으로 인해 완성에 이르지 못한 작품이 상당히 있는데, 당분간은 당시 도전한 작품을 어떻게 해야 완성까지 인연을 맺을 수 있는지를 되돌아보고 근처의 팹 시설에서 다시 도전하는 시간을 갖고 싶다.

신형 코로나 바이러스 감염 확산 중에

본서를 세상에 내는 날을 맞이할 수 있어서 안심이다. 2019년 3월 말에 귀국하고 이른 시기에 집필 작업에 착수했다. 기억이 희미해지기 전에 쓰는 것이 좋을 것 같아, 부탄에 머무는 동안 쓴 일기의 기록을 믿고, 시간순으로 정리했다. 비록 인상에 남아 있는 일이지만 사람의 기억은 자주 거짓말을 한다. 전후 관계가 애매한 것도 많았는데, 기록을 해놓아서 다행이었다.

분위기를 타고 너무 많은 것을 담아서 300쪽이 넘는 방대한 분량의 자료가 되어 버렸다. 이를 더 축약하지 않으면 편집자에게 원고를 보낼 수 없다. 다시 쓰려고 했지만 눈앞의 일의 바쁨에 얽매여서 미루기에 바빴다. 귀국하고 JICA에 복귀한 이후로 부탄과도, 디지털 제작과도 전혀 관련 없는 직무를 대했다.

무언가 연속성이 있는 것을 가진 사람은 그것을 주제로 한 책을 쓴다고 하지만, 지금의 나는 이런 주제의 책을 써도 되는가 하는 고민이 생겼다. 그런 나를 응원해 준 것은 JICA 원예기술협력 프로젝트의 전문가로서 부탄에 파견된 토미야스 유우이치[富安裕一]다. 그는 통산 17년간 부탄에서 전문가로 활동한 흔적을 정리한 회고록『행복의 나라에서 일해 보았다』(구마닛 출판)를 출판했다. 부탄인의 일상생활과 그 생각에 대해서는 소개하지 않았지만 그 역할에는 토미야스의 저서만큼 적합한 것은 없다.

"야마다 씨는 책 어떻게 되고 있어?"

마치 토미야스가 이렇게 묻는 것만 같아 나는 겨우 다시 책 쓰기 작업을 시작할 수 있었다.

1970년대부터 농업 기술협력에 종사하고 온 토미야스 입장에서 보면 나는 아직 병아리이다. 그러나 적어도 JICA의 직원으로서는 슬슬 퇴직이 시야에 들어올 나이이기도 하다. 인사이동으로 인한 단절 기간이 조금 있었지만, 나름 연속성 있게 한 일은 기록으로 남겨 두는 게 좋다고 다시 생각했다. 신종 코로나 바이러스(COVID-19) 감염 확대의 영향으로 재택근무의 빈도가 높아지는 가운데, 회사 인터넷과 잘 연결되지 않는 시간대에서도 자택에서 할 수 있는 대체 작업인 만큼 원고 수정을 단번에 진행했다. 이렇게 완성된 원고를 채택해 주신 임프레스 R&D사 그리고 편집 담당 사쿠라이 테츠[桜井 徹]에게는 이 자리를 빌려 감사의 말을 드리고 싶다.

본편에서도 자주 거론되었던 과학기술칼리지(CST)에서의 JICA 기술협력 프로젝트는 2019년 12월에 부탄 정부와 양해각서가 체결되어 '디지털 제작 공방(팹랩)을 통한 기술교육·보급 촉진 프로젝트'로 진행되었다. 그러나 체결 직후에 중국에서 시작된 COVID-19의 감염 확대는 일본뿐 아니라 부탄이나 이웃나라 인도에도 심각한 영향이 미치고 있어, 2020년 7월 말 현재 일본으로부터의 전문가팀의 파견 목표는 서 있지 않다.

한편 세계적인 COVID-19의 감염 확대에 대해서 세계의 제작 마니아의 커뮤니티가 활발히 활동하고 있다. 일본에서도 자택의 3D 프린터를 이용해 안면보호구(페이스쉴드)를 만들어 인근 의료기관에 기증했다는 업체의 사연은 종종 언론에 거론된다. 페이스쉴드, 인공호흡기, PCR 검사용 부스 등의 설계 데이터는 순식간에 전 세계에 알려졌다. 글로벌 공급망(Supply-Chain)은 어려움에 직면했으며, 개발도상국은 대책에 필요한 의료기자재나 개인보호구(PPE)를 긴급 수입하기도 어렵게 되었다. 기자재가 망가져 있어도 부품을 구할 수 없다는 것은 변명하기 어렵다. 소유하는 것을 어떻게든 살릴 필요성이 높아지고 있다. 이것에 대해서 개발도상국의 팹랩의 상당수는 데이터로 받은 것을 현지에서 생산할 수 있는 거점으로서 활약했다. 록다운 도입으로 외출도 마음대로 할 수 없는 가운데, 팹랩에 머물면서 생산에 노력하는 관계자는 많았다. 바로 사람들의 힘이다.

필드 레디가 분쟁 영향지나 재해 대책으로서 추진해 온 것은 이렇게 감염증 대책으로도 사용할 수 있었다. 올해 5월에 나온 세계경제포럼 기사에서도 개발도상국에서 COVID-19 대책 방향 중 하나로 오픈소스를 통한 현지 생산이 꼽혔고, 이때 필드 레디의 이름이 특별히 소개되었다. 개발도상국 정부는 현지 팹 시설을 기간 인프라로 지정해 록다운 중에도 계속 조업할 수 있도록 배려해야 한다고 기사는 주장했다.

부탄에서도 만약 COVID-19 감염 확대 전에 JICA의 프로젝트가 시작되어 인도와의 국경을 접하는 풍조린에 제2의 팹랩이 생겼다면, 인도에서 귀환한 부탄인에 대해 동 지역에서 이루어진 PCR 검사나 격리 대책과 같은 현지대응 전략에 도움이 될 수 있었을 것이다. 또는 우리 개발협력 실무자 간에 현지 팹 시설의 효과적 활용에 관해 좀 더 의식 계발이 진행되고, 세계 각국에서 현지 업체와 관계를 구축했다면, 현장에서 필요한 것을 그 자리에서 만들기 위해 필요한 물자를 공급받아 효율적인 협력이 가능하지 않았을까 생각한다.

본서에서도 자주 등장하는 도쿠시마 유타카가 청년해외협력대원 시절인 2014년에 팹랩 보홀 설립에 종사한 필리핀에서는 지금 팹 재단의 인증을 받은 정식 팹랩이 전국에 23개까지 증가했다. 보홀은 그 네트

워크의 허브가 되고 있다. 필리핀에서 의료 기재나 개인보호장비(PPE)
의 현지 제작은 이 네트워크에 의해서 전국에 퍼지고 있다.

남아시아에서도 부탄과 네팔 업체 간의 유대는 깊어지고 있다.
2018년 11월 필드 레디의 부탄 초청 후 이듬해 9월에는 팹랩 부탄의 마
담 카르마와 체왕이 네팔로 건너가 N-Lab, 네팔 커뮤니테레를 방문했
다. 이 교류가 계기가 되어 팹랩 네팔 설립이 정식으로 결정되었다.

자금 출연은 영국 DFID, 기술 지원은 필드 레디, 설치 장소는 네
팔·커뮤니티 구내에서 2020년 말까지 시설 정비를 완료할 예정이다.
2020년 5월 말 재택근무 중이던 나에게 네랄의 람 찬드라로부터 연락이
왔다. PCR 검사에 사용할 비강 면봉을 현지 생산하기 위해 광조형 3D
프린터를 일본에서 조달할 수 없느냐는 상담이었다. 이 프린터의 대리
점은 인도에도 있지만, 문제는 재고가 없다. 그래서 나는 일본의 메이커
대리점들에 연락하고, 재고가 있다는 대리점으로부터의 3D 프린터와
부속품의 구입과 현지로의 공수를 개인적으로 중개했다. 구입 자금은
그들 자신이 클라우드 펀딩으로 조달했다.

부탄에서는 보건부와 팹랩 부탄이 협의했지만, 페이스쉴드 생산
은 보류되었다고 한다. 투명한 OCR 필름을 현지에서 구할 수 없고, 지
원 부품의 열용해 적층 인쇄에 필요한 필라멘트의 재고량에도 제약이
있다. 비강 면봉용 광조형 3D 프린터도 체왕이 유럽에서 조달해 왔지
만, 정작 본인은 처자가 있는 덴마크에서 움직이지 못하고 있다고 한다.
현장에서 필요한 수입 대체는 현지 팹 시설의 활용으로 어느 정도 가능
하지만, 필요한 원자재의 입수 가능성에 따라 현지 생산도 제약을 받는

것으로 나타났다.

현지에서 조달 가능한 것은 무엇이며, 수입에 의존해야 하는 것은 무엇인가? 우리는 원재료에 대한 이해를 높이고, 가능하면 현지에서 이용 가능한 것을 가능한 한 많이 사용하도록 의식적으로 행동할 필요가 있다. 2021년 개최가 예정되어 있던 FAB17의 부탄 개최는 COVID-19의 영향으로 1년 뒤로 미루게 되었다.

본서의 출판과 함께 신세를 진 분들에게 재차 감사의 말을 드리고 싶다. 체왕이 없었다면 팹랩 부탄은 이렇게 빨리 세상에 나오지 않았을 것이다. 2016년 현지 조사에서 체왕에게 조언을 해 준 도쿠시마 유타카와 와타나베 토모아키 선생 그리고 두 분을 자신의 대리로 파견하도록 지명한 다나카 히로야 선생에게도 감사의 말을 드리고 싶다. 체왕은 지금도 두 분의 현지 도착이 팹랩 부탄의 출발점이었다며 종종 고마움을 표시한다. 그리고 출범 후 체왕을 도왔던 마담 카르마, 비슈누, 리케슈, 라브텐, 난다, 린첸, 쿤장 텐징, 소남, 지구미, 제이슨 등 팹랩 부탄에서 만난 스태프들에게도 현지에서 많은 도움을 받았다. 이들과의 교류가 없었다면 출범 이후 팹랩 부탄의 활동을 생생하게 담아낼 수 없었을 것이다. 젊은 창업가의 롤 모델로서 앞으로의 활약을 기대하고 있다.

CST에서의 제2의 팹랩의 창설에 함께 분주한 JICA 부탄 사무소의 타카노 쑈(당시), 와카바야시 야스타 씨(당시), 크리슈나 쉬바, 세코 에이조(당시)에게도 감사하고 싶다. '야마다의 취미'라고 이름 붙여진 팹랩에 대한 후원이지만, 주목을 끌기 시작하면서 국제기관으로부터 팹랩 부탄에 접근이 활발해졌다. JICA가 누려 온 선발자로서의 명성도, 한 번 놓치면 모멘텀을 잃기 쉽다. 그렇게 되지 않도록 팹랩 부탄이나 CST를 JICA 사업의 다양한 상황에서 끌어들여 준 것은 내가 이임한 후에도 업무를 맡은 사무소의 여러분이다.

그리고 체키 도르지 학장 이하, CST의 교원 여러분, 왕립 부탄 대학 산하의 각 단과대학의 관계자 여러분과도 또 함께 일할 날을 기대하고 있다. 이 협력의 초기 준비 단계에서 나의 인도, 네팔 방문을 현지에서 응대해 주신 빅얀 아쉬람의 요게쉬, 푸네 공대의 산디프 선생과 아펙샤, 필드 레디의 벤 브린, 람 찬드라, 네팔 커뮤니테레의 바하르 등에게도 감사의 말을 드리고 싶다.

팹 재단(Fab Foundation)이 정하는 '팹랩 헌장'에서는 팹랩 간 서로 가르쳐 주고 배우는 것이 원칙으로 여겨진다. 갑작스런 방문에도 친절하게 응해 주시고, 그 후에도 모르는 것이 있으면 기꺼이 가르쳐 주시는 그들의 모습을 보면서 헌장에서 내건 이념의 의의를 항상 느낀다.

우리 업계에는 '남남삼각협력'이라는 말이 있는데 글로벌 팹랩의 네트워크는 그야말로 시민 차원의 남남삼각협력이다. 이들과의 연계를 결코 일과성으로 삼지 말고 남아시아 지역 내의 귀중한 인적 네트워크로서 JICA의 프로젝트에서도 활용해 나가기 바란다. 귀국 후 국내 팹 커뮤니티분들께는 취재로 신세를 졌다. 팹랩 칸다니시키초의 우메자와 하루아키와 이노우에 케이스케, 팹랩 가마쿠라의 와타나베 유우카는 부탄 요인의 내방 시 도움뿐만 아니라 부탄의 팹랩이 진행되어야 할 방향성에 대해 귀중한 시사점도 주었다. 감사드린다.

JICA 부탄 사무소장으로서의 3년간, 나 자신이 "이것은 해냈다"

라고 가슴을 펴고 싶은 성과는 실은 이것만이 아니다. 한정된 지면에서 연속성이라는 집필 방침과의 관계상 눈물을 머금고 떨어뜨린 일도 여러 건 있고, 거기서 신세를 진 분도 많다. 이분들을 모두 여기서 거론하기는 어렵지만, 남겨둔 기록을 바탕으로 얼마간 어떤 문장으로 정리할 것을 약속하며 이 자리의 답례를 바꾸고자 한다.

나의 3년간 부탄 주재를 허락해 주시고 이임 전 접견에서 내가 부탁드린 팝랩 부탄 방문을 직후인 4월에 이루어 주신 지그메 케사르 남기엘 왕축(Jigme Khesar Namgyel Wangchuck) 폐하의 은혜는 평생 잊지 않을 것이다. 자신의 네 번째 해외 주재 생활은 내게는 첫 단신 부임이기도 했다. 단신 부임을 인정하고 남겨진 아이들의 교육이나 일상생활을 혼자서 맡은 아내 미스미에게도 감사해 마지않는다. 단신으로 부탄 부임을 인정한 것으로 남편은 현지에서 무엇을 완수했는지, 본서를 통해서 그 일단이라도 알게 되었다면 더 이상의 기쁨은 없다.

2020년 8월
야마다 코우지

**변화의 시작,
부탄의 팹랩**

초판 1쇄 인쇄 | 2025년 12월 23일
초판 1쇄 발행 | 2025년 12월 30일

지은이 | 야마다 코우지
옮긴이 | 김윤호 이명무

펴낸이 | 최원교
펴낸곳 | 공감

등   록 | 1991년 1월 22일 제21-223호
주   소 | 서울시 송파구 마천로 113
전   화 | (02)448-9661 팩스 | (02)448-9663
홈페이지 | www.kunna.co.kr
E-mail | kunnabooks@naver.com

ISBN 978-89-6065-337-5   (03320)